83년생 이야기

언제나 퇴사를 꿈꾸는

63년생 이야기

신영환 지음

추천사

• • •

 원고를 펼치기 전, '이제 40대인데 무슨 이야기가 그리 있을까? 있다고 한들 나도 겪어 본 일이겠지.'라는 생각은 하지 않기로 했다. 내가 아는 신영환 작가는 스토리텔러이다. 교육서를 쓰는 설명문의 대가로 알려졌지만, 나는 그의 문학적 재능을 안다. 같은 장면을 봐도 전달이 선명하고, 같은 경험을 풀어도 서술이 남다르니까. 천생 작가인데 장르를 교육서로 시작하더니 이제 에세이를 썼다. 언젠가는 소설이 나올 것을 조심스레 점친다.

 나는 책이라면 평생 읽어 많은 경우 앞 몇 쪽에서 뻔히 내용이 예측돼 읽다가 만다. 그러나 이 책은 처음부터 끝까지 단숨에 읽었다. 유년과 학창 시절, 부모가 되어 겪는 일상까지—이야기는 평범한데 이상하게 재미있다. 책장 사이사이에 결혼해 자식을 키우는 내 제자들이 보이고, 갈피마다 직장생활에 칭얼대는 내 자식이 겹친다. 결핍과 불안 속에서도 가장으로서 버텨내며 틈틈이 건져 올리는 소소한 행복의 순간들. 과장이 없어서 특별하고, 착한 사람 말이라서 독특하다.

 신영환 작가는 정년이 당연한 직장을 접고 작가의 길을 택했고 나는 응원한다고 말했었다. 대학 교직을 포기한 나도 만만찮은 각도로 인생행로를 겪었는데 그건 완전한 자의는 아니었다. 신 작가도 파격적인 각도로 행로를 틀었다. 근본적인 차이는 그는 안정과 보장이라는 꿈의 단어를 스스로 박차고 나왔다는 것. 이제야 말하지만 당시 응원은 진심이 아니었다. 거창한 계획을 들고 있지도 않았고, 이재에도 밝아 보이지 않아 불안했기 때문이다. 아끼기에 걱정이 됐고 그랬었기에 지금 좋아하는 일을 하며 사는 그의 성취가 참으로 기쁘다.

 누구의 삶이든 하나의 서사이고, 그 주인공은 각자 자신이다. 작가는 그 서사를 글로 빚는 사람. 이 에세이는 개인의 기록을 넘어 대한민국 1980년대생들의 이야기이다, 묘하게도 우리 세대의 젊은 날에 관한 것이고, 그렇다면 이는 우리 모두의 자서전일 것이다. 이에 기꺼이 이 책을 추천한다. 스무 해 먼저 달린 선배로서 부탁이 있다. 이제 40대, 작가에게는 분명 속편이 있지 않겠나. 전국 곳곳의 골목을 채워 나갈 주인공들의 다음 이야기를 기대해 본다.

웰런원격평생교육원 대표 홍현주 박사

・・・

 첫 장을 넘기자, 나는 저자의 시선에 완전히 사로잡혔다. 평범한 하루 속에서 마주하는 사람과 사물, 짧은 말과 잠깐의 망설임까지도 저자는 놓치지 않고 담아낸다. 사소한 장면 하나하나가 살아 움직이는 듯 생생하게 전달되어, 독자로서 나는 그의 이야기를 따라가며 내 주변의 가족, 친구, 지인들의 얼굴을 떠올리게 된다. 평범한 일상이 특별하게 느껴지고, 그 안에서 살아가는 사람들의 내밀한 생각과 감정이 선명하게 보인다.

 이 책의 매력은 눈에 띄는 화려함이나 극적인 전개가 아니라, 일상의 촘촘한 순간들을 세심하게 포착하는 데 있다. 작은 실수, 잠깐의 고민, 예상치 못한 사건조차도 이야기의 일부가 되며, 그것을 통해 사람과 삶의 흐름이 자연스럽게 드러난다. 그 과정에서 독자는 저자의 시선을 따라가며

이 시대를 살아가는 한 사람이 어떻게 삶을 이루는지를 이해하게 된다.

저자는 지나온 시간을 숨김없이 보여주지만, 결코 무겁게만 느껴지지 않는다. 오히려 그 솔직함이 읽는 이를 안심시키고, 우리 각자의 하루하루를 돌아보게 만든다. 순간순간 쌓여가는 일상의 기록 속에서, 평범한 사람으로서 겪는 고민과 기쁨, 갈등과 작은 성취가 모두 살아있는 풍경으로 다가온다. 독자는 저자의 이야기를 따라가며 자신도 모르게 내 삶의 조각들을 맞추듯 공감하게 된다.

마지막으로, 이 책은 단순한 개인의 회고를 넘어, 같은 시대를 살아가는 모두에게 보내는 따뜻한 메시지이자 조용한 격려이다. 읽는 동안 우리는 저자의 시선을 통해 자신과 주변을 돌아보고, 평범한 순간 속에서도 의미와 아름다움을 발견할 수 있다. 삶 속에서 미처 발견하지 못했던 세밀한 감정과 장면들을 다시금 떠올리며, 독자 자신의 하루를 소중히 여기게 만드는 책이다.

주식회사 혼공유니버스 대표 혼공 허준석

· · ·

이 책을 읽으며 가장 크게 다가온 단어는 '무게'였다. 살아가면서 누군가의 아들이자, 누군가의 아버지이자, 누군가의 동료가 된다는 것은 절대 가볍지 않다. 《83년생 이야기》 속에서 저자가 기록한 많은 순간은 바로 그 무게와 맞닿아 있다. 입시의 실패, 직장의 압박, 가정의 책임…. 그것은 단순한 사건이 아니라 삶의 짐으로 다가온다. 나 역시 그 짐을 지고 살아왔기에, 읽는 내내 가슴이 묵직해졌다.

그러나 책은 단순히 힘겹기만 한 기록이 아니다. 오히려 그 힘듦을 견디면서도 인간이 어떻게 존엄을 지켜내는지를 보여준다. 아이가 태어나는 순간, 가족과 함께하는 사소한 일상, 직장에서의 억울함을 이겨내는 태도…. 그 모든 장면에서 존엄의 힘이 빛난다. 나는 마흔을 넘어 살아오며 종종 무너졌지만, 다시 일어서야 했던 순간들을 떠올렸다. 저자의 기록은 나의 기억과 겹쳤다.

특별히 이 책이 빛나는 이유는 꾸밈이 없다는 점이다. 성공담도, 미화된 이야기들도 없다. 오히려 실패와 좌절이 솔직하게 드러난다. 하지만 바로 그 정직함 속에서 삶의 가치가 빛난다. 사람은 완벽하지 않다. 중요한 것은 완벽함이 아니라, 넘어졌을 때 다시 일어나는 용기다.

《83년생 이야기》는 그 용기의 기록이다. 흔들리며 살아가는 모습이 부끄럽지 않음을 보여준다. 오히려 흔들리는 과정에서 인간은 더 단단해진다. 나도 그 과정을 거쳐 왔기에, 책 속 문장 하나하나가 공감으로 다가왔다. 결국 우리는 모두 비슷한 무게를 지고 살아가는 존재다.

나는 이 책을 읽고 나서, 삶을 바라보는 시선이 조금 달라졌다. 삶의 무게는 피할 수 없지만, 그 속에서 존엄을 지켜내는 일이 가능하다는 희망을 얻었다. 이 책은 그래서 단순한 회고록이 아니라, 인간 존엄에 대한 기록이다.

교육법인 케쌤영어 대표 케쌤(이종학)

목차

프롤로그: 83년생입니다 · 007

자연주의 출산 · 014
심장마비 · 030
데릴사위 · 044
사돈주의 · 057
알코올 쓰레기 · 072
사교육비 · 089
새옹지마 · 107
어학연수 · 121
유유상종 · 141
역마살 · 155

세대교체 · 184

졸업 · 184

신용 대출 · 201

베스트셀러 · 216

트라우마 · 227

사기꾼 · 243

공황장애 · 255

퇴사 · 271

에필로그: 그리고 10년 후 · 286

부록 | 닭장 속의 유토피아 – 장르: 소설 · 295

프롤로그
나는 83년생입니다

나는 83년생입니다. 정확히는 84년 1월에 태어난 빠른 84년생입니다. 학교 친구들은 모두 83년생이에요. 요즘은 빠른 생일이 없지요. 제가 학교 다닐 때는 3월에 국민학교(지금은 초등학교)에 입학했습니다. 다음 해 2월생까지 혹은 그 이후에 태어났어도 신청을 하면 1년 빨리 태어난 형, 누나, 언니, 오빠들과 같이 학교에 다닐 수 있었습니다. 그때부터였던 것 같아요. 우리의 족보가 꼬이기 시작한 게 말입니다.

가끔 친구들과 놀다가 생일을 묻곤 합니다. 그때는 부잣집의 전유물인 '생일 파티'가 나름의 유행이었기 때문이지요. 생일 주인공은 친한 친구들을 초대해서 진수성찬으로 밥상을 차렸어요. 정확히는 부모님이 차려 주신 밥상이 되겠네요. 밥상 앞에는 초대를 받은 친구들이 쌓아 올린 반짝거리는 상자가 산을 이루고 있고요. (지금은 촌스럽기 짝이 없는 포장지 디자인이지만….)

그때는 6.25 전쟁 때만큼 힘든 시기는 아니었지만, 아직 그렇게 넉넉할 때는 아니었습니다. 도시락에 김치가 아니라 비엔나소시지라도 들어 있는 날에는 친구들에게 뺏기기 일쑤였어요. 다 같이 모여서 도시락 반찬통을 내놓고 공유했거든요. 대개 종이 맛이 나는 동그랑땡이나 햄, 김치, 멸치볶음, 구운 김 정도가 보통의 반찬이었으니까요.

그런데 LA갈비, 잡채, 함박스테이크 등 평소 잘 먹을 수 없는 맛있는 반찬이 가득한 상을 만나면 눈이 돌아가지요. 상다리가 부서질 것 같았던 친구의 생일상이 아직도 생각나는 걸 보면, 그땐 그게 대단한 일이었던 거예요.

생각해 보니 저는 단 한 번도 생일 파티를 할 수 없었습니다. 항상 생일이 방학과 겹쳐서 친구들을 만날 수도, 초대할 수도 없었지요. 어쩌면 넉넉하지 않았던 집안 형편 때문이었을지도 모르고요.

아무튼, 친구들은 내 생일 날짜를 듣고는 놀리곤 했습니다. 1살 어린 동생이라고 말이에요.

"형이라고 불러 봐!"

"누나라고 불러 봐!"

그때는 악착같이 아니라고 부정했어요. 학교를 같이 다니는데 친구지 무슨 형이냐, 누나냐 따져 물었지요. 친구들은 그런 반응을 보이는 제가 재미있었던 건지 더 자주 놀렸던 것 같습니다. 건드렸을 때 꿈틀거리는 지렁이 반응이 더 재미있는 것처럼 말이에요.

만일 지금 누군가 또 그렇게 놀린다면, 저는 이렇게 말할 거예요.

"그래 너 나이 더 많이 (처) 먹어서 좋겠다."
"형이라 불러 주랴? 누나라 불러 주랴?"

그런데 삶을 새로 재정비하는 날이 오기까지는 빠른 생년으로 살아가는 게 마냥 싫었던 모양입니다.

뼈아프게 대학 입시에 두 번이나 실패하고, 우여곡절 끝에 재수해서 대학에 들어갔을 때였습니다. 원래대로라면 산소$_2$ 학번인 제 친구들과 같은 02학번이었을 텐데…. 재수를 했더니 오존$_3$ 학번이 됐지요. 그동안은 동생이었던 친구들이 진짜 친구가 되는 일이 벌어졌습니다. 일부 친구들은 당당하게 자기가 83년생이라 형, 누나, 오빠, 언니로 지내기도 했어요.

저는 참 애매하더군요. 학교를 먼저 다닌 것은 맞지만, 태어난 건 84년이니까 참으로 애매했습니다. 20년 동안 그렇게 아득바득 나는 음력으로는 83년생이니까 같은 나이라고 우겼던 저도 어쩔 수 없나 봅니다. 그냥 03학번 동기들과 친구 하기로 했습니다.

그렇다고 83년생인 선배 혹은 동기들에게 마냥 형이라고 누나라고 부를 수는 없는 노릇이었지요. 그래서 83년생들을 만나면 재수한 것을 밝히고, 84년생들에게는 굳이 말할 필요 없으니 말하지 않았어요.

그러다 하루는 묘한 기분이 드는 일이 발생했습니다. 같은 03학번 동기들인데, 세 명이 모여 대화를 하게 된 거예요. 혹시 무슨 일인지 예상이 되시나요? 네, 맞습니다. 재수 안 한 동기는 저한테는 반말을 하고, 재수한 다른 친구에게는 형이라 부르며 존댓말까지 하더라고요. 그런데 제가 재수한 다른 친구에게 반말하니까 동기가 움찔하는 느낌을 받았지요.

알고 보니 더 웃긴 건, 한 명은 빠른 83년생, 저는 빠른 84년생, 마지막 한 명은 빠른 85년생이었어요. 이거 잘못하다가는 족보가 제대로 꼬일 것 같았습니다. 저는 중간에서 박쥐처럼 여기 붙었다 저기 붙었다 할 수 있더라도, 나머지 둘은 괜히 저 때문에 친구를 하자고 했다면 나중에 웃긴 일들이 생길 수 있었겠지요?

한 2년 정도 그렇게 신분을 잘 숨겨 가며 살고 있었는데, 도저히 안 되겠다는 생각이 들었습니다. 02학번 선배가 군대에 간다며 인사를 건넸지요. 그런데 말끝마다 "형이…. 어쩌고저쩌고…." 하는 말을 듣고 있자니 참을 수가 없더라고요. 게다가 같은 지역에서 고등학교를 졸업한 선배다 보니 내 친구의 동기라고 생각하니까 더는 참지 못하겠더라고요.

하지만 차마 군대 간다는 사람 무안하게 '사실 제가 음력으로 83년생입니다.'라는 말은 하지 못하겠더군요. 그래서 이때 큰 결심을 하게 되지요. 앞으로 누군가 물어보면 무조건 음력 생일로 말해 줘야겠다고 말이에요.

이 시기에는 '싸이월드'가 대세였습니다. 혹시 '투멤'이라고 아시나요? '투데이 멤버'의 준말로, 매일 2명씩 특색 있는 사람들을 소개해 주었습니다. 일명 '인싸'가 되는 길이기도 했어요. 관종이었던 저도 신청을 해서 몇 번의 실패를 했지만, 결국 도전에 성공했었습니다. 아직도 그때 생각을 하면 짜릿하네요. 하루에 수만 명의 사람이 방문해서 글을 남겼으니까요.

싸이월드 홈피 대문 사진 밑에는 성별과 생일이 적혀 있었습니다. 저는 그때를 계기로 양력, 음력 구분 없는 시스템 속에 그냥 '83년 12월생' 신분으로 살아가기 시작했습니다. 그동안 꼬여 버린 족보는 어떻게 할 수 없지만, 앞으로 인간관계는 83년생으로 제대로 해 보겠다는 마음이었던 것이지요. 과연 저는 양쪽 신분을 모두 가진 빠른 년생인 진골 신분을 숨기고, 순수 혈통 성골 83년생으로 살아갈 수 있었을까요?

...

"2023년 6월 28일 대한민국 정부에서는 그동안 한국식 나이 제도를 폐지하고, 만 나이로 통일할 것을 선포합니다."

놀랍게도 한국에서 그렇게 중시하던 나이 제도가 바뀌었습니다. 덕분에 올해 41살이었다가 갑자기 39세로 2살이나 젊어졌어요. (아니 40대에서 30대가 된 거니까 10년이나 젊어진 거네? 앗싸 개이득!) 이제는 만 나이로 하니까 83년생이라고 주장할 필요는 없어졌겠지요? 과연 그럴까요? 오히려 나이를 중요시하는 한국에서 만 나이 제도로 바뀌면서 혼란이 가중되고 있습니다. 나이만 들어서는 선배인지, 친구인지, 후배인지 제대로 알 수 없게 됐거든요.

다시 몇 학번인지 물어봐야 하고, 혹은 몇 년생인지 물어봐야 하고, 때로는 무슨 띠냐고 묻기도 해야 합니다. 아무리 빠른 년생 조기입학이 2009년부터 폐지됐다고 하더라도, 2023년부터만 나이로 통일한다고 하더라도 '나이'가 중요한 한국에서는 혼란이 생길 수밖에 없는….

그런데 한국에 살면서 더 충격인 건 '나이' 때문이 아니었습니다. '계급'이 깡패인 군대, '입사 연도, 기수, 직급 등'이 깡패인 회사나 기관…. 자본주의 사회에서는 '돈' 많은 사람이 '갑'이 되는 경우도 많기에 '나이' 따위는 아무것도 아니었지요. 그런데 나는 왜 그렇게 '나이'에 집착했을까요…? 참으로 바보 같습니다. (눈물이 흐르네요.)

"참 어렸었지…. 뭘 몰랐었지…. 그땐 그랬지."

'그땐 그랬지'로 싸이월드 배경음악 바꾸러 이만 가야겠습니다.

*그땐 그랬지

- 이적&김동률이 1999년 결성한 프로젝트 그룹 카니발의 타이틀 곡

1화 자연주의 출산

"응애~ 응애~"
"3.3kg 건강한 남아입니다."

　나는 1월 추운 겨울에 태어났다. (참고로 1983년이 아니라 1984년이다.) 안타깝게도 내가 태어날 때 아버지가 안 계셨다. 아니 오해가 생길 수 있으니 다시 말하자면, 같은 장소에 안 계셨다. 내가 태어나고도 수개월 동안 아버지의 얼굴을 볼 수 없었다. 아버지는 사정이 있어서 늦은 나이에 군대에 가 있었기 때문이다.

요즘에는 상상도 못 할 일이다. 요즘 아빠들은 아내가 출산할 때가 되면 비상사태에 돌입한다. 언제든 연락이 오면 바로 출산 장소로 달려 나가야 한다. 때로는 출산을 함께하기도 한다. 아내와 같이 출산한다는 말이다. 이게 무슨 말이냐 방귀냐 할 수 있겠지만, 사실이다. 내가 그랬다.

나는 두 아이 모두 아내와 출산을 함께했다. 실제 아이를 직접 받기 위해서 교육도 받았다. 요즘 아빠들은 이 정도까지 한다. 그런데 내가 태어나던 1980년대에는 거꾸로 이런 일이 말도 안 되는 일이지 않았을까?

나도 아이를 낳기 위해 교육을 받기 전까지는 출산에는 자연 분만과 제왕절개 정도만 있는 줄 알았다. 하지만 출산 방법은 다양했다. (생각해 보니 수중 분만 정도가 더 떠오른다.) 그런데 요즘 새롭게 유행하는 출산이 있단다. 의사의 도움 없이 출산하는 방법이다. 과거에 의사가 없을 때는 일명 '산파'라고 불리는 사람들이 아기를 받았다. 그와 같은 방법이다. 억지로 아이를 꺼내는 게 아니라 자연스럽게 출산한다고 해 '자연주의 출산'이라고 부르는 것 같았다.

한때 제왕절개가 유행한 적이 있었다. 아이 사주를 좋게 만들기 위해서 실제 태어나는 시간까지 정하는 경우가 있었다. 물론 지금도 그런 경우를 주변에서 종종 본다. 의사 선생님 수술 일정이 꽉 차서 원하는 시간에 수술할 수 없다고 하니 병원을 바꾸는 것도 봤다. 하지만 요새는 '자연주의 출산'이 유행이고, 준비하지 않으면 아무나 할 수 없는 방법이라고 했다. 유행이 돌고 도는 건 출산에서도 어쩔 수 없나 보다.

  자연주의 출산이 좋은 이유는 여러 가지인데, 이 이야기를 들으면 귀가 쫑긋할 것이다. 산부인과 의사인 남편이 자기 아이를 제왕절개로 수술한 후에 한 행동이 있었다고 한다. 엄마의 질에 있는 물질을 면봉에 묻혀서 아이 입술에 사정없이 발랐다고 한다. 도대체 그 의사는 왜 그런 행동을 했을까?

  아이가 자궁에서 엄마 몸을 통해 세상으로 나올 때 온갖 물질을 만난다. 하지만 그런 과정 없이 바로 빼냈으니 아이의 면역력이 약해진단다. 그래서 전문 지식이 있는 산부인과 의사 남편은 그런 행동을 한 것이다. 출산하느라 고생한 아내에게 '고생했다 혹은 사랑한다.'라는 말을 하기보다 갓난아기에게 필요한 조치를 먼저 취하다니 아내가 서운해했을지도….

  교육을 받으며 이런 일화를 들으니 우리도 자연주의 출산을 결심할 수밖에 없었다. 아이한테 좋다는데 뭐라도 하고 싶은 게 부모 마음 아닐까? 하지만 조건이 있었다. 아이가 엄마 몸을 통과하기 위해서는 엄마의 골반보다 작아야 했다. 쉽게 말하자면, 산모는 꾸준히 운동해서 아이가 잘 나올 수 있는 조건을 만들어야 한다. 물론 어떤 산모는 태생적으로 골반이 작아서 제왕절개밖에 방법이 없는 경우도 있다고 했다. 다행히 내 아내는 그렇지는 않았다.

2

첫째는 나처럼 겨울에 태어났다. 첫째를 기다리는 동안 우리 기대와는 달리 걱정거리가 생겼다. 출산 예정일이 다가오는데도 진통이 없었기 때문이다. 의사 선생님은 첫째는 조금 늦을 수 있으므로, 큰 문제는 없을 거라고 했다. 하지만 우리 부부는 조바심이 났다. 우리 계획은 '자연주의 출산'이었으니까….

원래 예상한 것보다 아이가 커서 자연의 순리대로 출산하지 못할까 걱정이었다. 우리는 자연주의 출산을 할 예정이라 의사 선생님이 아닌 현대판 '산파' 역할을 하는 '둘라'라는 간호사를 배정받았다. 예정일이 됐는데도 깜깜무소식이자, 지푸라기라도 잡고 싶은 심정으로 그녀에게 조언을 구했다. 그랬더니 계단을 오르는 운동을 해 보라 했다. 단, 너무 무리가 가지 않도록 조심하라는 당부도 있었다.

이틀 동안 아침, 저녁으로 10층 계단을 부지런히 올랐다. 내려가는 건 무릎에 무리가 가기 때문에 엘리베이터를 타고 내렸다. (참고로 내려갈 때는 4배 체중이 실린다.) 아침 2회, 저녁 2회 총 4세트를 했다. 간절한 마음으로 한 발 한 발 힘을 다했다. 그동안 열심히 연습했던 출산용 호흡법인 '라마즈 호흡'도 같이 하면서 간절히 빌었다. 제발 진통이 오기를….

우리의 간절함이 하늘에 닿았는지 다행히도 예정일에서 3일이 지나는 날 이른 새벽부터 진통이 왔다. 아침 일찍 병원에 가야 하니 아내는 밤새 진통을 참아 내며 나를 깨우지 않았다. 남편이 아침에 운전해야 하니까 조금이라도 더 자라고 소리 한 번 안 지르고 혼자서 꾹꾹 진통을 참아 냈다. 정말 인내심이 강한 여인이다.

아침 7시가 돼서야 진통 주기가 짧아졌다며 아내는 나를 깨웠다. 샤워하고 아침밥을 먹으라고 했다. 얼핏 보면 멀쩡한 사람처럼 보였는데, 진통이 오면 손을 잡아 줘야 할 정도로 고통스러워했다. 자세히 보니까 진통할 때 배는 점점 더 딱딱해졌다. '이제 얼마 안 남았구나.' 하는 생각이 들었다.

그때 사정이 있어서 나는 아내와 처가에 살고 있었다. 과거 간호사였던 장모님이 잠시 아내의 상태를 확인하셨는데, 자궁이 많이 열렸으니 서둘러 병원으로 가라고 하셨다. 당시 놀란 장모님의 표정은 아직도 선명하다. 아무 말이 없었어도 심각한 상황이라는 걸 알 수 있었다. 하지만 세상은 우리를 편하게 보내 주지 않았다. 밖에는 앞이 보이지 않을 정도로 안개가 자욱했다….

운전하면서 이렇게까지 긴장한 적은 없었다. 앞은 보이지 않고, 옆에 앉은 아내는 진통 주기가 짧아지자 더욱 고통스러워했다. 어떻게든 무사히 병원으로 빨리 데려가야 하는데, 날씨가 야속했다. 20분이면 갈 거리를 거북이처럼 기어가다 보니 시간이 2배나 걸렸다. 가는 동안 우리 담당 '둘라'한테 연락을 했는데, 둘라는 매우 차분하게 받았다. 우리는 걱정이 이만저만 아니었는데 그녀의 차분한 태도에 서운했다. 어쩌면 안심하라고 그랬을지도 모르겠다. 어찌 됐든 무사히 병원에 도착했다.

3

아쉽게도 우리 담당 둘라는 당직이 아니라 병원에 없었다. 다른 간호사가 아내를 내진했다. 그러고 나서 간호사가 깜짝 놀라며 바로 자연주의 출산 방으로 안내했다. 그녀는 다급한 목소리로 우리 담당 둘라한테 연락했다. 다시 담당 둘라한테 연락이 왔다. 바로 준비해서 올 테니 출산 운동을 하고 있으라고 했다. 진통 주기는 점점 더 짧아졌고, 그럴수록 아내는 더 고통스러워했다. 진통 무아지경 속에서는 그동안 피나게 연습했던 라마즈 호흡도 별 도움이 되지 않아 보였다.

다행히 진통이 지나가면 평화를 되찾고, 틈틈이 짐볼에 앉아서 반동으로 튕기는 운동을 하거나 내 손을 잡고 왈츠춤을 추듯 걷기 운동을 했다. 하지만 진통 주기는 점점 짧아졌다. 얼마가 지났을까…. 아내가 심한 고통을 호소했다.

"여보…. 아기가 아랫배 쪽으로 '쿵' 하고 내려온 것 같아…."

때마침 우리 담당 둘라가 방문을 열고 머리를 빼꼼히 내밀며 인사했다. 그리고 고통스러워하는 아내를 보며 큰 소리로 외쳤다.

"산모님! 조금만 기다려 주세요. 금방 옷 갈아입고 올게요!"

살짝 비춘 모습이었지만 얼마나 급하게 왔는지 쉽게 알 수 있었다. 그 추운 겨울인데 머리에 물이 흥건했기에…. 안 그래도 부리부리한 두 눈에 젖은 머리까지 흐트러져 있으니 성난 사자가 포효하는 것처럼 보였다. 간호복을 입고 들어온 듈라는 이내 아내를 내진하더니 놀란 눈으로 외쳤다.

"어머나! 거의 다 됐네요. 금방 준비할게요. 베개에 누워서 조금만 기다려 주세요."

듈라는 화살보다 빠른 속도로 휙 달려가더니 바로 돌아와 처음 보는 장치를 아내의 팔에 감았다. 정신이 없어서 숫자가 잘 보이지 않았지만, 진통이 심해지면 수축기의 숫자가 빠르게 올라갔다. 진통 주기는 점점 더 짧아졌다. 짧아지는 주기만큼 아내가 고통을 참고 내는 소리는 더욱 커져만 갔다. 내 심장 박동 수도 덩달아 올라갔다.

듈라의 모습은 마치 성난 사자 같았지만, 산모를 위해 던지는 한 마디 한 마디는 따스했다. 불안해하는 부부를 차분하게 안정시켰다. 역시 베테랑다웠다. 나도 용기를 내서 아내 손을 꼭 잡아 주었다. 진통이 와서 힘을 줄 때, 같이 힘을 주어 손을 잡아 주었다. 다행히 도움이 된다고 했다. 우리 부부도 서로 따뜻한 말을 건네며 서로를 응원했다. 그러던 중 듈라는 갑자기 나를 호출했다. 그리고 조명을 서서히 줄이더니 어둡게 만들었다.

"아버님, 이제 내려와서 수술용 장갑을 끼고 아이 만날 준비하세요."

그렇다. 자연주의 출산의 하이라이트는 남편이 아이를 직접 받는 것이었다. 순간 내 심장은 터질 것 같았다. '과연 잘 해낼 수 있을까?' 조명이 어두워진 것처럼 나의 두려움도 더 커졌다. 아내에게 힘내라는 말을 전하고, 아래로 내려와 앉았다.

4

자연 분만이나 제왕절개와는 달리 조명이 밝지도 않고, 높은 침대 위에서 출산이 이뤄지지 않았다. 어두운 방 안 푹신한 매트리스 위에서 모든 과정이 이루어졌다. 아래로 내려오니 실루엣만 살짝 보일 뿐 아무것도 보이지 않았다. 듈라는 내 손을 잡고 끌었다.

"이게 아기 머리에요. 머리털이 많네요. 느껴지시죠?"

동그란 머리통과 가늘지만, 잔디처럼 모여 있는 머리카락이 느껴졌다. 신기하면서도 걱정스러운 마음은 진정되지 않았다. 특히 아이가 이렇게 오래 껴 있으면 큰일 나는 건 아닌가 하는 무서운 생각이 들어 듈라에게 물었다.

"근데 이렇게 아기가 오래 있어도 괜찮을까요?"
"네. 아직 시간이 많이 지나지 않아서 괜찮아요. 그리고 아기는 배꼽에 연결된 줄로 숨을 쉬기 때문에 산소 공급도 잘되고 있고요."

맞다. 아직 아기는 폐로 숨을 쉬는 게 아니었다. 심하게 긴장하니까 쉬운 상식도 없는 바보가 된 것 같았고, 마음은 진정되지 않았다. 아내는 반복되는 진통 속에서 힘을 주었고, 아기 머리가 조금씩 더 나왔다. 듈라는 나에게 아기 머리 전체가 곧 나올 테니 잘 받쳐서 잡아 주라고 알려 줬다. 곧바로 아기 머리 전체가 나왔다. 순식간에 머리가 180도 회전하더니 아기 얼굴이 위로 향했다. 걱정할 새도 없이 나는 쏜살같이 손을 내밀어 아기 머리 아래를 받쳐 주었다. 충격을 전혀 주지 않으려는 본능적인 부성 행동이었다.

"이제 머리가 나왔으니 다 나온 겁니다. 산모님 조금만 더 힘내세요! 그리고 아버님! 이젠 제가 좀 도와드릴 테니 잠시 비켜 주세요."

관심법으로 내 속마음을 읽었는지 모르겠지만, 난 더는 자신이 없었다. 다행히도 듈라가 마무리 짓겠다고 했다. 아기 머리가 나온

후 어깨가 걸쳐지더니 그다음에는 순식간에 몸통과 다리까지 쑥 빠져나왔다. 배 아랫부분에는 탯줄이 달려 있었고, 아기는 정말 작았다. 얼굴은 주먹보다도 작았고, 몸통도 내 팔처럼 가늘었다. 살아 움직이는 아기를 보는 것만으로도 가슴이 벅차올랐다. 그때 듈라가 조용히 말했다.

"아기를 잠깐 울릴 거예요. 놀라지 마세요. 울어야 호흡이 시작되는 거랍니다."

아기 등을 토닥토닥 때렸더니 병아리같이 작은 입을 벌리고 '응애~' 소리를 냈다. 책에서만 봤던 혹은 말로만 듣던 진짜 '응애~' 소리였다. 내 귀를 의심했다. 그리 크지는 않았지만, 힘찬 소리가 온 방에 퍼졌다. 그리고 금방 진정했다. 이어서 아기 손가락 개수랑 발가락 개수를 확인시켜 줬다. 손가락 5개, 또 다른 손가락 5개. 발가락 5개, 또 다른 발가락 5개. 아주 다행히도 정상이었다! 아기가 태어나면 손가락 발가락부터 센다더니 사실이었다.

"아버님, 세게 자르면 오히려 탯줄이 집히니까 살살 잘라 보세요."

탯줄 양쪽에 집게를 매달고 듈라는 내게 수술용 가위를 건넸다. 아직 이유는 모르겠지만, 탯줄이 마치 곱창과 똑같다는 생각이 들었다. 곱창은 가위로 세게 자르면 오히려 잘 안 잘리고, 살살 달래며 '사각사각' 잘라야 한다. 그 원리대로 정말 조심스럽게 '사각사각' 소리를 내며 탯줄을 잘랐다. 내가 생각해도 진짜 잘 잘랐다 싶었다.

"어머나! 아버님! 엄청나게 잘 자르시네요?! 제가 본 아버님 중에 최고! 최고입니다!"

칭찬을 받으니 어깨가 으쓱해지고, 기분이 좋아졌다. 그런데 갑자기 나보고 상의를 탈의하라고 한다. 흠칫 놀란 것도 잠시, 무슨 의미인지 알았다. 교육 시간에 배웠던 '캥거루 케어' 시간이 온 것이다. 뱃살이 조금 부끄러웠지만, 어두운 조명의 힘을 빌려 용기 내어 상의를 벗어 던졌다.

내가 아기를 안고 '캥거루 케어'를 할 동안, 아내는 태반 처리 등의 케어가 필요하다고 했다. 더구나, 출산 과정에서 살짝 상처가 나서 조치가 필요하다고 했다. 의사 선생님이 갑자기 등장해서 다시 분주한 분위기가 됐다. 그때까지 전혀 인지하지 못했었는데, 응급 상황에 대비해 의사 선생님이 한참 뒤에서 대기하고 있었나 보다.

한쪽의 분주함이 영향을 주었는지 내 배 위에 있던 꼬물이는 갑자기 까만 눈동자를 보이더니 배를 타고 기어 올라왔다. 붕어처럼 뻐끔뻐끔 입을 계속 움직이며 내 가슴까지 올라왔다. 아무래도 배가 고픈가 싶었다.

"아기가 눈을 뜨고, 자꾸 제 가슴 쪽으로 기어 올라와요!"

어찌할 바를 몰라 소리쳤더니 둘라가 와서 아기를 다시 푹신한 내 배 쪽으로 안정적으로 내려 주었다. 알고 보니 아기들은 배고프면 진짜 눈을 뜬단다.

아내는 조치가 끝났는지 이제 좀 안심한 표정이었다. 둘라는 내 배에 있던 꼬물이를 수건으로 감싸 아내의 품에 안겨 주었다. 환자복을 입고 있는 아내가 땀이 범벅인 채 꼬물이를 안고 있으니 그렇게 사랑스러울 수가 없었다. 이게 남편으로서 아빠로서 느끼는 최고의 행복감이랄까? 하지만 행복은 잠시뿐이었다. 아기는 바로 이동해야 했다. 산모가 젖이 바로 안 도니 분유를 먹이러 간다 했다. 이럴 수가 만남과 동시에 바로 이별이라니….

5

아내는 입원실로 이동했다. 이동하기 전에 양가 어른한테 전화를 돌리며 인사했다. 방금 출산한 사람이 맞나 싶을 정도로 목소리가 씩씩했다. 어쩌면 이게 자연주의 출산의 힘이 아닐까 싶다. 출산 방법에 따라 회복 속도가 다르기 때문이다.

자연주의 출산은 빠르면 하루 만에 퇴원하고 바로 조리원으로 갈 수 있다고 한다. 사람마다 다르겠지만, 자연 분만은 최소 2~3일 제왕절개는 5일 이상 입원한다고 한다. 아마도 칼을 몸에 댔느냐 안

댔느냐에 따라 회복 속도가 다른 게 아닌가 싶다.

진짜 아내는 딱 하루 만에 퇴원해서 아기와 함께 조리원으로 이동했다. 확실히 입원실보다 아늑했다. 침대도 훨씬 크고 푹신해서 남편도 함께 자기가 편했다. 음식도 입원실보다 더 맛있었다. 매일 미역국 잔치였지만, 자율 배식이라서 마음껏 식사할 수 있었다. 출산 휴가 일주일 동안 파라다이스를 경험했다. 조리원이라 밤새 아기를 돌봐 주니까 잠이 부족할 일도 없었다. 아빠와 엄마, 그리고 아기도 먹고, 자고, 싸고 아주 건강한 삶이 이어졌다.

조리원 가격도 천차만별이지만, 우리는 분수에 맞게 적정한 곳을 선택했다. 비싼 곳은 천만 원 정도 한다고도 들었다. 우리는 2017년 시세 평균인 200만 원 후반을 주고 3주간 계약했다. 산후 마사지까지 포함하면 100만 원 더 추가! 그래도 산후 마사지는 필수라 추가했다. 붓기도 빼 주고, 혈액 순환이 잘 돼 금방 회복할 수 있다고….

돈 없으면 아이를 키울 수 없다는 말이 사실이었다. 아기용품도 준비해야 하니 태어나자마자 500만 원은 순간 삭제다. 정말 가난하면 빚이라도 내야 하지 않을까? 이런 이유로 출산율이 뚝뚝 떨어지나 보다.

아쉽게도 파라다이스 조리원은 3주가 최대치다. 3주 이후부터는 아기가 다 알기 때문에 조리원에서 돌봐 줄 수 없단다. 무조건 퇴소다. 천국은 이것으로 끝이다. 24시간 쉼 없이 배고파서 울고, 똥오줌 싸서 울고, 졸려서 울고, 산통으로 울고 끝없는 울음과의 전쟁에 들어선다. 출산의 고통이 얼마나 심하면 산모들은 '저승사자'를 만난다고 하는데, 진짜 고통의 시작은 '육아 전쟁'이란다.

입덧, 출산, 육아 중에 무엇이 가장 힘드냐고 물어보면, 사람마다 답은 다를 수밖에 없다. 하지만 가장 많이 선택하는 옵션은 바로 '육아'다. 왜일까? 가장 길기 때문이다. 특히 '100일의 기적'이 일어나기 전까지는 지옥에 사는 것 같다. 인간으로서의 기본적인 욕구를 모두 포기해야 하기에…. 그래서 엄마들은 대단하고 위대하다.

그런데 그것 아는가? 요새는 아빠들도 조금 대단하다. 1970년대생 아빠와 1980년대생 아빠, 그리고 1990년대생 아빠들은 세대가 다르다고 한다. 그 기준은 '육아 참여' 정도로 나눌 수 있다. 나는 1980년대생으로 딱 중간이지만, 그래도 분명히 말할 수 있다. 나도 출산을 함께했다고, 그리고 육아도 함께하고 있다고 말이다. 오롯이 나를 위한 삶은 사치라는 걸 너무 잘 알게 된다. 나보다 위 세대 형님들처럼 했다가는 집에서 쫓겨날지도 모르니까…. 아내에게, 아이들에게 잘해야 한다.

…

"맞벌이 비율 높고 부부 공동 육아, 일하는 엄마 가정적 아빠 탄생!."

2022년 11월 1일 화요일, 중앙일보 부모 지면에 나온 기사 제목이다. 기사에 따르면, 11명의 양육자 중 7명(63.6%)이 맞벌이고, 자녀에 대한 경제적·정서적 책임감을 강하게 느낀다고 한다. 남편은 외조하고, 아내는 내조한다는 건 옛말이다. 모든 걸 함께 책임진다.

물론 맞벌이라고 해도 엄마가 더 힘들다. 아무리 아빠가 육아나 집안일에 최선을 다한다고 해도 부성애가 모성애를 따라갈 수는 없는 것 같다. (물론 예외도 있겠지만….) 커리어 우먼인 동시에 육아를 책임지는 엄마들이 위대한 이유다.

우연인지 모르겠지만, 내 주변 사람들을 보면 확실히 세대별로 육아 및 집안일 참여도가 차이가 난다. 1970년대생 형님들은 1980년대생 우리보다 확실히 참여도가 낮다. 1970년대생 남편을 둔 아내들이 우리들의 이야기를 들으면 깜짝깜짝 놀라기 때문이다. 나도 그녀들의 이야기를 듣기 전까지는 내 삶이 당연한 줄 알았다. 분명히 세대 간 차이가 있다. 그리고 1990년대생 동생들을 보면 또 다르다. 그들이 보기에는 우리 1980년대생들의 삶이 다르게 느껴지지 않을까? 내가 1990년대생이 아니라 잘은 모르겠다.

1년이 지나 첫째가 돌이 될 때까지도 둘째 생각은 1도 나지 않았다. 100일의 기적이 아니라 100일의 기절을 경험한다면? 더욱 그럴 것이다. 하지만 망각의 동물인 인간은 2년이 지나면 모든 걸 잊는다. 저승사자를 만나는 '출산의 고통'까지 말이다.

딸 둘을 키우는 친구네 집에 놀러 갔다 온 아내가 조심스럽게 말을 꺼낸다.

"여보…. 우리 둘째 가질까?"

(엔딩곡)

"I believe in you. I believe in your mind. 벌써 일 년이 지났지만…. 일 년 뒤에도 그 일 년 뒤에도…."

*벌써 일 년
- 2001년 혜성처럼 나타난 신인 가수 〈브라운 아이즈(나얼&윤건)〉의 타이틀 곡

심장마비 | 2화

1

　대한민국 남성이라면 누구나 국방의 의무를 다해야 한다. 전역 후에도 예비군 훈련을 받는다. 예비군 훈련장에 가서 받는 교육 중 'CPR(심폐소생술)'은 필수다. 심지어 직장에서도 매년 최소 1회 이상 관련 교육을 받는다. 별거 아닌 것 같지만, 골든 타임 안에 CPR을 하면 누군가 살릴 소중한 기회를 얻을 수 있다. 그 누군가는 나의 소중한 가족일 수도 있다.

> [부고]
> 故 OOO님께서 별세하셨기에 아래와 같이 부고를 전해 드립니다.
>
> 의정부 을지대학교 병원장례식장 특1호
> 경기 의정부시 동일로 712
>
> ■유가족 및 장례식장 위치 확인
> https://funein.com/bugo/funeral
>
> 황망한 마음에 일일이 연락드리지 못함을 널리 살펴서 이해해 주시길 바랍니다.
>
> 아버지 : OOO
> 어머니 : OOO
> 형 : OOO 배상

늦은 밤이었다. 모르는 번호로 문자가 왔다. 첫 줄에 적힌 이름을 보며 내 눈을 의심했다. 나와 동갑인 83년생 친구이자 직장 동료의 이름이었다. 다른 직장으로 옮기면서 그를 자주 볼 수는 없었지만, 1년에 몇 번이고 자주 만나려 노력했다. 코로나 시기가 좀 지나 마지막으로 한 번 보고, 그 후로는 서로 바빠서 얼굴을 보지 못했다. 주로 연말에 만났기에 이번에도 만날 생각을 하고 있었는데, 부고 소식이라니….

아무리 생각해도 이해가 되지 않았다. 교통사고면 몰라도 절대 자살하거나 할 사람은 아니었다. 게다가 모르는 사람한테 온 문자라서 혹시 사기는 아닐까 하는 생각이 들었다. 차라리 그러길 바랐다. 하지만 확인할 때까지는 모를 일이었다. 그날따라 가을인데도 후덥지근한 날씨 때문인지 몰라도 이상한 일이 여러 번 있었다.

2

주말이라 아이들과 멀리 나들이 간다고 운전할 때였다. 얌전하게 운전하며 길을 가고 있었다. 참새 한 마리가 도로 옆 벽에서 갑자기 날아오르더니 이내 도로 쪽으로 급하강했다. 내 차 바로 앞이었다. 손쓸 새도 없이 '퍽' 하는 소리가 났다. 온몸에 전율이 흘렀다. 끔찍해서 흐느끼며 소리를 냈다. 온몸이 바르르 떨렸다. 하필이면 눈이 좋아서 거울로 힐끗 지나온 도로를 살폈다. 날개가 꺾인 채로 쓰러져 있는 참새의 상태를 확인했다. 다시 온몸에 전율이 흘렀다. 인상이 있는 대로 찌푸려졌다. 싫어서가 아니라 너무 불쌍하고, 마음이 아파서였다. 내가 생명을 죽이다니….

며칠 전 아이들과 신나게 잠자리를 잡았다. 집에 잠자리채가 없어서 물고기를 뜨는 뜰로 고군분투했다. 어린 시절 여름 방학 때면 시골 친척 집에서 잠자리 잡던 실력이 되살아났다. 강원도 태백에 살던 이모 댁에 놀러 가면 집 바로 앞에 나무가 많았다. 산에 있는 나무라 그런지 잔가지도 많았다. 덕분에 잠자리가 앉아서 쉴 곳이 많았다. 다시 말해, 너무나 쉽게 잠자리를 잡을 수 있었다. 잠자리채를 휘두르기만 해도 한 번에 10마리 이상 잡을 수 있었다. 잠자리가 천지빼까리였다.

하지만 지금 사는 동네에는 잠자리가 별로 없다. 게다가 날아다니는 잠자리를 잡아야 했다. 그런데도 잽싸게 나를 피해 다니는 잠자리를 10여 분 만에 6마리나 잡았다. 아이들이 좋아했다. 곤충 채집 통도 쪼그마해서 잠자리 6마리가 함께 있기에 비좁았다. 막상 잡고 보니 안 그래도 짧은 인생인 잠자리가 불쌍했다. 아이들을 설득해서 조금 관찰하고 놀다가 살려 주기로 했다.

한 번에 풀어 주는 것보다 한 마리씩 날리면 더 의미가 있을 것 같았다. 곤충 채집 통에서 뜰채로 옮겨 한 마리씩 꺼내어 아이들 손으로 옮겼다. 그게 큰 실수였다. 아이들은 손에 땀이 범벅이라 잠자리 날개가 순식간에 찢어졌다. 찢어진 날개로는 더는 날 수 없었다. 내 가슴도 찢어질 듯 아팠다. 가슴 한쪽이 뻐근했다. 괜히 아이들을 혼내고선 나머지 잠자리는 한꺼번에 풀어 줬다. 진작에 그럴걸…. 후회막심이다.

곤충 한 마리가 죽어도 이렇게 마음이 아픈데, 참새의 죽음은 더 크게 느껴졌다. 일명 로드킬이라고 볼 수 있었다. 참새가 와서 스스로 생을 마감했으니 자살인 건가? 아마도 도로에 놓인 먹이를 먹으려 한 게 아니었을까 싶었다. 목적지까지 가는 동안 그리고 집으로 돌아오는 동안 계속 찝찝한 기분이 들었다. 참새의 흔적을 지우고 싶었다. 싫어서가 아니라 빨리 잊고 싶어서….

3

집에 오는 길에는 비가 내렸다. 굳이 기름을 넣지 않아도, 세차하지 않아도 되는데 주유소로 향했다. 아이들은 세차하고 간다니 좋다고 한다. 뭐가 그리 좋은지…. 어릴 때는 별것 아닌 사소한 것에도 감동한다. 나는 세차하는 동안 눈을 감고 기도했다. 부디 좋은 곳으로 가길 바란다고. 다음 생에는 더 오래 사는 동물로 태어나길 바란다고….

밖에서 아이들과 씨름하고 집에 와서 그런지 몰라도 너무 피곤했다. 나도 모르게 침대와 한 몸이 됐다. 정신없이 낮잠을 잤다. 아이들은 주말이니 몇 번이고 와서 놀자고 나를 깨웠다. 소리는 들리는데 몸은 움직여지지 않았다. 가위에 눌린 것도 아닌 것이 이상했다. 비도 내리고 하니까 저기압이라 몸이 무거운 듯했다. 아니면 기분 탓인지 모르겠지만, 참새 때문인 것 같았다. 낮잠을 오래 잤는데도 몸이 좋지 않다고 느껴졌다.

아내가 저녁 식사하러 나오라는 소리에 정신이 번쩍 들었다. 벌써 저녁이라니 몇 시간이 훌쩍 지났다. 주말인데 육아에 전념하지 못한 것 같아 아내에게 미안한 마음이 들었다. 몸을 벌떡 일으켜 세웠다. 평일에는 일 때문에 육아를 돕지 못 하니까 주말에는 최대한 더 하려고 노력하는 중인데….

아무리 외벌이라고 해도 80년대에 태어난 남편들은 가만히 소파에 누워서 쉬면 안 된다. 하지만, 이날은 그러지 못했다. 그래서 괜히 미안한 마음에 혹은 찔리는 마음에 몸이 거짓말처럼 잘도 움직였다. 다행히 남은 저녁 시간은 아이들과 보냈고, 끝으로 잠도 잘 재웠다.

4

아이들은 나랑 자는 걸 좋아한다. 아빠가 덩치가 커서 같이 자야 무서운 꿈을 잘 안 꾼단다. 덩치 때문인지 몰라도 든든한가 보다. 다 결혼하고 찐 살 덕분이다. 결혼 전과 비교했을 때 무려 20kg이나 쪘다. 최근에는 더 나갔는데 건강상 위협을 느껴 그나마 5kg을 뺀 게 그렇다.

그래도 다행히 100kg을 한 번도 넘기지 않았다. 90kg 초반을 잘 유지하고 있다. 1980년대생이라 그런지 몰라도 80kg일 때가 그나마 몸이 가장 날렵하고 가벼운 느낌이다. 건강을 위해 더 빼야 하는데 쉽지 않다. 20~30대 때 중년 아저씨들을 보고 배 나왔다고 놀려서 벌 받은 건 아닌가 싶다. 우리 집에서 내가 제일 덩치가 크고 뚱뚱하니까 아이들은 만날 나만 놀린다. 도대체 '뚱뚱보 돼지 볶음밥'은 무슨 의미인지. 그게 내 별명이다.

사실 나도 불과 1년 전만 해도 뚱뚱하진 않았다. 순식간에 몸이 10kg 넘게 불었다. 직장에서 과도한 업무로 매일 야근하고, 주말에도 출장을 가다 보니 스트레스가 쌓이기만 하고 풀지 못했다. 스트레스 해소를 위해서는 먹는 게 유일한 방법이었다. 카페인에 민감

해서 커피는 못 마시니 버티기 위해 6개월 동안 마셨던 밀크티 '데자와' 때문에 살이 찐 것 같기도 하다.

데자와는 고3 때도 커피 대신 마셨던 기억이 있다. 사람에 따라 호불호가 강한 음료지만, 커피를 못 마시는 나에게는 딱 맞았다. 우유가 들어간 제품인 데다 단맛을 내기 위해 설탕 성분이 많다. 다이어트 할 때 사람들이 시럽을 뺀 커피, 그다음으로는 우유가 안 들어간 커피를 마신다고 한다. 결국, 아메리카노가 정답이라고···.

실제 나도 그런 경험이 있다. 아이가 태어나고 1년 동안 잠을 제대로 못 자면서 커피를 배우기 시작했다. 당연히 처음에는 시럽이 잔뜩 들어간 캐러멜마키아토 아니면 바닐라라테로 시작했다. 심장은 두근두근했지만, 시럽이 있어서 맛은 괜찮았다. 덕분에 살이 쪘다. 그때도 87kg까지 살이 쪄서 위기감을 느꼈다.

갖은 노력 끝에 1주일에 1kg씩 빼서 10kg 넘게 뺐다. 커피도 점차 아메리카노까지 마시게 됐다. 간식은 손도 안 대고, 기분이라도 내려고 0cal 자일리톨만 사탕처럼 먹고는 했다. 물론 탄산도 줄였다. 난 술도 못 먹기 때문에 술 중독 대신 콜라 중독이었다. 하지만 옷이 하나도 안 맞으니 선택의 여지가 없었다. 모든 걸 다 끊고, 밥 먹는 양도 2/3로 줄였다. 매일 밤에는 1~2시간 걷기 운동을 했다. 무릎이 아파서 뛸 수는 없었다. 근데 오히려 빨리 걷는 것이 살 빼는 데는 도움이 된다고 했다. 우연이었지만, 행운이었다.

다이어트는 성공적이었다. 70kg 중반까지 내려왔다. 하지만 얼굴 살이 빠지니까 오히려 보기가 흉했다. 인덕이 부족해 보였다. 날카로워 보였다. 인상을 좋게 만들자는 취지에서 다시 조금씩 입에 즐거운 걸 손대기 시작한 덕분에 10주간 10kg 뺀 걸 1주일 만에 3kg이나 되돌렸다. 빼는 건 참 어려운데, 찌는 건 참 쉽다. 돼지띠라 그런가? 아마도 쉽게 찌는 체질 탓일 거다.

5

사람은 스트레스를 많이 받으면 몸에 이상이 생긴다. 생물학적으로는 항상성 유지가 잘 안되면 문제가 발생한다. 비만, 당뇨, 고혈압, 심근경색 등 현대판 성인병이 판을 친다. 특히 40대에는 과로사가 많다고 한다. 아는 직장 동료의 형도 어느 날 갑자기 쓰러져 죽었다. 역시나 이유는 과로사였다. 과로사의 경우 대부분 스트레스로 인한 심장마비가 원인이다. 나와 같은 40대는 위아래 사이에 낀 세대다. 어느 정도 능력과 경험이 있어서 가장 실력 발휘를 할 시기에 살고 있다. 그래서 대부분 직장에서 많은 일을 맡는다. 그러니 과로사가 있을 수밖에….

부고 문자를 보며 문득 그런 생각이 들었다. 설마… 과로사였을까? 사실을 확인하기 위해 답장을 보냈다.

"이 문자가 사실인가요? 그리고 혹시 누구신가요?"

잠시 후에 다시 문자가 왔다.

"안녕하세요. 저는 OO에서 근무하는 상조회 담당자 OOO입니다. 작고하신 OOO님과 함께 근무하셨던 분들께도 보내라는 지시가 있어서 제가 담당자로서 부득이하게 연락드리게 됐습니다. 미처 누군지 신분을 밝히지 않은 점 죄송합니다. 참고로 심장마비로 오늘 돌아가셨다는 소식을 전합니다."

"아닙니다. 하마터면 소식을 알 수 없었을 텐데 알려 주셔서 감사합니다."

나의 바람은 이루어지지 않았다. 메시지는 거짓이 아니라 모두 진실이었다. 여전히 믿을 수 없었고, 실감이 나지 않았다. 부고 메시지에 적힌 링크를 눌러 보니 바로 이틀 뒤 아침에 발인이었다. 보통 사망한 날 기준으로 3일째 되는 날이 발인이니 오늘 세상을 떠난 것이었다. 마음이 너무 아픈데 눈물은 나지 않았다. 아마도 실감이 나지 않아서가 아닐까?

늦은 밤이었지만, 그 직장에 같이 입사해 근무한 친한 동기들에게 연락해야겠다 싶었다. 나는 몇 년 있었지만, 다른 동기들은 1년 이내로만 근무해서 혹시 연락이 안 갔을지도 모르겠다는 생각이 들었기 때문이다. 원래는 모두 들어와 있는 단톡방이 있었다. 하지만 답할 수 없는 사람이 있는 단톡방에 소식을 남길 수는 없었다.

새로 단톡방을 만들어 친했던 동기들에게 연락했다. 밤 11시가 넘었지만, 내가 보낸 [부고] 메시지에 단톡방은 눈물바다가 됐다. 다들 믿기지 않는다는 말뿐이었다.

작년에 진급했다는 소식을 들어서 올해 일이 많을 줄은 알고 있었다. 그래서 스트레스가 심했고, 심장마비로 인한 과로사구나 싶었다. 하지만 이튿날 아침 여전히 그 직장에 근무 중인 후배를 통해 진실을 알 수 있었다.

"추석을 일주일 앞두고 금요일에 야근하고, 토요일 아침 일찍 아버지와 형이랑 벌초하러 갔대요. 일하다가 중간에 힘들다고 차에 가서 쉰다고 갔대요. 그런데 시간이 흘러도 안 오길래 확인차 연락했는데 전화를 받지 않더래요. 형이 이상함을 느끼고 바로 뛰어 내려갔는데…. 손쓸 겨를도 없이 이미 세상을 떠났다고 하네요. 심장마비로…."

금요일 늦은 시간까지 야근했다는 말에 충분히 피로가 쌓였고, 스트레스가 심했을 거라 생각한다. 거기에 토요일 이른 아침부터 또 힘든 일을 했으니 몸이 감당할 수 없었을 것이다. 이제 막 40대에 들어선 내 친구는 그렇게 삶을 마감했다. 그나마 부양할 가족이 없었다는 점이 다행인지 불행인지 모르겠다.

2시간을 운전해서 의정부에 도착했다. 운전하는 동안 많은 생각들이 주마등처럼 지나갔다. 함께했던 시간이 생생하게 떠올랐다. 그가 심장마비로 쓰러져 있는 차 안의 모습도 상상이 됐다. 아니, 잠깐 눈을 붙이고 일어나는 상상도 했다. 지금 모든 게 거짓말이라 믿어 보려고도 노력했다. 하지만 장례식장에 도착해서 이름과 얼굴을 확인하니 거짓된 상상은 모두 깨져 버렸다.

국화꽃 한 송이를 꺼내어 올려 두고 사진을 보다가 눈을 감고 기도했다.

"부디 그곳에서는 편히 쉴 수 있기를…. 언젠가 꿈에서라도 다시 만날 수 있기를…."

참 좋은 사람이었으니 분명히 천국에 갈 수 있을 거라고 말해 주었다. 그동안 참았던 눈물이 흘러내렸다. 형도 울고, 아버지도 울고 조문객이었던 나도 울었다. 진정이 된 후에 친했던 옛 직장 동료였다고 말하니 아버지께서는 손을 꼭 잡으며 정말 고맙다고 말씀하셨다. 가는 길 외롭지 않게 인사할 수 있어서 다행이었다. 가족들에게도 조금이나마 위로가 되는 것 같아 천만다행이었다.

이직 후 한동안 연락하지 못했던 예전 직장 동료들을 많이 만날 수 있었다. 모든 건 친구 덕분이었다. 오랜만에 만나서 너무 반가운데, 차마 웃으며 인사를 나눌 수는 없었다. 다들 슬픔에 찬 눈을 하고 있거나 이미 펑펑 울고 난 후라 눈이 빨갛게 부어 있었다. 기쁨을 나누면 배가 되고 슬픔을 나누면 반으로 준다고 하는데, 허무한 죽음 앞에 우리는 모두 슬픔이 제곱 배는 되는 것처럼 느껴졌다.

...

2023년 4월, 강릉 경포 일대에 산불이 크게 났다. 수십 명의 사람이 집을 잃었다. 하와이 마우이섬에서도 8월에 산불로 인해 100여 명이 사망했다. 9월에는 모로코 대지진으로, 그리고 슬픔이 가시지 않은 상태에서 곧이어 리비아에서는 대홍수로 각각 수천 명의 사람이 사망했다. 대자연에 비하면 인간은 참으로 나약한 존재다.

아무리 아등바등 살려고 노력해도 죽음은 한순간이다. 내가 마치 건강해지려고 아등바등 살을 빼려고 노력하는 것과 순식간에 건강에 해로운 음식을 먹고 살이 찌는 것과 같았다. 왜 우리 삶은 그런 것일까? 좋은 것을 얻으려면 어렵고, 나쁜 것을 마주하기는 쉽다. 현대인들은 질병이 또 하나의 재앙이자 재해가 아닐까 싶다.

심장마비는 사실 주변에 누군가 있다면 괜찮아질 수 있다. 주변 사람에게 CPR을 바로 받는다면 살 확률이 매우 높기 때문이다. 난 우연히 한 사람을 살린 경험이 있다. 예비군이나 직장에서 굳이 왜 CPR을 교육하는지 필요성을 못 느끼다가 감사함을 느낀 경험이었다.

어느 날 직장에서 누군가 옥상에 쓰러진 사람이 있다고 급히 나에게 도움을 요청했다. 그때 가장 가까운 곳에 내가 있었기 때문이었다. 엘리베이터가 없어서 계단으로 6층 꼭대기까지 뛰어 올라갔다. 한 사람이 쓰러져 있었다. 눈도 풀려서 초점이 없고, 혀도 길게 밖으로 나와 있었다. 의식 없는 사람이라는 걸 단번에 알아차렸다.

쓰잘데기 없다고 생각했던 CPR 교육에서 배운 매뉴얼이 떠올랐다. 주변 사람에게 바로 119에 신고해 달라고 요청했다. 어깨를 툭툭 치며 의식 없는 사람을 깨워 봤다. 하지만 대답도 없고 숨조차 쉬지 않았다. 마침 연결된 119에서도 바로 CPR을 하라고 했다. 나는 배운 그대로 명치에서 손가락 두 마디 지점에 깍지 낀 손을 올려 두었다. 팔꿈치는 구부리지 않은 채 체중을 실어 온몸으로 가슴을 누르며 심폐 소생술을 시작했다.

무아지경이란 이럴 때 쓰는 말인가? 주변은 흐리게 처리되고 오직 누워 있는 사람만이 시야에 들어왔다. 나는 땀을 뻘뻘 흘리며 쉬지 않고 속도를 유지하며 심폐 소생술을 진행했다. 119 대원들이 도착할 때까지 하려니 점점 지쳐 갔다. 하지만 이 사람을 꼭 살려야겠다는 생각에 참고 계속 이어 갔다.

마침내 119 대원이 도착했다. 여러 장비로 검사하더니 다행히 심장이 뛰고, 호흡도 있단다. 엘리베이터가 없어서 들것에 싣고 나를 포함해 4명이 각자 하나씩 자리를 맡아 들었다. 꽤 무게가 나가는 장신의 남성이었기에 무거워서 균형 잡기가 어려웠다. 그 와중에 나는 마음을 다해 기도했다.

'제발 의식이 돌아오게 해 주세요.'

거의 1층에 도착할 무렵 그는 갑자기 숨을 거칠게 내쉬며 소리를 내더니 눈을 떴다. 의식이 돌아왔다. 갑자기 방언처럼 아무 말이나 막 내뱉었다. 잠시 후 안정을 찾았다. 나도 안도의 한숨을 크게 내쉬었다. 만일 의식이 돌아오지 않았다면, 나는 어땠을까? 지금 다시 생각해도 아찔한 순간이었다. 그 사람도 평소 스트레스가 심했다고 한다. 병명은 과호흡증이었다. 스트레스는 만병의 근원이자 현대인들의 심장을 멈추게 하는 주범이다.

(엔딩곡)

"아프다고 말하면 정말 아플 것 같아서. 슬프다고 말하면 눈물이 날 것 같아서. 그냥 웃지 그냥 웃지 그냥 웃지. 그런데 사람들이 왜 우냐고 물어."

*심장이 없어
- 2009년 3월에 발매된 에이트(8Eight)의 3집 앨범 〈The Golden Age〉, 4번 트랙에 위치한 타이틀 곡

p.s. 심장마비로 세상을 떠난 나의 친구여! 부디 그곳에서는 편히 쉴 수 있기를… RIP.

3화 데릴사위

1

　수원 인계동에 위치한 경기 아트 센터에서 진행하는 연극 표가 생겼다. 강원도 춘천에 생가가 있는 김유정 작가의 소설 《봄봄》을 기반으로 한 연극이었다. 계절 탓인지 쌀쌀한 바람에 콧등이 시린 날이었다. 추위를 달래려고 여자 친구와 손을 꼭 잡고 연극을 보러 갔다. 다행히 극장 안은 온풍기가 나와서 따뜻했다. 배우들의 열정적인 연기 때문일지도 모르겠다.

　《봄봄》에서는 주인공이 데릴사위로 점순이의 집에서 3년째 생활한다. 앞서 두 명의 데릴사위는 결국 점순이 키가 자라지 않자 참지 못하고 도망가고 말았다. 하지만 세 번째 데릴사위인 주인공은 점순이가 클 거라고 믿고 살아간다.

데릴사위제는 고구려의 혼인 풍속이었다. 여자가 부모님 집을 떠나지 않고 남자가 여자의 집으로 들어와 사는 혼인 형태다. 원래는 외동딸만 둔 부모가 데릴사위를 들였다. 상황에 따라 아들이 있는 집에도 데릴사위를 들이는 경우가 있었다고 한다.

못 믿겠지만, 나는 현대판 데릴사위였다. 부정적인 상황은 아니었다. 오히려 도움을 받는 쪽이었다. 물론 결혼을 허락받기 전까지는 살얼음을 걷는 기분이었다. 여자 친구의 외할아버지가 돌아가셨을 때 나는 비정규직으로 근무하고 있었다. 여자 친구의 아버지는 나의 상황이 탐탁지 않으셨는지 눈길조차 주지 않으셨다. 순수한 마음으로 3일간 매일 가서 장례식장 일을 도왔다.

하지만 돌아오는 건 차가운 말 두 마디뿐이었다.

"열심히 해라."

이 말은 여러 의미로 해석될 수 있다. 말 그대로 정규직이 될 수 있도록 열심히 하라는 격려일 수도 있다. 혹은 열심히 하지 않아서 정규직이 되지 않으면, 자기 딸을 줄 수 없다는 협박의 의미일 수도 있다. 열심히 해도 절대 안 된다는 말은 포함되지 않으니 다행이었다. 정말 다행히도 결혼을 승낙 받은 해에는 정규직이 됐다.

나중에 알게 된 사실이지만, 우리가 좋아하니 올해는 결혼시켜야지 생각하고 있을 때 다행히도 내가 정규직이 됐단다. 덕분에 일사천리로 모든 게 진행됐다. 정규직 합격 소식을 들은 후 바로 주말에 여자 친구의 가족들과 저녁 식사를 했다. 그렇게 쌀쌀맞게 대하셨던 아버님도 마음을 열고 따뜻하게 환대해 주셨다. 심지어 축하 선물로 넥타이를 주셨다. 티는 안 냈지만, 눈물이 핑 돌았다.

바로 본가 어른들께 말씀드려서 상견례를 잡자고 하셨다. 얼마 지나지 않아 바로 상견례를 진행했다. 퇴직 후 강릉에 내려가 살고 계신 부모님이 수원으로 올라오셨다. 굳이 많은 사람이 움직이는 것보단 단 두 명만 움직이면 되니까 그렇게 결정했다. 하지만 많은 사람이 상견례 직후 파혼한다고 해서 걱정이 앞섰다. 주변에 친척, 친구, 지인 등이 상견례 전후로 결혼 약속을 파기하는 모습을 봐 왔기에 그랬다. 제발 아무 일이 없기를 바랐다.

2

상견례를 하기 전에 먼저 강릉에 내려가 본가 부모님께도 여자 친구를 소개했다. 상견례 전에 얼굴도 익히고 조금이라도 친해져서 덜 어색하기를 바라는 마음이었다. 다행히도 별일 없이 인사를 잘 드리고 왔다. 게다가 들른 김에 결혼 날짜도 정했다. 양가 모두 사주팔자, 궁합 등 그런 건 전혀 보지 않았다. 우린 궁합도 안 본다는 4살 차이였기에….

다만 손 없는 날만 피하라는 의견을 수용할 뿐이었다. 10월 3일과 10월 31일, 이렇게 두 선택지가 있었다. 부모님은 10월 말을 선택하셨다. 그렇게 결혼 날짜가 바로 잡혔다. 다만 해결해야 할 문제가 하나 있었다. 집은 신랑이 준비하고, 혼수는 신부가 준비하는 시대에 사는 나는 사실 결혼할 준비가 안 돼 있었기 때문이다. 대학원을 졸업하고 본격적으로 돈을 벌기 시작한 지 고작 3년 반밖에 안 됐다.

계약직에 신입이라 월급도 쥐꼬리만 했다. 하지만 저축하고자 하는 의지가 강했고, 절약 정신 또한 투철했다. 매달 꼬박 100만 원씩 저축했다. 월급이 200만 원도 안 되기에 50% 이상 저축한 셈이다. 그 와중에 해외에서 대학원을 다니느라 친척한테 빌린 돈도 있어서 매달 갚았다. 순수하게 생활비와 데이트 비용을 제외하고는 모두 저축한 거였다.

대략 2년 정도 돈을 모았을 때였다. 그때 갑자기 어머니가 아프셨다. 평생 한 번 안 해 본 수술을 했다. 아주 지독한 병은 아니었지만, 나에게는 큰 충격이었다. 수술이라도 잘못되면 어머니가 이 세상에 안 계실까 두려웠다. 다행스럽게도 수술은 잘 끝났고, 어머니도 완전히 회복하셨다. 병의 주된 요인이 '스트레스'였기에 조금이라도 어머니를 기쁘게 해 드리고 싶었다.

효자였던 나는 어머니 차가 낡았다는 걸 깨달았다. 그동안 모은 전 재산을 털어서 새 차를 사 드렸다. 할부는 0원, 현금 100%로 차를 샀다. 덕분에 내가 모은 돈은 다 사라졌다. 남자로서 집을 마련해야 하니까 열심히 모으던 돈이었다. 한방에 빈털터리가 됐다. 차마 여자 친구한테는 이 사실을 말할 수 없었다. 누가 개털과 결혼하고 싶을까 싶었다….

세상에 비밀은 없는 법. 결국, 들켰다. 결혼을 생각하고 만나고 있었으니, 서로의 사정을 말할 수밖에 없었다. 여자 친구는 나에게 매우 실망한 눈치였다. 결혼이 물 건너가는 순간이 다가왔다. 3년 정도 만나면서 그동안 별로 싸우지 않았는데, 그날은 심하게 말다툼을 했다. 중요한 지점은 바로 '한 마디 상의 없이 혼자서 결정'한 나의 행동 때문이었다.

내가 돈이 없어서 실망스러운 게 아니라 나중에 결혼해서도 큰일을 결정할 때 말없이 혼자서 덜컥 저질러 버릴까 봐서였단다. 그 말을 들으니 안심이 되면서도 한편으로는 미안했다. 말은 했었어야 했는데 말이다. 그로 인해 우리의 결혼 가능성이 줄어든 느낌이었다. 아무리 마음이 앞서도 현실적으로 볼 때 집을 구할 수 없으면 결혼도 무리니까 말이다.

3

집마다 다르겠지만, 보통 신부가 보낸 예단비의 절반을 다시 처가로 돌려보낸다. 상견례를 앞두고 강릉에 인사하러 온 예비 신부는 예단비를 예쁜 봉투에 담아서 부모님께 드렸다. 부모님은 적지 않게 당황하셨다. 사실 아들이 집을 구할 때 도움 줄 수 없는 형편이라 예단비를 안 받겠다고 미리 선포했기 때문이다. 하지만 예비 신부 측에서는 생각이 달랐다. 반대 상황에서 똑같이 받지 않을 수는 있지만, 예단비를 전하는 쪽이니 도리를 다하고 싶었단다.

결국, 강릉 부모님이 흰 수건을 던졌다. 풍습처럼 예단비를 받되 절반만 돌려주기로 한 것이다. 하지만 집을 구하는 데 도움을 줄 수 없는 현실에 다시 미안한 마음을 표현하자 예비 신부는 당당하고 야무지게 대답했다.

"어머님 아버님 걱정하지 마세요. 온전하게 저의 집은 아니지만, 제가 집을 해 놓은 게 있답니다. 저희 둘 다 돈을 벌고 있으니 충분히 은행 이자 갚으면서 그 집에서 살아가면 될 거예요. 그리고 요새는 집값이 비싸서 같이 한다고 해요. 그러니 너무 마음 쓰지 마셔요."

그랬다. 예비 신부는 그동안 자신이 번 돈으로 전세를 끼고 집을 사 둔 것이었다. 게다가 세상 이치와 반대로 여자인 자기가 집을 하고, 남자인 내가 혼수를 해 오면 된다고 생각했단다. 누가 하는 게 중요한 게 아니라 함께, 같이 하는 게 중요한 게 아니냐고 했다. 아마도 그래서 내가 혼자 결정한 일에 많이 서운했던 게 아니었을까.

양가에 무사히 인사를 마치고, 드디어 결전의 날이 왔다. 상견례

날이었다. 수원 터미널까지 버스를 타고 오신 부모님을 모시러 여자 친구와 함께 갔다. 여자 친구가 재잘거리며 부모님과 대화하면서 약속 장소로 향했다. 아직 며느리가 된 것도 아닌데 예비 신부는 시부모님과 편하게 대화를 나눴다. 편안한 분위기 속에 상견례도 무사히 지나갈 것 같은 기대감이 부풀어 올랐다.

약속 장소에는 예비 신부의 아버님과 어머님, 남동생(예비 처남), 그리고 할머니 이렇게 4명이 기다리고 있었다. 강릉에 계신 우리 할머니는 장거리를 하기 부담된다고 해서 그냥 부모님과 여동생만 참여했다. 아버님들의 주도하에 순조롭게 식사하며 상견례가 진행됐다. 상견례 자리에서 재산, 혼수 등 민감한 이야기는 나누지 않는 게 좋다고 들었는데, 다행히 아버님들 취미 이야기가 주된 주제였다. 그래서 아주 편안한 분위기가 연출됐다. 예비 장인어른이 딱 한 마디를 하기 전까지는 말이다….

"우리 예비 사위가 다 좋은데요. 술을 못 해서…."

여기까지 듣고, 상견례 자리에 참석했던 모든 사람이 숨죽였다. 갑작스럽게 긴장감이 돌았다. 나는 올 것이 왔구나 싶었다. 이 위기를 어떻게 극복해야 할까 1~2초 짧은 순간에 많은 생각이 들었다. 나머지 사람들의 얼굴을 살펴보니 다들 '어떻게 하지?' 하는 표정이었다. 잠시 있었던 정적은 예비 장인어른의 말로 깨졌다.

"더 좋습니다. 하하하"

아버님의 긍정적인 마무리에 모두 환하게 웃으며 위기를 넘겼다. 정말 다행이었다. 사실 본인은 술을 같이 마시지 못해 아쉽다고 다시 말씀하셨다. 그런데 딸에게는 술 먹고 힘들게 하지 않는 최고의 남편이 될 수 있기에 아빠로서 오히려 좋다고 다시 강조하셨다. 덕분에 자연스럽게 분위기는 다시 좋은 흐름으로 돌아왔다. 그리고 끝까지 집 이야기든, 혼수 이야기든 상견례에서 최악을 만드는 불필요한 주제의 이야기는 전혀 하지 않았다.

"너무 걱정하지 마세요. 사위는 이제 저희가 잘 챙기겠습니다."

이 말이 무슨 말인지 그 자리에서는 알 수 없었다. 단순히 타지에서 고생하는 아들을 걱정하는 부모님을 안심시키려는 말뿐인 줄 알았기에…. 하지만 예비 장인어른은 입으로 뱉은 말은 꼭 실천하시는 분이었다. 상견례 이후로 나는 금요일 저녁이면 처가로 퇴근했으니 말이다. 주말에는 처가 식구들과 여행도 다니고, 같이 놀고, 먹고, 한 가족처럼 지냈다.

일요일 밤이 되면 다시 자취하는 집으로 돌아가야 했기에 개그콘서트가 끝나지 않기를 바랐다. 엔딩 음악이 나오면 내가 30~40분 운전해서 갈 시간이 됐기 때문이다. 다시 혼자가 되는 게 싫었다.

혼자 지내는 게 외로웠는데, 장인어른의 언행일치로 정말 처가에 맡겨진 사위가 된 것이었다. 물론 데릴사위는 아니지만 말이다.

4

하루는 여자 친구, 예비 장모님과 마실 나갔다가 오는 길에 우연히 모델하우스에 들러 구경을 했다. 멋지게 꾸며진 모델하우스는 드림하우스였다. 3명 다 방 구조라던가 구성이라던가 모든 걸 마음에 들어 했다. 포베이 구조라서 모든 방에 해가 잘 드는 구조가 특히 마음에 들었다. 멋진 집에 매료돼 청약 신청서를 받아 왔다. 마침 내가 청약을 들어 놓고 쓰지 않은 게 있어서 충분히 도전해 볼만한 일이었다. 분양받고 잔금 치를 돈만 없는 것만 빼면 말이다.

용감이 무식이라고 일단 신청해 보기로 했다. 정 안되면 처가 어른들이 들어가 살아도 되니까 해 보라고 용기를 주셨다. 밑져야 본전이니 넣어 보기로 했다. 되면 좋고, 안 되면 무리하지 않아도 되니까 모두 좋은 옵션이었다.

게다가 며칠 후 어머님은 돈이 들어오는 꿈을 꾸셨다고 했다. 엄청나게 많은 물이 들어오는 꿈이었다. 꿈 해석을 찾아보니 큰돈이 들어오는 꿈이라 하길래 나는 1만 원을 주고 그 꿈을 샀다. 희망찬 꿈을 꿨다. 아마도 로또 1등에 당첨되는 게 아닐까 싶었다. 아파트에 당첨되면 잔금을 치를 수 있게 말이다. 하지만 로또 1등은커녕 5천 원짜리조차 되지 않았다. 분명히 어머님 꿈은 잘 맞는다고 했는데, 실망스러웠다.

그리고 다음 날 문자를 받았다. '청약에 당첨되셨습니다.'로 시작하는 내용이었다. 그렇다. 그때는 몰랐지만, 부동산 시장의 열기가 폭발하기 전 막차를 타게 된 것이었다. 여전히 나에게는 부담되는 경제적 규모였지만, 현재와 비교해 보면 싼 가격에 집을 분양받는 것이었다. 아파트에 당첨되면 로또에 당첨되는 것과 같다는 말이 그래서 있는 거였다. 물론 수도권이라서 로또 1등 정도는 아니지만, 그래도 분양에서 떨어진 사람도 있었으니 그게 로또가 아니고 무엇일까.

기쁨도 잠시 현실적으로 어려운 일이 생겼다. 계약금을 넣으려면 지금 자취하는 집의 보증금을 빼야만 했으니까. 그러면 나는 갈 곳이 없게 되니, 그게 문제였다. 다시 부모님과 살고 싶어도 강릉에 계셔서 그럴 수 없는 상황이었다. 딱 한 가지 방법이 있었다. 결혼 전이지만, 처가에 들어가 사는 방법만이 남았다. 하지만 이것조차 허락받아야 했다. 어른들이 불편할 수도 있으니 말이다.

처음에 어른들은 반대했다. 결혼하고 신혼 생활을 해야지 무슨 처가살이를 하느냐고 했다. 그래서 울며 겨자 먹기로 처가 근처에 새로 생긴 주택가에 집을 구하려 부동산에 예비 아내, 예비 장모님과 함께 알아보러 갔다. 부동산 사장님은 대뜸 어머님께 이렇게 말했다.

"아드님 집 구하러 오셨나요?"

아내가 더 어머님과 닮았을 텐데 사장님 사람 보는 눈도 없다 생각했다. 그런데 나중에 천천히 생각해 보니 부동산에 집 구하러 오는 사람은 남자 쪽이지 여자 쪽일 가능성이 희박했다. 사회적 분위기는 그게 정상이었으니까. 그래서 당연히 시어머니가 아들과 며느리를 데리고 온 것으로 생각했을 것이다.

다행인지 불행인지 모르겠지만, 우리가 원하는 집 매물이 단 하나도 없었다. 신축이라 벌써 다 계약됐다고 했다. 빌라가 아닌 아파트를 알아보니 너무 비쌌다. 그렇다고 돈이 거지같이 없어서 아파트로는 못 간다고 말할 수도 없었다. 이제는 선택의 여지가 없었다.

순간적으로 머리를 굴렸다. 한 가지 아이디어가 떠올랐다. 아파트 분양에 당첨됐으니 돈을 모으기 위해 처가로 들어가 같이 사는 게 가장 좋은 방법이라 어필하는 수밖에. 상황이 이렇게 되자 다행히도 아버님은 들어와 사는 것에 대해 본인은 찬성한다고 했다. 다만 우리를 챙기느라 더 많이 신경 쓸 어머님이 힘들 수 있으니 어머님의 생각이 가장 중요하다고 했다. 어머님은 알콩달콩 부부가 둘이서만 사는 게 더 좋지 않냐고 한 번 더 물으시고는 정 우리의 생각이 그렇다면 좋다고 했다.

나는 나름 양심껏 약간의 생활비를 보태기로 했다. 보증금을 받자마자 처가로 바로 이사했다. 여자 친구 방에 내 짐을 모두 넣고, 결혼 전까지 나 혼자 거기서 잤다. 아무리 결혼할 사이라도 결혼식 전까지는 각방을 썼다. 하지만 우리는 한 식구였다. 식구란 함께 밥을 먹는 사이니까.

비록 출퇴근하는 길은 멀어졌지만, 오히려 마음이 편했다. 외로웠던 자취 생활의 종지부를 찍었기 때문이다. 처가 어른들은 친아들처럼 정말 잘 대해 주셨다. 강릉에 계신 부모님이 들으면 서운할 수도 있겠지만, 가끔 착각이 들었다. 내가 이 집에서 태어나서 자랐다는 느낌을 받을 정도로 가깝게 지냈기 때문이다. 실상은 아들에 가까웠지만, 남들이 보기에는 분명한 데릴사위였다. 그렇게 시작한 처가살이는 첫째가 태어나는 날까지 거의 2년 정도 계속됐다.

…

나랑 사귀기 전이었지만, 아내는 종종 어머님께 내 이야기를 했다고 한다. 그러던 중 어머님은 예지몽을 꾸셨다. 꿈에 건장한 남자가 나왔는데, 하나님이 바로 '이 사람'이라고 말해 줬다는 것이다. 신앙심이 깊으신 어머님은 아무런 조건도 따지지 않고 나를 받아들이셨다. 그래서일까 내가 얼마를 모았는지, 집은 있는지, 그런 건 아무것도 묻지 않으셨다. 게다가 상황을 대충 알고서도 마치 아들 대하듯 오히려 도와주려고 하셨다.

어머님과의 첫인사 자리에서도 대화가 편했다. 처음 만난 날 겨울 따뜻하게 나라고 내복을 선물로 사 주시기도 했다. 아버님은 모르지만, 어머님, 아내와 셋이 결혼 이야기가 나오기 전 강릉에 1박

2일로 놀러 간 적도 있었다. 찜질방에서 잤는데, 아내는 쿨쿨 잘 잤고 나와 어머님은 무슨 할 말이 그렇게 많다고 밤새 이야기꽃을 피웠다. 전생에 인연이 깊은 사람임에 틀림이 없을 것이라 자주 생각했다. 심지어 어머님과 아내, 나는 셋이 같은 날 교회에서 세례를 받기도 했다. 우리의 관계는 그만큼 특별했다.

처가에 살게 되면서 나는 매일 아침 메뉴로 '고기' 반찬이 나올 때마다 어색했다. 처음에는 특별히 어머님께서 나를 신경 쓰시느라 그런 줄 알았다. 그런데 알고 보니 이 집에서는 아침에도 구운 고기를 만나는 일은 비일비재하다고. 나는 강호동만 아침에 고기를 구워 먹는 것으로 알고 있었는데, 현실에서도 있었다. 하지만 매번 아침의 '고기' 반찬은 낯설기만 했다. 이 집에 사는 게 낯설어야 하는데, 아침 식사가 낯선 건 이상하지 않은가?

(엔딩곡)

"왜 하필 이제야 내 앞에 나타나게 된 거야. (야) 그토록 애타게 찾아 헤맬 때는 없더니 (어디서 무얼 했어)."

*운명
- 1996년 11월에 발매된 가수 쿨(COOL)의 3집 앨범 〈Destined For The Best〉, 2번 트랙에 위치한 타이틀 곡

| 4화
자본주의

1

　우리 아버지는 삼 형제 중 장남이다. 6.25 전쟁이 끝나고 얼마 지나지 않아 아버지가 태어났다. 전쟁 통이 끝난 후 베이비붐 세대, 아버지의 어린 시절은 먹을 것이 귀했다. 다행히도 할아버지가 생전에 6.25 전쟁 때 부사관으로 참전하셔서, 전쟁 후에도 직업 군인이었기에 입에 풀칠은 할 수 있었다. 그때는 굶어 죽는 사람이 허다했으니 그나마 다행이었다.

　할아버지는 공군 부사관으로 근무하며 1~2년마다 이사를 수없이 했다. 그래서 아버지는 국민학교를 여러 번 옮겼다. 전국 팔도를 거의 다 돌았을 정도라고. 초등학교 고학년 때 마지막으로 가서 정착한 도시가 바로 강원도 강릉이었다. 강릉에서 근무하시던 할아버지는 퇴직금을 더 준다는 말에 군 생활을 청산하고 덜컥 세차장 사업을 시작했다.

하지만 군 생활만 했던 할아버지한테 군 밖의 사회는 6.25 전쟁터를 방불케 할 정도로 혹독했다. 안타깝게도 세차장을 운영하다가 사기를 당해 보증금을 돌려받지 못했다. 그나마 택시 사업이 남아 있었으나 수지 타산이 맞지 않아 그것마저도 벌이가 변변치 않았다. 결국에 할아버지는 흰 수건을 내던지며 은퇴를 선언했다. 그렇게 할아버지 퇴직금은 게 눈 감추듯 사라졌다.

이에 생활력이 강한 할머니가 노동 전선에 뛰어들었다. 뭐라고 부르는지 모르겠지만, 시장이며 가게며 돌아다니며 일수를 돌며 곗돈을 모았다가 챙겨 주는 역할을 했다. 하릴없이 할머니의 희생으로 삼 형제는 간신히 살아갈 수 있었다. 덕분에 할아버지는 무능한 아버지로 전락하고 말았다. 그래도 공군 간부 출신이라고 주변 사람들은 우리 할아버지 할머니 집을 '공군 집'이라고 불렀다.

2

우리 어머니는 강원도 고성 출신이다. 오 남매 중 막내로 태어났다. 아버지와는 반대로 어머니는 부유한 환경에서 자랐다. 머슴을 두 명이나 부릴 정도로 지역에서는 유지 집안이었다. 게다가 부잣

집 막내딸이니 얼마나 애지중지 키웠겠는가. 1960년대 흑백 TV가 처음 나왔을 때도, 1970년대 컬러 TV가 처음 나왔을 때도 동네에 TV가 어머니 집 1대뿐이었다고 한다. 국가 경기라도 있는 날에는 온 동네 사람이 다 모였다고 한다. 아버지와는 달리 어머니는 물질적으로도 심적으로도 여유로운 삶을 살아왔다. 결혼하기 전까지는 말이다.

아버지와 어머니는 1980년대 시대적 배경에 맞게 중매로 결혼했다. 아버지 댁 뒷집에 사는 '뻐꾸기 집' 아주머니가 중매를 섰다고 한다. 강릉에 둘째 이모가 살고 있었는데, 우연히 강릉에 놀러 온 우리 어머니를 보고 좋은 신랑감이 있다고 해서 성사된 중매였다. 아무래도 그 시절 거인국 사람인듯한 아버지와 어머니가 잘 어울린다고 생각했던 것 같다.

결혼하기 전 시점에는 다행히 할아버지가 세차장도 운영하고, 택시도 돌리고 있어서 경제적으로 여유로워 보일 때였다. 남자가 인물도 훤칠하고, 집안도 괜찮게 살아 보이니 마다할 이유가 없었다. 여자네 집도 부유했으니 남자네 집에서도 반대할 이유가 없었다. 하지만 결혼 직후에 아버지 집이 기울면서 이 결혼은 사기가 돼 버렸다. 하지만 물어낼 수도 없는 노릇이었다. 이미 뱃속에는 내가 생겼기 때문이다.

설상가상으로 아버지는 해군 장교로 임관했지만, 다시 병으로 남은 군 생활을 하러 갔다. 그때는 해군 장교 중에 기관사로 근무하면서 군 복무를 대체할 수 있는 제도가 있었을 때였다. 1:1 매칭이 되는 건 아니지만, 방위 산업체로 생각해 볼 수도 있다. 혹은 의사들이 보건소에서 근무하는 거랑 비슷하다고 볼 수 있겠다. 군의관이나 기관사나 둘 다 장교가 하는 거니까 오히려 후자에 가까우려나….

어쨌든 아버지는 멋진 장교로서의 삶이 아닌 외화벌이로 더 많은 돈을 벌 수 있는 배를 타는 일을 선택했다. 사실 시작점부터가 다 '돈' 때문이었다. 공군 간부라고 해도 월급은 쥐꼬리만 했기에 삼 형제는 넉넉하게 살 수 없었다. 불행 중 다행인지 삼 형제 모두 강릉에서 명문 중학교과 고등학교 코스를 밟을 정도로 공부를 잘했다.

그때는 중학교 입학시험도 있었고, 심지어 명문 중학교에 들어가기 위해 재수를 할 정도였다고 한다. 강릉의 경포중학교, 강릉고등학교 코스를 밟으면 명문대 진학은 당연한 시대였기에 그랬다. 그래서 아들의 합격을 기원하며 추운 겨울날 학교 정문에 엿을 붙여 놓고 엄마들 수백 명이 간절히 기도했다고 한다. 아버지 삼 형제는 그럴 필요도 없이 중고등학교 시험을 모두 한 번에 합격했다.

하지만 모두 '돈' 때문에 명문 사립 대학에 가지 않고, 국립 대학에만 지원했다. 우리 아버지도 일부러 돈을 많이 벌 수 있는 부산 해양대에 지원했다. 그런데 필기시험에 합격해 놓고는 엉뚱하게 신체검사에서 시력이 안 좋아 불합격했다. 1년 더 준비해서 다음 해에 안전하게 조금 기준이 낮은 수산대에 들어갔다. 어차피 둘 다 국립대고 졸업 후 진로는 같으니까….

하지만 순간의 선택이 우리 인생을 좌우한다는 사실을 기억해야 한다. 아버지는 기계 관련 전공 공부와 배 타는 일이 적성에 맞지 않았다. 얼마나 힘들었으면 돈을 그렇게 많이 주는 데도 중간에 그만두었을까? 다시 군대에 가야 하는 데도 말이다. 군 경력으로 인정돼 약간은 복무 기간이 줄었지만, 장교에서 병으로 다시 군에 갔으니 말도 아니었을 것이다. 그때는 구타가 심했던 시절이라 매일 맞았다고 한다. 하지만 나이도 있고, 가정도 있으니 나름 봐준 것이 때릴 때 망을 보는 일이었다고….

아버지도 고생이었지만, 시댁에 홀로 남겨진 어머니의 삶도 만만치 않았다. 임신했을 때는 애가 잘못되면 안 되니 시어머니가 그렇게 잘 해 줬단다. 게다가 아들이라고 하니 더 좋아했고, 우리 아버지가 배 타고 번 외화벌이 월급이 일반인의 2~3배는 됐기에 살림도 나름 괜찮았다고 했다. 하지만 내가 태어났을 무렵 아버지는 배 타는 일을 그만두고 군대에 갔다. 당연히 돈줄도 자연스럽게 끊겨 버린 셈이었다.

과거에는 여자를 잘못 들이면 집안이 망한다고 생각했다고 한다. 어처구니가 없다. 시아버지는 뭐라 안 하는데, 시어머니는 사정이 어려워지자 며느리를 쥐 잡듯이 못살게 굴었다고 한다. 하긴 시아버지도 마누라한테 매일 구박을 받는 같은 처지니까 뭐라 말할 수 있나. 시어머니는 집에 있는 사람에게 별일도 아닌 일도 트집 잡는 일이 일쑤였다. 몽둥이로 때리지만 않았을 뿐, 말로 사람을 죽도록 팬 것만 같았다고 한다. 자본주의 사회에서는 역시 '돈'이 깡패다.

경제적으로 여유로우면 마음도 여유롭고, 부족하면 마음이 피폐해지나 보다.

하루는 너무 괴로운 나머지 어머니는 탈출을 시도했다. 얼마 없는 옷가지를 싸서 집을 나서려는데 낮잠에서 깨어난 갓난아기가 방긋방긋 웃으며 엄마를 사랑스럽게 쳐다봤다고 한다. 그제야 어머니는 정신이 번쩍 들어서 아기를 안고 펑펑 울며 미안하다고 내내 말했다고 한다. 지금도 가끔 어머니는 그때 이야기를 하시며 한탄한다. 그때가 유일한 기회였는데 아쉽다고…. 특히 내가 말을 잘 듣지 않을 때면, 종종 그 이야기를 하시곤 했다.

3

마침내 아버지는 제대했다. 어머니도 한 가닥 희망이 보였다. 분가를 결심했다. 그리고 겁 없이 바로 상경했다. 직업도 없었지만, 도저히 이 집에서 더는 시어머니와 함께 살 수는 없는 노릇이었다. 누가 매일 구박받으며 살고 싶겠는가. 백수 아들네가 매일 쌀을 축내니 할머니도 아들네 분가를 반겼다. 다행히 아버지가 용돈으로 모아 둔 돈이 조금 있어서 서울 용산구 후암동 언덕배기에 있는 집을 전세로 얻었다. 남산 바로 밑 99계단이 보이는 집이었다.

허름하지만 세 식구가 살기에는 충분했다. 가진 것은 없어도 알뜰하게 살아가며 행복했다. 취업 시험을 준비하던 아버지는 몇 개월 만에 여러 공공 기관에 붙어서 한 군데를 골라서 들어갔다. 심지어 전국 수석으로 합격한 곳도 있었다. 이제 창창한 미래만 남았다. 하지만 자본주의 관점에서는 그리 창창한 미래는 아니었다. 월급쟁이가 환골탈태하기란 여간 쉽지 않았으니까….

몇 년 그곳에 살다가 전세를 올려 줄 때가 왔다. 네 식구 살아갈 생활비로도 빠듯했기에 여력이 없을 때였다. 동생이 태어난 지 얼마 안 돼 기저귓값, 분윳값으로 더욱 힘들 때였다. 아들에게 간식을 사 줄 여유도 없었다. 그래서 나는 동네에 친구가 먹다가 흘린 과자를 주워 먹기도 했다. 너무 먹고 싶어서 어린 마음에 더러운 것도, 부끄러운 것도 몰랐다. 부모님은 그걸 보시고 많이 마음 아파하셨다.

결국 우리는 서울이기는 했지만 조금 더 변두리로 이사를 갔다. 하지만 교육 환경은 별로 좋지 못했다. 부모님도 알고 계셨지만, 경제적으로 여건이 안 되니 어찌할 방법이 없었다. 그러다 차곡차곡 저축한 끝에 청약을 받을 수 있는 상황이 됐다. 그때는 경기도 신도시 개발이 한창이었다. 분당 신도시, 평촌 신도시, 산본 신도시, 일산 신도시 등 갈 수 있는 곳이 많았다.

부모님은 고민 끝에 평촌 신도시를 선택했다. 청약을 넣었고, 당첨돼 아파트를 분양받았다. 다행히 그때 아파트가 몇 달 간격으로 계속 올라올 때라서 물량은 넘쳐흘렀다. 지금과 비교하면 현재는 사막에 오아시스 발견하듯이 청약을 넣어야 한다면 그때는 옹달샘이 마르지 않는 느낌이라고나 할까. 부모님은 '맹모삼천지교'를 외치시며 드디어 자녀 교육이 나아질 수 있다고 굳게 믿었다. 사실 그랬다. 평촌은 지금도 학원가로 유명하지 않은가.

그리고 그 시절에는 외고, 과학고, 자사고를 이길 정도로 막강한 경기 4대 명문고가 유명했다. 안양에는 안양고, 분당에는 서현고, 일산에는 백석고, 부천에는 부천고가 있었다. 1년에 서울대를 50명 넘게 보내는 명문고 중 명문고였다. 내심 부모님은 내가 안양고에 가길 바라셨던 것 같다. 강릉고 이야기를 그렇게 하면서 명문고에 가는 게 얼마나 좋은지 찬양했기에….

HOT, SES, 핑클, 젝스키스, 유승준 등 아주 핫한 K-POP 스타가 즐비했던 중학교 시절 내 성적은 서서히 올랐다. 중3 때는 드디어 반에서 1등을 하게 됐고, 결국 안양고에 진학했다. 평촌으로 터를 옮기며 시도했던 부모님의 맹모삼천지교가 성공한 셈이었다. 아파트값도 같이 빨리 올랐으면 좋았을 텐데 아쉽게도 그때는 상승세가 아니었다.

4

안타깝게도 첫 대학 입시에 실패하고, 재수할 때 2002년 월드컵이 개최됐다. 아직 동생이 중학생이라서 입시가 남았지만, 비평준화 지역에서 평준화 지역으로 바뀌어 아무런 의미가 없었다. 더는 시험 봐서 고등학교를 선택할 기회는 없었다. 그래서 그랬는지 모르겠지만, 우리 집에는 변화가 있었다. 어머니가 우연히 경기 남부 지역에 새로 지은 큰 평수의 아파트를 보고 오셔서는 아직 분양 미달이라고 아버지와 상의하는 소리를 듣게 됐다.

갑작스러운 결정이었지만, 우리는 바로 이사를 했다. 19평 아파트에 살면서 방이 하나 부족해서 항상 불편했는데, 33평으로 이사하니까 각자 방이 생겨서 천국 같았다. 게다가 같은 값으로 더 큰 집으로 갈 수 있으니 행운이라 생각했다. 하지만, 자본주의의 원리를 몰랐던 우리는 1년 후에, 그리고 3년 후에 두 번씩이나 땅을 치고 후회했다. 1년 후에는 집값이 2배나 올랐고, 3년 후에는 4배나 올랐기 때문이다. 하지만 이사 간 집은 변동이 없었다. 역시 모든 일은 신중하게 고민한 후에 선택해야 한다. 아니면 이런 불상사가 일어나니까.

우리 부모님은 그냥 운이 없었다고 생각했지만, 사실 자본주의 세상에서 부동산이 어떤 것인지 알 길이 없었다. 그냥 재테크 문외한이었다고 보면 된다. 이자율 높은 적금이나 예금을 드는 게 전부라고 생각했으니까. 주식을 하면 패가망신한다고 생각하던 시절이었다. 물론 지금도 그럴 가능성이 낮은 건 아니지만, 아무튼 그때는 그런 사회적 분위기가 더 심했다.

지금처럼 인터넷이 발달한 것도 아니라서 정말 관심이 많지 않는 이상 부동산 관련 정보를 얻기가 쉽지 않았다. 2000년대 초니까 전화기 모뎀으로 하는 PC 통신에서 이제 막 광선 랜으로 넘어가는 시기였다. 하이텔, 천리안, 나우누리 등이 유명했던 시기였으니 말이다. 인터넷으로 사랑 이야기를 전하는 한석규, 전도연 주연의 《접속》과 이정재, 전지현 주연의 《시월애》 같은 영화가 유행하던 시기이기도 했다.

안타깝게도 우리 부모님은 평생 아파트 대출 이자를 갚으며 살다가 퇴직 후에는 여력이 안 돼 다시 강릉 시골집으로 내려갔다. 국민연금으로는 생활비 정도밖에 나오지 않으니 수도권에서 아파트 생활을 유지하기란 쉽지 않았다. 생각해 보면 명의만 우리 집이었지 결국 은행에 월세 내고 살다가 끝난 꼴이었다. 평촌 집을 안 팔고 계속 갖고 있었으면 얼마나 좋았을까 이불킥을 하며 속상함을 표출해 본다. 하지만 지난 일은 되돌아오지 않으니 후회보다는 앞으로 어떻게 살아야 할지 고민하는 게 맞다.

나는 부모님의 영향인지 모르겠지만, 은행에 빚을 내고 집을 사는 건 절대 안 된다고 생각했다. 가난은 돈이 없어서 대물림되는 게 아니라고···. 삶을 대하는 태도가 가난을 대물림하는 이유라 했다. 나도 부모님을 보고 자랐기에 자본주의 원리에 대해 알 길이 없었다. 오히려 은행 빚을 내면 평생 은행의 노예가 되는 것이라고 생각했다. 하지만 책을 읽고 공부하면서 내 생각이 틀렸음을 알게 됐다. 오히려 레버리지를 적절히 활용하는 것이 자본주의 사회에서는 돈을 버는 것이니까. (EBS 자본주의 제작팀이 출간한 《자본주의》 책 첫 번째 파트 내용을 꼭 읽어 보기를! 강력히 추천한다. 혹은 TV에서 방영했던 녹화본 유튜브 영상을 봐도 좋다.)

한 가지 잘못이 있었다면, 우리 부모님은 노른자 땅에서 오히려 밖으로 나간 것이 문제였다. 노른자 땅은 집값이 오르면 더 올랐지 떨어지지 않으니까 말이다. 능력이 된다면 오히려 적절한 시기를 잘 타서 대출을 받아 집을 사는 게 맞다. 특히 도시 내핵으로 갈수록 집값은 더 높으니까 미래를 위해 투자한다면 안으로 들어가는 게 맞다. 외국의 큰 도시를 가 봐도 집값 격차는 어마어마하다. 선진국들은 우리의 몇십 년 앞선 상황을 보여 주니 서울의 집값 중 노른자 핵 지역은 나중에는 3대가 돈을 모아도 발조차 들일 수 없을지도 모른다.

하지만 평민이라면 절대 집을 살 수 없다. 심지어 수도권에 있는 집을 사기조차 어렵다. 부모님이 도와주지 않는 이상 쉬운 일이 아니다. 이제는 1억이 아니라 그 이상이니까. 누가 사회 초년생이 그만한 집을 구할 능력이나 될까? 1년에 악착같이 모아서 2천만 원 정도를 저축한다고 해도 10년을 모아야 2억이 된다. 이 정도는 돼야 은행에서 대출받아 서울에 있는 직장으로 출퇴근할 만한 지역에 집을 구할 수 있을 것이다.

대학 졸업하고 취업 준비해서 아무리 빨라도 20대 중후반부터 일을 시작했다면, 30대 중후반이나 돼야 이제 좀 집을 구해 볼까 하고 생각할 수 있다. 그러니 결혼을 다들 안 하려고 하지. 그리고 1년에 저축으로 2천만 원 모으는 일이 생각보다 쉽지 않다. 부모님 집에서 계속 빌붙어 살면서 캥거루족으로 살아가지 않는 이상 말이다. 결혼이 늦어지는 이유도, 출산하지 않는 이유도 모두 자본주의 사회, 그리고 인플레이션으로 물가나 집값이 오를 대로 오른 이 시대에 사는 청년들에게는 큰 숙제이기 때문이다.

5

사실 나도 아내를 만나지 않았다면, 처가 어른들이 아니었더라면 과연 결혼할 수 있었을까? 아무리 생각해 봐도 답이 없다. 평생 솔로로 살아야만 했을 것이다. 아이 둘 아빠라서 때로는 혼자가 더 좋기도 하지만, 그래도 가정을 이룬 게 다행이고 감사하다. 처가살이였어도 캥거루족으로 살며 내 집을 가질 수 있게 된 것이니까. 장모님이 좋은 꿈을 꾸고 나에게 팔았기에 나는 정말 거품으로 치솟은 부동산 집값의 막차를 타고 나름 합리적인 가격에 아파트를 분양받을 수 있었다.

물론 영혼까지 끌어모아 은행 대출로 얻은 집이다. 앞으로 30년 가까이 원금과 이자를 갚으며 살아야 한다. 도저히 외벌이 월급쟁이로 네 식구를 먹여 살릴 수 없다. 내가 N잡러가 될 수밖에 없었던 이유도 다 그래서다. 겨울에 다람쥐가 먹을 게 부족하다고 포기해 굶어 죽는 게 아니라 먹을 것을 더 구해 오면 살 수 있는 원리와 같다. 소비를 줄일 수 없으니 사용할 수 있는 예산을 늘리는 게 옳지 않은가?

나는 몸이 부서져도 절대 이 집을 포기하지 않을 것이다. 끝까지 버틸 것이다. 혹은 경제적으로 더 여유가 생긴다면, 꼭 노른자 지역에 대한 투자도 생각해 볼 것이다. 10년, 20년, 30년 후 자본주의 사회에서 빈부격차는 더 커질 테니까 말이다. 빚이라면 치를 떨던 내가 이렇게 자본주의 원리를 이해하고 엉뚱한 상상을 하며 있다니 가끔 믿기지 않는다.

　물론 나중에 지금 살고 있는 집값이 올라 판다고 해도 다 같이 집값은 오르니까 빚을 갚고 나면 갈 집이 없을지도 모른다. 그래서 가끔은 우울하기도 하다. 부모님처럼 평생 은행의 노예로 살아가야 할지도 모르니까 말이다. 그나마 다행인 건 나는 원금과 이자를 같이 갚고 있으니 이 집이라도 남게 된다. 지방으로 간다면 아마도 노후 자금이 될 수도 있다. 물론 자식들에게도 조금 도움을 줄 수 있을지도 모른다. 아니 어쩌면 그때는 집값이 솟구친 상태라 자식들은 집을 사지 못할지도 모른다. 미래는 아무도 알 수 없으니까.

　하지만 아직 기회는 남아 있다고 생각한다. 아직 집값이 천정부지와 같은 상태는 아니니까. 아직은 로또 10억, 20억에 당첨되면 수도권에 괜찮은 집 한 채 정도는 구할 수 있으니까. 로또가 되든 내가 하는 일이 대박이 나든 잘 됐으면 좋겠다. 자본주의 사회에서 극빈이 아니라 극부로 향했으면 좋겠다. 온 우주의 기운을 모으면 이루어진다고 하니 매일 기도해야겠다. 이러려고 하나님을 믿는 건 아니지만, 밑져야 본전이니 해 봐야 하지 않을까?

...

분양받은 아파트가 지어지기 6개월 전에 첫째가 태어났다. 더는 처가에 머무를 수가 없었다. 2년 가까이 우리 둘로도 충분히 부담을 드렸으니 양심을 챙겨야 할 수밖에. 물론 아기 짐으로 집이 더 좁아지면 생활이 위태로워질 테니 대책이 필요했다. 우연인지 필연인지 모르겠지만, 처 외할머니를 모실 사람이 필요했다. 처 외할머니는 거동은 가능하셨지만, 허리디스크와 당뇨가 있어서 누군가 옆에서 보살펴야 했다. 식사랑 약만 챙겨 드리면 되는 정도니 갓난아기를 키우는 아내가 힘들어도 할 수는 일이었다.

우리는 고민 끝에 분양받은 아파트에 들어가기 전까지만 할머니를 모시고 살기로 했다. 게다가 약간의 생활비도 지원해 주신다고 해서 돈을 모아야 하는 우리로서는 좋은 선택지였다. 그래서 조리원 생활이 끝나고 처가가 아닌 처 외할머니 집으로 들어갔다. 할머니가 사는 아파트에서 베란다를 통해 밖을 내다보면, 새로 짓고 있는 우리의 보금자리가 점점 완성되는 모습을 볼 수 있었다. 그리고 드디어 이삿날이 다가왔다.

할머니는 새로 태어난 생명이 좋으셨는지 우리와 함께 더 살았으면 하셨다. 그리고 원래대로라면 미국에 사는 처 이모가 다시 돌아와서 할머니를 모셔야 하는데 일이 생겨서 할머니가 혼자가 되는 상황이 됐다. 하지만 아내도, 장모님도 쉽게 말을 꺼내지 못하는 것 같았다. 내가 먼저 제안했다.

"하얀 할머니 저희가 계속 모시고 살면 어떨까요?"

백발의 80대 처 외할머니를 우리는 '하얀 할머니'라고 부르곤 했다. 하얀 할머니를 홀로 두고 가려니 우리 딸을 흐뭇하게 바라보시는 할머니의 모습이 아른거려 마음이 쓰였기 때문이었다. 우리는 할머니와 함께 새로운 보금자리로 옮겼다. 결혼 시작부터 처가에서 시작했기에 우리에게 신혼 생활은 없었다.

허나 가족이라는 울타리 안에서 우리는 점점 가까워지고 사랑이 무엇인지 배워 나갈 수 있었다. 나는 하얀 할머니랑 사는 건 다 괜찮았다. 다만 딱 하나, 속옷만 입고 돌아다니고 싶은데, 샤워 후에는 꼭 옷을 입고 나와야 했다는 점 빼면 말이다. 사실 별것도 아닌데 그땐 그 자유가 살짝 아쉬웠다.

(엔딩곡)

"어려서부터 우리 집은 가난했었고, 남들 다하는 외식 몇 번 한 적이 없었고, 일터에 나가신 어머니 집에 없으면, 언제나 혼자서 끓여 먹었던 라면."

*어머님께

- 1999년 1월에 발매된 5인조 남성 그룹 GOD의 첫 앨범 〈Chapter 1〉, 6번 트랙에 위치한 타이틀 곡

5화

알코올 쓰레기

⌂ 1

　우리 한국 사회는 '술'이 얼마나 중요한지 모른다. 역사는 밤에 이루어진다는 말도 현대판은 다르게 해석된다. 퇴근 후 늦은 밤까지 술자리에서 모든 역사가 일어나기 때문이다. 맥주 한 모금만 마셔도 얼굴부터 온몸에 홍조가 나타나는 나는 역사의 자리에 간 적이 별로 없다. 나는 알코올 쓰레기라서. 그래도 다행이다. 그냥 쓰레기가 아니라 알코올 쓰레기니까. 누구 말에 따르면, 술도 노력하면 는다고 하던데, 예외도 있는 법. 아무리 노력해도 극복할 수 없는 게 바로 '술'이었다.

내가 처음 술을 마신 건 19살 때였다. 공부 못하는 것들이 꼭 쓰잘머리 없는 것들만 챙긴다. 수능 100일 주(酒) 같은 것 말이다. 부모님은 고3 스트레스 하루쯤 맥주 한 잔으로 푸는 것도 괜찮다 생각하셨는지 저녁 식사를 하며 곁들여 마셔 봤다. 첫 경험이라 그런지 몰라도 머리가 핑- 돌면서 어질어질했다. 머리부터 발끝까지 홍익인간이 됐다. 온몸이 붉게 익어 버린 인간이란 의미다.

아버지도 나와 같았다. 후천적인 게 아니라 선천적으로 타고난 것이니 어쩔 수 없었다. 그래서 그런지 아버지도 '술'과는 거리가 멀었다. 남들은 잘도 진급하던데, 술을 멀리하는 아버지의 사회생활은 순탄치 않았다. 정년까지 관리직 한번 못해 보고 만년 과장으로 끝마친 것만 봐도 소설에 나올 만한 이야기다. 입사할 때 전국 1등으로 들어갔으니, 사실 차장이나 부장 정도는 충분히 달았을 텐데 말이다. 그나마 사기업이 아니고 공기업 계통이라 철밥통처럼 끝까지 자리를 지켰다.

나 또한 역시나 '술' 때문에 여러 번 위기를 맞았다. 그중에 나는 세 번째 직장이자 현재 정규직으로 근무하는 곳에서 첫 회식 날 큰 실수를 저질렀다. 첫해라서 아직 정규직이 아닌 계약직이던 때였다. 무슨 배짱이었는지 모르겠지만, 관리직 임원 한 분이 주신 술을 받기만 하고 마시지 않았다. 티 안 나게 숨겼다고 생각했는데, 다 지켜보고 있었나 보다. 알고 보니 제대로 찍힌 거였다.

연말이 돼 정규직 신입 사원 채용이 있을 것이라 했다. 비록 1년 계약직이었어도 올해의 우수 사원으로 뽑혔던 나는 내심 기대했다. 이 직장에서 정규직으로 근무할 수 있을 거라는 희망이 눈앞에 아른거렸다. 하지만 예상과는 달리 신규 채용 공고는 나지 않았다. 나에게 주어진 옵션은 1년 더 계약직으로 연장하는 것뿐이었다. 아쉬운 마음을 달래며 일단 구두로 연장 의사를 밝히고, 다른 직장 정규직을 알아보며 서류를 넣고 면접도 보며 추운 겨울을 보내고 있었다.

많이 친해진 선배가 살짝 부르더니 왜 정규직 공고가 나지 않았는지 귀띔해 줬다. 다른 임원들은 나를 추천하고 정규직 전환을 해야 한다고 말했으나, 딱 한 명이 강하게 반대했다고 한다. 바로 회식 첫날 나에게 술을 건넨 그 임원이었다. 임원 중에서도 인사권에 있어서 영향력이 가장 센 사람이라 다른 사람들의 의견을 다 물리칠 수 있었단다. 대신 나머지는 모두 아까운 인재를 놓친다고 계속 설득하니 1년만 더 지켜보는 쪽으로 회의가 마무리됐다고 했다. 그래서 나에게 주어진 옵션이 1년 연장이었다.

정규직이 간절했던 나로서는 계속 다른 곳에 문을 두드릴 수밖에 없었다. 그러나 여러 차례 최종 면접까지 가게 됐지만, 계속 고배를 마셨다. 점점 가슴 졸여 가고 있을 때였다. 갑자기 내가 근무하던 부서 선배 한 명이 좋은 조건으로 제안을 받아 다른 직장으로 옮긴다는 것이었다. 직장 동료들 모두에게 청천벽력 같은 소식이었다. 그 선배는 애사심과 충성심이 매우 강했거늘. 특히 인사권이 가장 센 관리직 임원의 오른팔 역할을 하며 하늘 우러러보듯이 충성하던 선배라서 충격은 더욱 컸다. 아마 가장 큰 충격을 받은 건 그 임원이 아니었을까.

천운인지 모르겠지만, 그 선배가 갑자기 그만두는 바람에 정규직 신규 채용 공고가 떴다. 내년에 있을 기관 평가에서 정규직에 두 자리나 공석이 있으면 감점돼 예산이 삭감되기 때문에 신규 채용은 피할 수 없는 일이 됐다. 나에게 다시 기회가 온 것이었다. 한 자리도 아니고 두 자리로 늘어난 것이었으니까. 하지만 최종 결과는 미지수였다. 나를 강력히 반대하는 사람이 있었으니 말이다.

당연히 지원서를 넣어야겠지만, 가만히 손 놓고 기다릴 수만은 없었다. 동시에 다른 직장도 알아보면서 계속 근무했다. 나와 같이 근무하던 선배들은 모두 내 편이라 종종 소식을 전해 줬다. 이번 신규 채용 때는 외부 인사가 와서 함께 평가할 거라 했다. 나를 반대했던 임원도 만일 외부 인사로부터 높은 점수를 받으면 그때는 인정하겠다고 했단다. 쉽지는 않지만, 그래도 약간의 가능성이 생긴 데에 희망의 불꽃이 타올랐다.

나름 경력자라서 그런지 몰라도 우선 어디를 쓰든 1차 서류는 모두 통과했다. 그런데 이를 어찌할꼬. 하필이면 같은 날 다른 회사와 2차 평가가 겹쳤다. 그곳은 3명을 뽑는다고 해서 어디로 가야 하나 깊게 고민했다. 개인적으로 업무 강도는 세도 내가 근무하던 곳이 더 좋았다. 마음이 가는 곳으로 정했다. 비록 어려움은 있더라도 내가 일하고 싶은 곳에서 도전해 보자고 생각했다. 하지만 막상 2차 평가를 치르면서 멘탈이 붕괴됐다.

2

　면접 전에 미리 문제를 푸는 게 있었는데, 첫 번째 문제부터 아무리 고민해 봐도 풀 수 없었다. 완전히 망했다. 괜히 3명 뽑는 곳을 포기해서 이런 불상사를 만들었나 스스로 원망하기도 했다. 망연자실한 상태로 멍하니 있다가 그래도 억울하니 남은 문제라도 풀어 볼까 하고 읽어 내려갔다. 나머지 문제는 너무 쉬웠다. 내가 충분히 설명할 수 있는 문제였다. 그리고 다시 올라와서 보니 첫 문제에는 오류가 있었다. 오류를 발견하고 나니까 면접 걱정이 싹 사라졌다.
　면접실에 들어가니 처음 보는 사람이 있었다. 나름 1년을 다닌 직장이라 웬만한 사람은 다 아는데 전혀 알 수 없었다. 바로 이 사람이 외부 인사였던 것! 이 사람의 평가가 나의 결과에 큰 영향을 끼칠 수 있다고 생각하니 더욱 긴장됐다. 손발에서 땀이 나기 시작했지만 여기서 물러설 수는 없었다. 심호흡하고 면접관들의 질문에 최선을 다해 답했다.
　면접 시작 전에 혹시 문제를 풀면서 이상한 점이 있었는지 물었다. 나는 첫 번째 문제에 오류가 있다고 설명했다. 아마도 그 오류는 의도적으로 파놓은 함정이었던 것 같다. 설명하고 나니 나는 마음이 한결 가벼워졌다. 나머지 문제에 대한 답은 청산유수로 답할 수 있었다. 내가 생각해도 2차 평가 점수는 괜찮을 것 같았다. 이런 확신은 자만일 수도 있지만, 이번만큼은 자신 있었다. 외부 인사는 순식간에 무언가를 적더니 펜을 내려놓았다. 그리고 가만히 내 얼굴을 응시하며 대답하는 내 모습을 뚫어지게 쳐다보기만 했다.

역시나 내 예상대로 2차 평가를 통과했다. 하지만 가장 어려운 마지막 면접만이 남아 있었다. 총수와 임원들이 들어오는 마지막 관문을 통과해야, 정규직이 될 수 있기 때문이다. 나는 다 괜찮은데 나를 별로 좋아하지 않는 임원이 들어올 것 같아 불안했다. 역시나 촉이 틀리지 않았다. 총수 바로 옆에 떡하니 그 사람이 앉아 있었다. 만반의 준비를 하고 들어간 면접 자리였지만, 나를 저격해서 내가 쓰러진다면 결과는 알 수 없었다.

다행히도 면접 문항을 100개 넘게 뽑아서 무한으로 연습하며 대비했기에 예상 범주 안에서 모든 질문이 나왔다. 나도 준비한 대로 술술 답변했다. 하지만 마지막 질문에 숨이 턱 막히고 말았다. 바로 그 임원의 저격이었다.

"만일 상사가 업무 시간 외에 술자리로 부른다면 어떻게 하시겠습니까?"

나에게는 쥐약 같은 질문이었다. 까딱 잘못하면 나락으로 가는 상황에 놓일 수도 있었기 때문이다. 정신을 똑바로 차리지 않으면 또다시 마지막 관문에서 미끄러지게 된다. 그럴 수는 없었다. 솔직히 말하자면, 그 자리에 별로 가고 싶지 않다. 하지만 사회생활이라는 게 그럴 수만은 없지 않은가? 나는 순간 선의의 거짓말을 하고자 결심했다.

"비록 업무 시간이 아니라도 상사가 중요한 일이었기에 연락했으리라 생각합니다. 게다가 일하다 보면 업무 시간 내에 공적으로 이야기할 수 있는 게 있지만, 술자리 같은 사석에서 편한 분위기로 더 깊은 대화를 나눌 수 있다고 생각합니다."

임원은 바로 다음 질문을 이어 갔다.

"제가 알기론 술을 못한다고 들었는데, 술자리에서 상사가 술을 주면 마실 건가요?"
"아…. 네. 제가 선천적으로 술이 많이 약해서 술을 잘 마시지는 못합니다. 하지만 꼭 마셔야 하는 순간이나 상황은 있을 수 있다고 생각하기에 그때는 마실 것 같습니다. 사실 술이 약한 게 제 약점이라 생각해서 조금이라도 술을 늘려 보려고 노력하고 있습니다. 노력하는 자세가 더 중요하다고 주변에서 조언을 많이 해 줘서 그렇게 해 보려고 하고 있습니다."

속마음을 정확히 알 수는 없었지만, 그 임원의 표정을 보니 '이놈 봐라?' 하는 느낌이 들었다. 다행히 그렇게 위기를 넘기고, 무사히 면접은 끝났다. 인사를 하고 돌아서 나오는데, 그동안 참고 있었던 땀으로 온몸이 흥건했다. 마치 땀샘이 폭발한 듯했다. 최선은 다했지만, 마지막 질문과 나의 답변이 계속 마음에 걸렸다. 잘한 게 맞는지 아닌지 확신이 들지 않았다. 그 임원의 뒤끝이 그렇게 길게 이어질 줄 누가 알았나. 알코올 쓰레기의 비애를 느끼는 순간이었다.

3

나도 사실 술을 잘 먹고 싶다. 하지만 20년 넘게 노력해 봤지만, 불가항력이었다. 사실 나는 술 마시고 노는 자리를 엄청나게 좋아한다. 오히려 술을 마시면 잠이 들거나 숨이 가쁘고 힘드니까 술을 한 방울도 안 마시고 주변 술 냄새에 취해 신나게 밤새며 놀 수 있다. 나와 즐겁게 놀고 싶다면, 오히려 안 마시게 하는 게 낫다는 말이다.

누군가 나에게 술을 먹이려고, 탄산음료에 소주 몇 방울을 탄 적이 있다. 나는 귀신같이 알코올 성분을 알아챘다. 물론 그만큼만 마시고도 해롱해롱 졸다가 놀지 못한 적이 있다. 그다음부터 내 지인들은 술을 강요하지 않는다. 오히려 놀지도 못하고 재미가 없으니까. 심지어 나는 여자 친구랑 치맥을 먹을 때, 생맥주 위 거품을 조금 마시고 확 취한 적도 있다. 집에 가는 길에는 여자 친구 어깨에 기대어 비틀거리며 걸어갔다. 여자 친구도 다시는 술을 권하지 않았다.

술마다 알코올 성분이 어떻게 다른지 몰랐던 나로서는 막걸리 한 모금에 다리가 풀려서 주저앉은 적도 있다. 탁주는 더욱 몸이 말을 안 듣게 했다. 머리도 얼마나 깨질 듯이 아픈지…. 나는 보통 숙취가 이틀이나 간다. 그렇게 고작 한 모금 마시고선 말이다. 남들이 즐겨 마시는 그 술을 나는 마실 수가 없는 인간이다. 진짜 알코올 측면에서 볼 때는 쓰레기네.

그런 알코올 쓰레기가 호주에서 대학원을 다닐 때 돈이 없어서 아르바이트를 구했는데, 하필이면 고급 레스토랑 웨이터라서 와인에 대해 알아야 했다. 하루는 매니저님이 직원을 다 모아 놓고, 와인 30개를 꺼내 맛을 보게 했었다. 5번째 와인까지는 맛이 조금씩 다르게 느껴졌는데, 그다음부터는 기억이 나질 않는다. 정신력으로 간신히 버티고 집에 돌아갔는데, 이틀 동안 술병이 나서 아무것도 먹지 못하고 토했던 기억이 난다. 그때 다시는 술은 안 먹겠다고 다짐했건만, 쉽지는 않았다.

와인 맛은 정확히 모르지만, 이론을 공부해서 다행히 손님들한테 어떤 맛이고, 어떤 요리와 어울리는지 추천해 줄 수는 있었다. 그래서 잘리지 않고 버텼고, 무사히 유학 생활을 마치고 한국에 돌아왔다. 가난했지만 그나마 머리를 쓸 줄 아는 유학생의 생존법이었다. 하지만 직접 술을 마셔야 하는 자리에서, 게다가 나를 잘 모르는 사람들 사이에서 '술'은 나에게 항상 큰 짐이었다. 한국에서는 술을 빼면, 예의가 아니라 생각하는 동방예의지국이니까 말이다.

4

드디어 정규직 발표날이 됐다. 너무 떨렸다. 오전 내내 일이 손에 잡히지 않았다. 자꾸만 마지막 면접 질문이 계속 머릿속에서 맴돌았다. 다르게 대답했어야만 한 건 아닌지 계속 다른 답을 찾아보기도 했다. 그만큼 간절했다. 하지만 이미 지난 일은 되돌릴 수 없는 법. 운명을 받아들여야지. 마음을 자꾸만 비우기 위해 노력했다. 허나 술잔을 비우는 일만큼 마음을 비우기란 여간 어려운 일이 아니었다. 뭐든 비우는 건 세상에서 가장 어려운 일인가 보다.

혹시라도 연락을 놓칠까 봐 화장실에 가서도 핸드폰을 손에 쥐고 놓지 않았다. 주머니에서 꺼내는 동안 못 받으면 안 되니 말이다. 정말 화장실에서 작은 볼일을 보고 있는데 진동이 울렸다.

"찌이잉-"

마음이 급했다. 아직 볼일을 다 마치지 못한 상태라 두 손을 쓸 수 없었기 때문이다. 너무 궁금해서 미칠 것 같았다. 한 손 신공으로 간신히 패턴을 그려 보안을 풀고, 문자 버튼을 눌렀다. 두둥….

"수험번호 ○○○○, ○○○님 합격하셨습니다. 진심으로 축하합니다."
"악~~~"

기쁨의 탄성이 터져 나왔지만, 바로 핸드폰을 쥔 손으로 입을 틀어막았다. 속으로 탄성을 지르며 이 소식을 빨리 여자 친구에게, 그리고 가족들에게 전하고 싶었다. 드디어 내 인생에 정규직이라는 타이틀이 생겼고, 한 직장에 정착하게 됐으니 얼마나 기쁜 일인가. 계약이 끝날 때마다, 특히 추운 겨울 새로운 터전을 찾아 떠나는 유목민의 고통과 슬픔이 다 사라지는 순간이었기 때문이다. 게다가 알코올 쓰레기가 위기를 극복하고 이 직장에 남게 된 사실도 위대한 일이었다. 다만, 앞으로 어떤 일이 펼쳐질지는 꿈에도 생각하지 못했지만 말이다.

나중에 아는 선배한테 이야기를 들었다. 끝까지 그 임원이 나를 반대했지만, 외부 인사의 평가 점수가 만점이라 더는 반대할 수 없었다고. 낙하산 타고 내려오는 사람이 없었기에 망정이지 아니었다면 또 어떻게 됐을지 모를 일이었다. 선배의 조언에 따라 다음 날 일부 임원들한테 인사하러 갔다. 물론 손에는 '양주'를 들고서 말이다. 보통 계약직으로 있다가 정규직이 되면 인사치레하는 게 여기 관례란다. 총수님과 고위급 간부 몇 명을 챙기고 나니 순식간에 보름치 월급이 날아갔다. 그래도 괜찮았다. 앞으로 여기서 내가 벌 돈이 훨씬 많으니 투자라고 생각하면, 아깝지 않았다.

그 임원에게 갔을 때 의외의 반응에 놀랐다. 환하게 웃으며 나를 반겼다. 감동적인 말과 함께….

"이제 한 가족이니 앞으로 잘 부탁합니다."

그랬다. 정년까지 사람을 죽이지 않는 이상 보장되는 곳이라 함께 있을 사람이 중요했던 거였다. 피 한 방울도 안 섞였는데 가족이라고 표현할 정도니 말이다. 핏방울 대신 술 방울이 섞여야 하겠지만. 감사하다는 말과 함께 양주를 건네니 화색이 돌았다. 관례지만, 참 잘했다고 생각했다. 원수에서 가족이 되는 순간을 느낄 수 있었으니까. 하지만 피가 섞여도 원수가 되는 마당에 이 관계는 오래가지 못했다. 한 번 뒤끝은 영원한 뒤끝이니까.

> 5

가끔 회사에 파견 요청이 들어올 때가 있다. 업무 관련성이 높은 인재를 필요에 따라 상급 기관에서 요청한다. 어느 정도 연차가 쌓였을 때 나에게도 기회가 왔다. 그래서 지원했고, 합격했다. 분명히 지원할 때 관리자 임원 두 명 모두에게 허락을 받았다.

그런데 막상 합격하고 나니 말이 달라졌다. 부서 사정이 있으니 이번 파견은 못 간다고 하란다. 역시나 나를 별로 좋지 않게 생각하던 임원이 더 강력히 말했다. 속상했다. 파견을 다녀오면 많이 배우고 성장할 기회를 얻을 수 있는데, 자주 오는 기회도 아니라 더 그랬다.

파견을 나갈 수 없는 이유는 다름 아닌 부서 업무와 딱 이틀이 겹쳐서라고 했다. 심지어 선배들이 커버해 줄 테니까 다녀오라고 했는데도, 극구 임원들은 반대했다. 나는 한 번만 더 재고해 달라고 부탁했다. 돌아오는 답은 같았다. 그 기회는 다른 기관에 있는 사람에게 넘어갔다. 나는 이번에 거절했으니 다음에 다시 기회가 온다는 보장이 없었다. 너무 속상해서 간절히 바라던 정규직 자리지만 문을 박차고 나가고 싶었다. 고작 이틀 때문에 반대라니 말도 안 되는 일이었다.

어이없는 일은 몇 달 후에 일어났다. 내가 받았던 비슷한 종류의 파견 요청이 들어온 것이다. 나의 경우에는 일주일 기간이었는데, 이번에는 무려 한 달 반이었다. 30일도 아니고 45일이다. 그런데 그 사람은 파견을 나갔다 심지어 그 부서는 가장 바쁜 시기였다. 상식적으로 이해가 안 되는 일이었다. 나는 안 되고, 왜 그 사람은 되는 걸까? 아무리 생각해도 도저히 이해할 수 없었다.

그나마 친한 임원한테 가서 이유를 물었다. 왜 나는 그때 갈 수 없었고, 이번에 다른 사람은 파견 나갈 수 있냐고 말이다. 돌아오는 답변에 혀를 끌끌 찰 수밖에 없었다.

"파견이든 뭐든 부탁하려면 좀 친해지고 말해야 하지 않을까? 평소에는 아무것도 없다가 필요할 때만 그렇게 말하면 누가 좋아하겠어."

이 말에 무릎을 치고 말았다. 파견을 나간 사람과 나의 큰 차이점은 바로…. 그 임원과 함께 술자리에 함께 있었냐 아니냐의 차이었다. 사실 나는 정규직 발령 이후에 전체 회식 자리 외에는 그 임원과 사석에서 술자리를 한 적이 없다. 내가 알기로 그 임원은 자기 사람들을 수요일 저녁마다 불러서 역사를 쓴다고 들었다. 일명 '수요미식회'라고, 오른팔 왼팔 수하들을 이끌고 자기 사람을 더 늘려 나가는 자리라고 했다.

그 모임에 참여하는 사람들은 주로 팀장급으로 요직을 하나씩 맡고 있었다. 나도 사람인지라 진급은 하고 싶지만, 그 자리에 낄 수 없으니 오직 실력으로만 승부하겠다고 생각했다. 하지만 내 생각은 틀렸다. 진급은커녕 남들 다하는 파견조차 다녀올 수 없었으니. 이 직장에서의 비전은 없는 것이나 다름없었다. 물론 정년은 보장돼 있고, 호봉은 올라가니까 그냥 내 일만 잘하면서 살아도 된다. 다만 남들처럼 야망을 품고 높은 곳에 올라가려는 헛된 꿈만 꾸지 않으면 된다. 내가 좋아하는 분야의 일이니 그깟 야망쯤 포기해도 된다고 생각했다. 하지만 나의 성장과 발전을 위한 사소한 경험을 할 수 있는 기회조차 가질 수 없다는 사실에 충격이 컸다. 그렇다고 지금부터 술을 배우고, 그 모임에 들어가기 위해서 노력할 것은 더더군다나 아니었다. 물고기가 물 밖에 나가면 죽는 것처럼.

…

몇 번이고 사표를 그 임원 얼굴에 던지며 그만두겠다는 상상 훈련을 해 왔다. 하지만 30대 중반에 가족을 먹여 살려야 하는 외벌이 가장으로서는 꿈도 못 꿀 일이었다. 물론 아직 젊은 나이이니 기회를 만들어 볼 수도 있었다. 하지만 정년이 보장되는 직장을 떠나 불안정한 삶을 사는 게 낫다는 생각이 들지 않아, 포기할 것은 포기하고 살았다. 아니면 다른 능력이 있어서 '술'을 먹지 않아도 먹고 살 방법을 찾으면 될 일이었다.

그 무렵 한창 주식과 부동산 재테크 붐이 불었다. 문외한이기도 했고, 재테크에는 전혀 관심 없던 나는 사실 그때까지 아무 생각이 없었다. 하지만 자꾸만 벽에 부딪히며 이 직장을 언제든 그만둘 상황이 혹시 올 수 있으니 대비를 해야겠다고 다짐했다. 닥치는 대로 책을 읽어 가며 주식도 공부하고, 부동산도 공부하고, 공매, 경매 등 여러 재테크 방법을 연구하기 시작했다. 하지만 시드 seeds가 없으니 무엇을 해도 하기가 어려웠다.

주변에 몇몇 가장들은 낮에는 회사에서 일하고, 밤에는 대리운전 하며 추가 수입을 벌기 위해 야간 직업 전선에 뛰어들기도 했다. 나도 그걸 해 보면 어떨까 고민했다. 하지만 몸으로 때우는 일은 내가 나이가 들면, 더는 할 수 없는 일이기에 하면 안 됐다. 그때 《파이프라인 우화》라는 책을 읽으며 패시브 인컴(수입)의 중요성이 얼마나 큰지 알았기에. 다른 방법을 찾아야만 했다.

그때 눈에 들어온 것이 유튜브였다. 초등학생들에게 인기 있는 직업이 유튜버라는 말이 생길 정도였으니까 누구든 도전해 볼만하고, 수익도 기대되는 일이었다. 하지만 내 적성과는 잘 맞지 않았다. 1년 정도 했지만, 결과도 별로 좋지 않았다. 술을 안 마셔도 할 수 있는 일인데도 나와 맞지 않는 일도 있구나 싶었다. 하지만 영상을 만들기 위해 연구한 덕분에 소소하게 영상 제작 아르바이트를 할 수 있었다. 하지만 평생 할 수는 없는 노릇이었다.

'술'을 먹지 않고, 몸으로 때우지 않고, 내가 무언가 만들어 놓으면 자동으로 돈이 들어오는 시스템은 무엇이 있을까? 스무 살 꽃다운 나이에 생사의 갈림길에서 나의 남은 인생을 어떻게 보낼지 고민하던 때와 같이 불혹, 마흔 가까이가 돼 똑같은 고민을 할 줄은 몰랐다. 하지만 83년생 마흔 살 외벌이 가장의 현실이었다.

그나마 다행인 건 지금 당장 명예퇴직을 신청하라고는 하지 않으니 내가 다니는 직장에 감사했다. 2022년부터 은행권에서는 내 나이 때가 명예퇴직 대상자였기에…. 어느덧 83년생이 그런 나이가 됐다. 불황의 시기 쫓겨나듯 명예퇴직하던 40대 아버지들에 대한 기사를 본 게 엊그제 같은데 말이다.

(엔딩곡)

"난 늘 술이야 맨날 술이야. 널 잃고 이렇게 내가 힘들 줄이야."

*술이야

- 2006년 2월에 발매된 2인조 남성 발라드 그룹 바이브의 세 번째 앨범 〈Re-Feel〉, 7번 트랙에 위치한 곡

6화 사교육비

①

2022년 대한민국 사교육비 총액 26조 원, 역대 최고치를 경신했다는 뉴스를 봤다. 학생 수는 줄었지만, 오히려 사교육비 지출은 10% 이상 늘었다고 한다. 10명 중 8명이 사교육을 받고 있고, 일주일 평균 7시간이 넘게 받는단다. 한 아이당 한 달 평균 사교육비는 40~50만 원 선이다. 아이가 둘이라면 100만 원은 금방이다. 만일 월급 200~300만 원 받는 외벌이라면 사교육비 지출은 너무나 출혈이 크다. 그런데 이게 현실이고, 출산율 저하의 이유 중 하나가 아닐까?

나도 아이 둘을 키우면서 점점 사교육비 지출이 늘어나고 있는 걸 느낀다. 첫째는 피아노와 미술, 둘째는 태권도하러 다닌다. 아이가 어려서 국영수는 시키지도 않는데, 매달 수십만 원이 순식간에 사라진다. 심지어 어느 곳은 현금으로만 받아서 세금 공제도 받지 못한다. 탈세니까 신고할 수도 있겠지만, 우리 아이가 만족해서 다니고 있는데 누가 그렇게 하랴. 오히려 아쉬운 건 우리니까 어쩔 수 없다.

사실상 아파트 대출금과 사교육비만 해도 거의 월급의 절반 이상이 지출된다. 거기에 생활비, 고정 지출비를 합하면 사실상 월급으로는 충당이 되지 않는다. 요새는 그런 말이 있다. 애가 둘이면 능력자라고…. 경제적으로 이만저만 힘든 게 아니라서 그렇다. 다행인지 모르겠지만, 2023년부터 두 명 이상 자녀도 다자녀 가구로 인정하는 분위기고, 실제 법적 장치도 점차 마련돼 가고 있다. 그동안 혜택은 없었지만, 앞으로는 콩고물이라도 떨어질까나.

지금은 어떻게 하든 버티고 있는데, 앞으로가 걱정이다. 아이가 무엇 하나 더 배우려 하면 사교육비 지출이 더 커질 테니까. 사교육비 걱정 중인데, 처가 어른들한테 지령이 떨어졌다. 첫째가 내년에 학교에 들어가니 한글을 꼭 뗄 수 있도록 하라는 것. 사실 아이가 원하지 않는데 억지로 시키고 싶지 않아서 그동안은 방관했다. 자연스럽게 관심을 가질 때 가르치면 어떨까 싶어서였다. 하지만 시간을 내어 붙잡고 앉아서 함께 시간을 보내지 않는 이상 그게 그냥 되는 건 아니더라. 막상 초등학교 입학이 얼마 남지 않으니, 발등에 불이 떨어졌다.

2

　어릴 때 부모님께 무언가를 배울 때가 가장 괴로웠다. 부모님은 기대치가 높고, 나는 어리니까 그걸 충족시키지 못하고, 결국엔 큰소리가 난다. 교육적으로 최악이다. 원래 가족끼리는 가르치다가 상도 치를 수 있다고. 실제 부부가 자동차 도로 주행 연습하다가 이혼한 사례도 있지 않은가. 어찌 됐든 간에 가족끼리 그러는 거는 아닌 듯…. 나는 우리 아이들에게 그 고통을 겪게 하고 싶지는 않았다.

　하나, 둘 모르는 것 가져와서 물어보면 친절히 알려 줄 수는 있지만, 각 잡고 가르치는 건 싫다. 직장에서 교육을 관장하는 부서에서 일하고 있으니 더 잘할 수 있을 거라 기대할지도 모르겠다. 하지만 개그맨도 집에서는 조용하다는 것처럼, 나도 집에서는 교육을 별로 하고 싶지 않다. 가르치다가 아이랑 관계를 망치기 싫은 것도 한몫한다. 내가 생각보다 인내심이 부족하기 때문이다. 아이라서 참을 수는 있겠지만, 화병이 날까 봐 못 하겠다. 그래서 아내와 상의 끝에 자본주의의 힘을 빌리기로 했다. 내가 가르치지 못하면 남이자 전문가가 가르치면 되니까. 그게 쉽고 빠른 길이다.

　물론 아이 혼자서 한글을 뗄 수도 있다. 어떤 집 아이는 지하철 노선도를 보면서 따로 공부하지 않고 한글을 뗐다고 했다. 나도 어릴 때 그냥 한글을 뗐기에 꼭 한글 교육을 꼭 해야 하나 싶었다. 하지만 처가 어른들의 노심초사로 인해 자연스럽게 한글 익히게 하려고 했던 내 계획은 물거품이 됐다. 알고 보니 다 사정이 있었다. 바로 아내의 과거 때문이었다.

아내는 초등학교 입학 전에 한글을 떼지 않았다고 했다. 처가 어른들도 나와 같은 교육적 신념이 있었다고 했다. 한글은 알아서 스스로 떼는 거라고. 그런데 막상 한글을 익히지 않은 채 학교에 보냈더니 멍하니 창문만 쳐다보다가 왔단다. 학교에 공부하러 간 게 아니라 그냥 가방만 메고 왔다 갔다만 한 꼴이라고…. 그래서 초등학교 입학 전에 꼭 한글을 떼는 게 중요하다는 걸 나중에야 깨달았다고 한다.

궁금한 나머지 실제 주변에 아는 초등교사가 있어서 한글을 안 떼고 학교에 가면 어떤지 물어봤다. 한글을 쓸 줄 몰라도 읽을 수 있으면 괜찮은데, 한글을 전혀 모르면 학교생활에 적응을 못 하고 낙오한다고 했다. 심하면 학교 가는 걸 힘들어할 수도 있다고 했다. 아무래도 현직에 있는 전문가의 말을 들으니 결심할 수밖에 없었다. 이제는 더는 미룰 수 없겠구나.

차마 한글 때문에 학원에 보내기는 그래서 학습지를 알아봤다. 나도 아내도 어릴 때 했던 눈높이도 그대로 있고 구몬(빨간펜)이랑 재능교육도 있었다. 벌써 30년도 더 지났는데도 그대로라니 신기했다. 아, 물론 나 때는(라떼는) 눈높이를 '공문 수학'으로 불렀다. 나중에 대교의 눈높이로 바뀐 것으로 알고 있다.

아내는 가장 익숙한 눈높이부터 가서 상담을 받았다. 따로 아이 테스트를 하지는 못했지만, 한글을 빨리 떼고 싶다고 했다. 7살은 주 4회 한글 수업을 받으면 두 달이면 충분히 한글을 뗀다는 이야기를 들었단다. 하지만 교육비가 문제였다. 주 1회라면 부담이 되지 않지만, 4회니까 4배나 됐다. 보통 다른 학원의 교육비 이상이었다. 이대로 진행한다면, 우리 집도 한 아이당 평균 30만 원대 사교육비를 지출하게 된다. 대한민국 평균 사교육비에 매우 가까워지는 것이다. 갑자기 지출을 늘리려니 부담이 됐다.

혹시 몰라 재능교육도 알아보았다. 여기는 조금 여유로울 때 방문해서 다행히 현재 첫째의 한글 실력을 간단히 테스트해 볼 수 있었다. 테스트 결과 굳이 주 4회까지 하지 않더라도 몇 개월 동안 매주 1회씩 공부하면, 충분히 학교 가기 전에는 읽기는 잘할 수 있을 거라고 했다. 마침 우리가 원하는 시간대에 붐비지도 않고, 주 1회만 하면 된다고 하니 첫째에게는 여기가 딱 알맞았다.

하지만 한글에 관심을 보이는 두 살 어린 둘째도 나 몰라라 하고 둘 수 없었다. 눈높이에 놀이식으로 한글을 배우는 수업이 있길래 이것도 신청하기로 했다. 어릴 때는 놀이로 배우는 게 좋다고 생각했는데 안성맞춤이었다. 주 4회 진행해서 나갈 사교육비의 절반으로 두 명을 배우게 할 수 있으니 만족스러웠다. 물론 추가 지출에 대한 부담감은 있을 수밖에 없다. 기회비용은 언제나 있는 법. 그래도 다른 걸 줄이면 되니까 괜찮다.

3

아이 둘 부모가 되니까 분명히 달라진 점이 있다. 길 가다가 예쁜 아이 옷을 발견하면 지출하면서도 막상 우리를 위한 소비는 줄었다. 한정된 예산으로 살아가기 위해서는 어쩔 수 없는 일이다. 이번에도 추석 명절 보너스로 아이들 새 옷은 사 오면서 막상 본인의 옷은 사 오지 않은 아내를 보며 마음이 먹먹해졌다.

"우리 것 안 사고 아끼면, 애들 고기라도 한 번 더 먹일 수 있잖아요."

처음에 아이를 낳았을 때는, 아내가 출산 전에 일해서 모아둔 돈으로 우리 생활은 부족하지 않았다. 하지만 그 돈을 다 쓰고 나 혼자 벌게 되니 우리는 지출을 줄일 수밖에 없었다. 어느덧 그 생활이 2년이 넘어서자 나도 아내도 그 생활에 적응한 듯하다. 아끼는 데 더 익숙해졌으니까.

현시대에 월급쟁이로 게다가 외벌이로 살아가면서 생활을 유지하려면 많은 것을 포기해야 한다. 34평 넓은 새 아파트에 살면서, 차도 있고, 애도 둘이나 있으니 겉보기에는 여유롭게 보일지도 모른다. 마치 백조가 물 위에서는 우아해도 발을 수백 번 발을 굴러야

떠 있는 것과 같다.

원래 편의를 위해 기존 차를 처분하지 않고 두 대를 운영했다가 긴축할 때 다 줄였다. 아파트 대출금 때문에 생활이 힘든 거니까 이 집을 팔고 작은 집으로 갈까도 여러 번 생각했었다. 사실은 지금도 몇 번이고 생각한다. 하지만 자본주의 사회에서는 이 집이 오히려 미래 가치가 있으니 힘들어도 버티는 게 돈 버는 거라는 걸 알기에 실천하지 못한다. 그래서 남은 선택권은 두 개다. 다른 지출을 줄이거나 더 벌어서 지출을 메꾸는 것이다. 그게 유일한 생존법이며, 나는 두 개를 모두 실천하고 있다.

지나서 생각해 보면, 부모님도 우리와 똑같은 생활을 수십 년 하면서 우리를 키웠다. 사교육비는 어쩔 수 없는 기회비용이고, 상황에 따라 지출 범위도 달라지는 것 같다. 나의 어린 시절을 떠올려 보면 때에 따라 극명하게 차이가 났다. 어머니가 일하실 때도 있었지만, 대부분은 아버지 혼자 버는 경우가 많았으니까. 나와 같은 상황이었다.

4

내가 어린 시절 받았던 사교육은 고작 초등 저학년 때 눈높이 학습지랑 피아노였다. 그리고 초등 고학년 때 서예, 태권도를 배운 게 전부다. 따로 주요 과목을 배우는 학원을 간 적은 없었다. 어떻게 보면 사연은 두 가지가 있다. 첫째는 내가 어린 시절 영재였다는 것, 둘째는 경제적으로 여유롭지 않았다는 것이다.

 지금의 나를 보면 믿을 수 없지만, 아주 어릴 때 나는 영재였다고 한다. 한글도 빨리 떼고, 3살에 구구단도 다 외우고, 5살에 시계도 볼 줄 알았다고 한다. 이미 몇 년씩은 앞선 아이였다. 주변에서도 영특하다고 영재 교육하라고 아우성이 일어났다고 한다. 하지만 할아버지의 반대로 그럴 수 없었다. 할아버지 말에 따르면, 선조 중에 천재가 있었는데, 10대에 단명했다고 한다. 그냥 평범하게 자라는 게 더 좋은 거라고 부모님을 설득했다는데, 어느 부모가 아이가 빨리 죽는다는데 그걸 그냥 둘까.

 하지만 나는 한편으로는 아쉬운 마음이 든다. 만일 내가 영재 교육을 받았다면 얼마나 좋았을까. 그럼 이렇게 평범하게 살지 않았을 텐데…. 그때 이후로 오히려 나는 공부 쪽으로 지원을 받지 않고, 방치된 채로 살아왔다. 그래도 어린 시절 영특함 때문인지 받아쓰기도 항상 100점을 받았다. 오히려 90점 받는 날이 이상한 날이었다고 했다. 초등학교 1학년인데 이미 다른 학년 때 배우는 구구단과 시계도 볼 줄 아니까 초등학교 때는 특별히 학원에 다니지 않아도 뒤처지는 일은 없었다.

 그런데 언젠가 형성평가 모든 과목에서 내가 11개를 틀린 적이 있었다. 부모님은 그때 충격이 컸다고 했다. 분명히 영재였는데 애가 어떻게 된 걸까? 속상한 마음에 그날 틀린 문제 1개당 10대씩 회초리로 종아리를 때리셨다. 두 다리는 시커멓게 멍들고 부풀어 올라 상태를 알아보기 힘들 정도였다. 영화에서나 나올 법한 장면도 연출됐다. 내가 울면서 잠들었을 때 어머니가 연고를 가져와 발라 주며 흐느끼는 소리를 들었으니 말이다. 나도 그때 그렇게 심하게 혼나고 맞은 게 충격이었는지 그 후로 다시 공부를 잘했다고 했다. 중학교에 입학하기 전까지 말이다.

5

나는 부모님의 의도대로 맹모삼천지교를 실천하기 위해 평촌으로 이사 왔다. 초등학교 6학년 때 이사 왔으니 딱 중학교 진학을 고려한 것이다. 사실 전에 살던 동네는 서울이지만, 변두리였고 중학교 학군이 좋지 않았다. 그 동네에서 패싸움으로 유명한 중학교가 많았기 때문이다. 아무래도 그런 상황을 인지하고 적절한 시기에 옮긴 게 아닌가 싶다. 안타깝지만 내가 다녔던 중학교도 일진이 있었다. 평촌 지역에서 싸움으로도 유명한 학교였다. 물론 공부 잘하는 아이들도 있어서 서울 변두리만큼 심한 건 아니었다.

중1 첫 시험 성적을 받은 날이었다. 나의 첫 성적에 아버지가 엄청나게 실망하셨다. 반에서는 50명 중에 10등 남짓, 전교에서는 100등을 벗어났기 때문이다. 만일 지금 그랬다면, 아마도 아동 학대로 신고당할 만큼 크게 혼났다. 나도 가출 혹은 자살을 처음으로 고민해 볼 정도로, 그날은 아직도 잊을 수 없는 끔찍한 날이었다.

급한 마음에 부모님은 처음으로 나를 주요 과목을 가르치는 학원에 보냈다. 당일 상담을 하고, 시험 결과에 따라 중간 반에 들어가게 됐다. 아무런 사교육을 받지 않았던 나는, 어느 순간 영재에서 아주 평범한 학생이 돼 있었다. 공부를 딱히 잘하지도 않는, 그렇다고 못 하지도 않는 중간에 놓이게 된 것이다. 하루하루가 지옥 같았다. 원래 기대치가 높으면, 그만큼 실망도 크기에 그랬다.

부정적인 상황에 놓였지만, 다행히도 나는 긍정의 힘으로 승화시켰다. 공부에 대해 아무런 생각이 없었다가 충격 요법으로 인해 공부를 시작하게 된 것이다. 미친놈이 하는 말처럼 들릴 수도 있겠지만, 막상 해 보니 공부도 재미있었다. 특히 매달 형성평가를 보고 더 높은 반으로 승급할 수 있어서 동기 부여가 됐다. 내겐 나도 모르는 강한 승부욕이 있었다.

그렇게 학원에서도 점점 높은 반으로 올라 최상급 반에 들어갔다. 학교에서도 시험 성적은 상승 곡선을 그렸다. 덕분에 중3 때는 반에서 1등을 했다. 그 결과 부모님의 희망 사항대로 경기 4대 명문고 중 한 군데에 입학하게 된 것이다. 하지만 어설픈 시기에 사교육을 시작한 나는 결국 고등학교에 가서 무너지고 말았다. 뱀의 머리가 되거나 용의 꼬리가 돼야 하는 운명이었기에….

6

고등학교 1학년 첫 성적을 받고 나는 충격에 휩싸였다. 부모님께 도저히 성적표를 보여 드릴 수 없었다. 열심히 공부를 안 한 것도 아닌데, 심지어 절대평가라서 성적이 나쁜 것도 아닌데, 등수는 거짓말을 하지 않았다. 내 위치가 어딘지를 분명하게 보여 주었다. 학교가 멀어서 학원까지 다니는 건 체력적으로 무리라고 생각해서 일부러 학원을 안 다닌 게 화근이었다. 게다가 그때 교육 정책을 그대로 믿고 따랐던 바보 같은 나의 잘못도 있다.

일명 이해찬 1세대라고 해서 '한 가지 특기만 있으면 대학에 간다.'라는 슬로건 아래 교육을 받았다. 그래서 필수였던 자율 학습도 말 그대로 자율적인 학습이 돼 그 누구도 강요하지 않았다. 게다가 성적이 잘 나오지 않자 나는 방황을 시작했다. 그것도 아주 건전하게. 비행 청소년이 되지는 못했다. 대신 매일 밤 학교 근처를 배회하며 사색했다. 야간 자율 학습 시간이지만 공부는 안 하고 삶과 죽음, 그리고 인생에 대해 고민했다. 지금 읽어 보면 손발이 오글거리는 내용이지만, 그때는 틈틈이 시를 적기도 했다. 그래서 내 별명은 문학 소년이었다.

성적만 잘 안 나왔지, 수업은 그 누구보다 열심히 들었다. 다른 사람들에게는 불성실한 사람으로 보이고 싶지 않았던 것 같다. 임포스터(가면)를 쓰고 그렇게 고등학교 생활을 이어 갔다. 심지어 필기도 정말 열심히 해서 반에서 1등 하는 친구가 내 공책을 빌려 가기도 했다. 다음 시험에서는 내가 높은 성적이 나올 거라고 다른 친구들이 똑같이 말했다. 하지만 낮에는 성실맨으로, 밤에는 방황맨으로 살아갔으니 결과가 안 좋을 수밖에.

고2 때 재기를 꿈꿨으나 이미 나보다 출발선을 넘어 앞서가는 다른 공부 괴물 친구들을 이길 수는 없었다. 그들은 이미 어릴 때부터 사교육을 시작해서 선행이 잘 돼 있었고, 시험에 특화된 공부법을 터득한 후였기 때문이다. 나는 중학교 때 깨작거리며 학원에 다닌 진골도 성골도 아닌 6두품도 안 되는 사교육 경험자였다. 명문대에 간 친구들은 보면 거의 다 이미 입학할 때부터 이과에 가서 배우는 수학II도 끝내고, 토익도 만점 받는 엄청난 공부 괴물들이 많았기 때문이다.

7

발등에 불이 떨어진 나머지 고2 겨울 방학 때부터 부모님은 나를 사교육 세계로 억지로 다시 밀어 넣었다. 심지어 퇴직금 일부를 미리 받아서 많은 돈을 나에게 투자했다. 초반에는 효과가 있었다. 모의고사 성적이 많이 올랐기 때문이다. 그때는 대부분 정시로 대학을 갔기 때문에 수능 성적이 중요했다. 역시 투자는 유의미했다.

하지만 이미 늦은 상황에서 갭을 극복하기란 쉽지 않았다. 아무리 노력해도 SKY는 갈 수 없을 것 같았다. 시간은 없고, 더 올라갈 수는 없으니 답답한 노릇이었다. 게다가 2001학년도 수능이 물수능이었기에 모의고사가 쉬운 것도 사교육 효능에 한몫했다. 비슷한 문제를 많이 풀었더니 모의고사에 비슷한 문제가 나오면 쉽게 맞힐 수 있었기 때문이다. 그래서 점수가 금방 오른 것도 있다.

고3 내내 하교 후에는 학원에 갔다. 하루도 빠짐없이 수업을 들었다. 하지만 어느 정도 성적이 올라간 후에는 제자리걸음이었다. 문제는 많이 풀었지만, 어려운 문제를 정복할 시간은 부족했다. 마음만 급했다. 어느새 수능 당일이 됐고, 작년에 선배들이 물을 먹었다면 우리는 시험이 너무 어려워서 불타 죽을 것 같았다. 400점 만점 가까이 받던 친구들도 50점 넘게 떨어지면서 나락으로 갔다. 그런데 신기하게도 다 같이 떨어지니까 340점대가 연대, 고대에 진학하는 걸 봤다.

하지만 나는 완전히 지옥으로 떨어졌다. 정말 어려웠던 1교시 언어 영역이 끝나고 시험장 옥상에 올라가 투신해 떨어지지 않고, 집에 가는 길에 철로로 뛰어들지 않은 게 그나마 다행이었다. 그날 전국 수험생은 성적이 떨어진 것뿐만 아니라 누군가는 어딘가에서 뛰어내렸고, 그렇게 생을 마감했으니까. 그깟 대학 시험이 뭐라고 할 수도 있겠지만, 그들에게는 그게 인생의 전부였으니까.

도저히 내 점수로는 갈 대학이 없는 것 같았다. 당연히 어딘가 있겠지만, 가고 싶은 곳은 아니었으니까. 부딪혀서 이길 수 없으니 회피할 수밖에. 곧바로 부모님은 나를 취업 전선으로 보냈다. 새벽 5시에 일어나 잠도 덜 깬 상태에서 전철을 타고 노량진으로 향했다. 7시부터 꽉 찬 강의실에 책상 하나에 3명이 어깨를 나란히 붙이고 앉아서 1타 강사의 강의를 하루 종일 들었다. 대학에 못 갈 거면 공무원이나 되는 게 낫지 않겠냐는 부모님의 생각이었다.

수업은 듣고 있지만, 내 마음은 딴 데 있었다. 멋진 캠퍼스 생활을 하는 다른 친구들 모습이 아른거렸다. 반면에 갓 스무 살밖에 되지 않았는데, 취업 전선에 뛰어든 나의 모습이 초라하게 보였다. 마치 거울에 미친 내 모습은 지옥에 끌려간 죽은 사람과 같았다.

'이제 나에게 캠퍼스 낭만이란 없겠구나….'

억울하면서도 괴롭고, 도저히 현실을 받아들이기가 힘들었다. 일주일 만에 포기를 선언했다. 그렇다고 그동안 나를 위해 사교육비로 이미 수천만 원을 쓴 부모님께 손을 더 벌리기는 어려웠다. 하지만 이건 진짜 아니라는 생각이 들었다. 태어나서 처음으로 부모님의 명을 거슬렀다. 이제 나는 성인이니까. 내가 스스로 책임지기로 결심했다.

"저… 이건 아닌 것 같아요. 대학생이 되고 싶어요. 돈은 제가 알아서 벌 테니 허락만 해 주세요. 부탁이에요."

나는 그렇게 재수를 시작했다. 사교육비 감당은 오롯이 내 몫이었다. 신기하게도 내가 명문고등학교를 나왔다는 이유 하나만으로 과외를 시작할 수 있었다. 인기가 많아서 여러 명을 가르쳤다. 덕분에 재수 학원비는 충분히 벌 수 있었다. 게다가 돈이 남아서 인터넷 강의도 결제할 수 있었다.

이미 다른 친구들은 영접했던 메가스터디의 손주은 강사를 나는 그제야 온라인으로 처음 만날 수 있었다. 그리고 후발 주자로 나섰던 이투스 강의도 신청해서 들었다. 늦바람이 무섭다고 그동안 굶주렸던 사교육을 있는 대로 섭렵하기 시작했다. 내 성적은 휘몰아치듯이 올라갔다. 우리가 2002년 월드컵 때 4강에 올랐던 것처럼 내 성적이 오르는 기세도 대단했다. 하지만 이번에도 거기까지였다. 나의 목표 설정이 잘못됐기에.

8

나는 원래 문과였다. 하지만 재수할 때는 갑자기 무슨 바람이 불었는지 모르겠지만, 한의사가 되고 싶었다. 어쩔 수 없이 전과했다. 재수 학원도 이과로 다녔다. 인터넷 강의도 이과 과목을 주야장천 신청해서 들었다. 3월, 4월, 5월 모의고사 성적이 가파르게 올라 수학 빼고 다른 과목은 거의 만점 가까이 나왔다. 수학만 잡는다면 한의대를 갈 수 있을 것만 같은 생각이 들었다. 하지만 나는 수학이 적성에 맞지 않았다. 기하와 벡터 개념부터 막히기 시작했다.

그때가 2002년 6월이었다. 대한민국은 붉은 악마의 응원으로 가득했다. 도저히 수학 성적이 오르지 않자 나는 또 피하기 시작했다. 마치 고1 때 성적이 나오지 않아 방황했던 것처럼. 한국 경기가 있는 날이면, 길거리로 나가 응원했다. 골이 들어가면 모르던 사람도 하나가 되는 그런 날들이 계속됐다. 역전승을 거뒀던 16강 이탈리아전 때는 정말 모르는 사람을 부둥켜안고 울고 웃기도 했다.

그렇게 대한민국 전 국민이 하나 되던 한 달이 쏜 화살처럼 지나갔다. 순식간이었다. 나의 공부 루틴이 다 깨졌다. 역시나 내 성적도 다 부서졌다. 모든 희망이 산산조각 났다. 한의대는커녕 인ⁱⁿ서울도 어려운 상황에 놓였다. 이과로 바꾼 게 오히려 화근이었다. 차라리 문과로 시험을 준비했으면 작년보다는 훨씬 나아졌을 텐데 한순간의 선택이 후회로 바뀌었다.

재수 학원에 다니면 왔다 갔다 왕복 시간에 필요하지 않은 수업도 들어야 하니 시간 낭비라는 생각이 들었다. 학원을 끊으면 과외도 줄여서 시간을 확보할 수 있으니 일석이조였다. 모든 강의는 온라인으로 바꾸었다. 빠르게 속도를 바꾸어 들을 수도 있고, 돌려 볼 수 있어서 더 좋았다. 사교육비 절감에 따라 여러 면으로 효율적이라는 생각이 들었다. 하지만 성적은 효율적이지 않았다. 결국에 자존심을 버리지 못하고 이과로 시험을 신청했고, 수능 성적은 작년보다 더 처참했다. 내 인생도 그렇게 다 무너져 내렸다. 캠퍼스의 꿈은 그렇게 물 건너갔다.

...

고1 때 나처럼 성적이 잘 나오지 않아서 방황하던 친구들이 몇몇 있었다. 게다가 한 친구는 부모님의 사이가 좋지 않아서 가정사로 인해 방황하곤 했다. 둘 다 형편도 넉넉한 게 아니라 사교육은 생각도 못 했다. 나는 예비 고3부터 부모님의 지원으로 사교육에 올인했지만, 그 친구는 오롯이 EBS 무료 강의와 자기 주도 학습으로 꾸준하게 성적을 끌어올렸다. 결국 그 친구는 역경을 이겨 내고 SKY에 입성했다. 꼭 사교육에 투자한다고 해서 좋은 결과가 있으리란 법은 없다는 걸 증명하는 사례다.

실제 수험생들은 대략 10% 이내 들어가야만 우리가 아는 주요 대학에 진학한다. 일명 입시에 성공했다고 볼 수 있다. 그렇게 좁은 문에 들어가기 위해 얼마나 많은 돈을 투자하는지 모르겠다. 물론 투자한 만큼 결과가 나오면 상관없다. 하지만 밑 빠진 독에 물 붓는 격이라면 다시 생각해 봐야 하지 않을까? 차라리 그 돈을 모아서 주식에 투자하거나, 세금 절약 가능한 범위 내에서 양도해 시드seeds로 주는 건 어떨까? 나중에 아이가 성인이 돼 무엇을 하든 오히려 큰 도움이 될 것 같다.

실제 한 아이에게 들어가는 사교육비를 저축해서 증여하면 어떨까? 게다가 이제는 혼인할 때 자녀에게 1인당 최대 1억 5천만 원까지 증여가 가능하니까 시기를 잘 고려해 주는 건 어떨까? 사교육만이 정답이 아니라면, 이런 방법은 어떨까 이런저런 생각이 든다.

영어 유치원 월 교육비가 약 150만 원 내외라고 한다. 이 정도면 누군가의 월급일 수도 있다. 만만치 않은 비용이다. 그래서 아이 학원비 때문에 투잡을 뛴다는 지인도 있다. 예전에는 대리운전을 많이 했는데, 요새는 배달 서비스가 인기가 많다. 이런 이유로 부모 등골브레이커라는 말도 생기지 않았는가. 더욱 출산이 꺼려지는 이유다. 하지만 어쩔 수 없다. 주변에서 하니까 우리 아이는 혹시 뒤처지면 어떻게 하나 하는 불안감에 너도나도 다 따라 하게 된다.

심지어 아이 교육을 위해 지인 한 명은 모든 재산을 털어서 강남에 입성했다. 도저히 집값을 감당할 수 없어 월세로 산다. 그래도 좋단다. 아이가 배우는 환경이 너무 좋단다. 놀이터에 가면 아이들끼리 자연스럽게 영어로 대화하는 환경이란다. 따로 학원에 가지 않아도 알아서 영어를 하게 된다나 뭐라나. 학원비 대신 월세로 사교육비를 내는 셈이다. 참 대단하다. 우리도 부모님처럼 아이들을 위해 희생하며 사는 게 맞을까? 부모가 행복해야 아이가 행복할 텐데. 과연 그렇게 힘들게 살면서 아이에게 좋은 영향을 줄 수 있을까? 여러 가지 생각이 든다.

(엔딩곡)

"지금부터 갈 데까지 가볼까. 오빤 강남스타일. 강남스타일."

*강남스타일

- 2012년 7월에 발매된 가수 싸이(PSY)의 여섯 번째 앨범 〈싸이6甲 Part 1〉, 3번 트랙에 위치한 타이틀 곡

7화 새옹지마

1

중국 국경 지방에 한 노인이 살고 있었다. 그러던 어느 날 노인이 기르던 말이 국경을 넘어 오랑캐 땅으로 도망쳤다. 이에 이웃 주민들이 위로의 말을 전하자 노인은 "이 일이 복이 될지 누가 압니까?" 하고 말했다. 그로부터 몇 달이 지난 어느 날, 도망쳤던 말이 암말 한 필과 함께 돌아왔다. 주민들은 "노인께서 말씀하신 그대로입니다."라며 축하했다. 그러나 노인은 "이게 화가 될지 누가 압니까?" 하며 기쁜 내색을 하지 않았다. 며칠 후 노인의 아들이 그 말을 타다가 낙마해 그만 다리가 부러지고 말았다. 이에 마을 사람들이 다시 위로하자, 노인은 역시 "이게 복이 될지도 모르는 일이오." 하며 표정을 바꾸지 않았다. 그로부터 얼마 지나지 않아 북방 오랑캐가 침략해 왔다. 나라에서는 징집령을 내려 젊은이들이 모두 전장에 나가야 했다. 그러나 노인의 아들은 다리가 부러진 까닭에 전장에 나가지 않아도 됐다.

'인생사 새옹지마'라 했다. 좋은 날도 있고, 좋지 않은 날도 있고 예측 불가능하다. 우리 마음대로 되지 않는 게 인생인지라 언제나 마음을 비우고 살아야 한다. 나도 내가 스무 살까지 세 번이나 죽음을 생각해 볼 정도로 힘든 적이 있었다. 지나고 보니 별거 아닌 일이었지만, 그때는 그게 전부여서 생사를 결정하는 사건들이었다. 특히 우리나라는 입시와 취업으로 성공 여부를 가르니까 더욱 그랬다.

실제 대한민국 청소년 3명 중 1명이 우울증을 앓고 있고, 대부분 학업으로 인한 스트레스로 자살 충동을 느낀다고 한다. 실제 OECD 국가 중 청소년 자살률 1위를 계속 차지하고 있다. 나도 모두 공부 때문에, 입시 때문에 그랬다. 그때는 나에겐 그게 전부였으니까. 그런데 20년을 더 살고 보니 고작 입시는 10대 때나 중요한 일이지 인생 전체를 놓고 보면 아무 일도 아니었다. 하지만 그때는 천리안이 없는 한 미래를 살펴볼 수 없으니 매몰될 수밖에 없었다.

세 번째로 진지하게 죽음을 생각했던 스무 살. 인터넷이 나름 발달했던 때라 어떻게 죽을 수 있는지 3일 동안 방법을 연구했다. 뛰어내리기, 목메기. 손목 긋기, 수면제 먹기, 번개탄 피우기 등 5가지 방법이 가장 대중적이었다. 하지만 만일 실패할 경우 부작용이 더 클 수 있었으므로 무서워 아무것도 도전하지 못했다.

첫째, 높은 곳에서 뛰어내리면 어떻게 사람이 죽는지 아는가? 대부분 바닥에 떨어지면서 크게 충격을 받아 죽는다고 말한다. 하지만 진짜 이유는 바로 '심장마비' 때문이다. 떨어지면 죽게 될 거라는 두려운 마음으로 인해 놀라서 심장마비로 죽는다고 한다. 만일 강심장이라면 떨어져서 죽지 않고 불구로 살아가게 된다고 하니 더 괴로울 것이다. 둘째, 목메기는 매우 고통스럽다고 한다. 그리고 주변 사람에 의해 발견될 가능성이 커서 실패할 확률이 높다고 했다. 셋째, 손목 긋기는 가장 실패 확률이 높다고 했다. 겉에 있는 모세 혈관으로는 피가 별로 나지 않고, 안쪽에 있는 동맥을 끊어야 하는데 과다 출혈이 되려면 그것 또한 시간이 오래 걸리기 때문이다. 넷째, 수면제를 먹는 것도 발견 즉시 위세척을 하면 살 확률이 높고, 괜히 간만 상해서 괴로운 삶을 살아야 한다. 다섯째, 번개탄을 피우려면 사람 없는 좁은 공간이 필요하다. 그래서 대부분 인적 드문 곳에 차를 세우고 시도한다. 하지만 나는 그런 여건이 되지 못했다.

유일하게 딱 하나 손목 긋는 것만 살짝 시도해 봤는데, 커터 칼이 피부에만 스쳤는데도 소스라치게 놀랄 만큼 고통스러웠다. 차마 안쪽에 있는 동맥을 어떻게 해 보겠다는 생각조차 들지 않았다. 사는 것보다 죽는 게 더 어렵다는 걸 깨닫고 나서야 나는 다시 살아야겠다는 마음을 먹었다. 차분히 생각해 보니 이제 고작 스무 살이었다. 꼭 대학이 아니더라도 뭐라도 할 수 있는 나이였으니까. 지금 생각해 보면 더욱 그렇다.

나는 두 번의 입시 실패 끝에 한 번도 들어보지 못한 수도권의 한 대학에 진학했다. 심지어 성적이 좋지 않아서 예비로 붙었다. 나와 3년간 고등학교 생활을 했던 친구들은 대부분 SKY에 갔다. 아니면 의대, 치대, 한의대, 약대, 카이스트 등 미래가 보장된 그런 학교에 입학했다. 실제 22살에 행정고시에 합격한 친구도 있었고, 23살에 사법고시에 합격해서 판사로 일하는 친구도 있었다. 변호사나 의사와 같은 인기 많은 전문직이 아니더라도, 최소한 아무리 못해도 대기업에 들어가서 높은 연봉을 받았다. 하지만 나는 수도권 구식에 처박혀 있는 이름도 모를 대학에 다녔다.

대학교 1학년 신입생이었던 나는 티를 낼 수 없었지만, 수치심이 가득했다. 친구들과 비교하니까 자격지심이 더 생겼다. 그래도 다시 살아 보겠다고 마음먹었으니, 뭐라도 해야 했다. 일단 수도권에 있는 대학교에 다니는 나를 있는 그대로 받아들이는 것부터 시작했다. 중3 때 반에서 1등이었고, 명문고를 나왔다는 사실을 지우기로 했다. 게다가 재수했지만, 빠른 84년생이니까 그냥 84년생인 것처럼 살면 1년 늦은 게 아니라고 합리화했다. 비록 용은 될 수 없는 신분이지만, 최소한 뱀의 머리가 되면 뱀으로 살아갈 수 있지 않을까 생각했다.

2

　대학교 때 나는 새로 태어난 것처럼 살아갔다. 모든 일에 최선을 다했다. 공부도 열심히, 노는 것도 열심히, 아르바이트도 열심히 쉬지 않고 하루하루 보냈다. 남들은 어떻게 하든 주사(4)파가 되려고 노력했지만, 나는 무조건 주 5일 하루도 빠짐없이 학교에 나와 공부했다. 도서관은 내 놀이터였다. 고시를 준비하는 사람들만큼 정말 매일 열심히 공부했다. 심지어 주말에도 학교 도서관에 가서 공부했다. 진작 이렇게 고등학교 때 공부했으면, 좋은 결과가 있었을 텐데, 이미 지난 과거니 어쩔 수 없었다.

　말로는 합리화했지만, 1년 늦춰진 내 인생을 되돌리고 싶었다. 남들보다 조금이라도 더 열심히 하면 다른 인생으로 바꿀 수 있을 것이라 믿었다. 그래서 주말에 기숙사에 사는 친구들이 여자 친구와 손잡고 데이트하러 나가는 장면을 뒤로하고 나는 항상 도서관으로 향했다. 남들 다하는 미팅도 소개팅도 대학교 3학년 때까지 한 번도 하지 않았다. 연애는 사치고, 시간 낭비라는 생각이 팽배했다. 물론 모태 솔로의 비겁한 변명일 수도 있다.

　부모님과의 약속을 지키기 위해 아르바이트도 열심히 했다. 여러 개를 해 보니 가장 가성비가 좋은 건 과외였다. 과외를 2~3개만 해도 생활비는 충분했다. 문제는 등록금이었다. 나처럼 부모님의 도움을 받을 수 없는 친구들은 학자금 대출을 받았다. 나는 대출이 끔찍이도 싫었다. 그래서 더 열심히 공부했다. 덕분에 4년 동안 빠짐없이 장학금을 받고 대학교에 다녔다. 전액 장학금은 아니었지만, 나머지는 아르바이트 한 돈으로 다 메꿀 수 있었다. 그렇게 나는 경제적으로 부모님에게서 독립했다. 하지만 하루도 쉴 틈이 없었다. 그게 습관이 돼 지금도 그렇게 사는지도 모르겠다.

3

대학교 3학년 때 나는 학군단ROTC에 선발됐다. 그냥 군대에 가면 월급이 얼마 안 되지만, 장교로 군대에 가면 매달 100만 원씩 모을 수 있다고 했다. 2000년대 초반 병장 월급이 10만 원도 안 될 때, 장교는 100만 원 넘게 월급을 받았다. 경제적으로 볼 때 분명한 장점이 있었다. 다만 병사로 가면 24개월 군 복무를 해야 하지만, 장교로 가면 대신 군 복무는 몇 개월 더해야 했다. 군 복무 기간만 보면 그렇지만, 실상은 달랐다. 학군단 자체가 학생이자 군인 신분이었기 때문이다.

3학년 때는 죽을 맛이었다. 4학년 선배들이 우리를 교육한다고 매일 쥐잡듯이 잡았다. 다행히 구타 이슈가 있어서 맞지는 않았다. 하지만 교육을 핑계로 매일 얼차려를 받았다. 학군단은 학교마다 번호가 부여되는데, 시작 번호가 101번이었다. 그래서 얼차려는 항상 학교 단번으로 시작됐다. 팔굽혀펴기, 쪼그려 앉았다 일어나기 등 온몸을 100회 이상씩 매일 하니까 점점 몸짱이 돼 갔다.

군대는 계급이 깡패다. 사실 알고 보면 선배 중에는 재수, 삼수하지 않은 순수 02학번이 많았다. 고등학교 때까지는 나랑 같은 학년으로 학교 다닌 친구나 다름없다. 하지만 계급이 깡패니까 친구들한테 맨날 그렇게 교육을 받았다. 그것도 억울했다. 형한테 혼나면 모를까 같은 친구한테 그런 수모를 당하니 말이다. 하지만 티를 낼 수도 없었다. 오히려 나이가 같은 03학번 기수 후배들에게 더 가혹하게 했다. 행여나 기어오를까 봐 그런 것만 같았다. 우리는 더 기죽은 척하며 살아야 했다. 군대에서는 나대면 더 혼났으니까.

중간에 너무 힘들어서 그만둘까도 많이 고민했다. 1년 선배인 게 무슨 벼슬이라고 우리를 괴롭히는지…. 더럽고 치사해서 장교 안 하면 그만이니까 때려치우고 싶었다. 하지만 그동안 당한 게 아까워서 그냥 끝까지 참았다. 무서워서 피하는 게 아니라 더러워서 피했다. 하지만 잘한 결정이었다. 4학년이 되고 나니까 우리 세상이 왔기 때문이다. 반면에 후배들은 우리와 똑같이 1년을 힘들게 보내야 했다.

선배들 졸업식 날이었다. 우리는 학교 소속이기에 졸업식 행사 안전을 책임지는 역할을 맡았다. 연예인들이 와서 공연도 했다. 나는 임원이라서 사회자와 연예인들을 인솔하는 역할을 맡았다. 그때 잘나가던 아이돌 가수 SS501과 파란PARAN도 바로 눈앞에서 봤다. 그렇게 신기하고도 특별한 경험을 했던 날 나는 새옹지마를 제대로 경험했다. 중3 때 우리 반이었던 친구를 만났기 때문이다.

4

나는 중학교 때 놀러 나가면 길거리에서 그렇게 동네 양아치들을 만났다. 나는 다행히 돈이 없어서 빼앗기지는 않았지만, 나랑 같이 다니던 친구들은 돈을 뜯겼다. 그때 우리는 키가 아직 덜 자라서 작은 편이었다. 그래서 어딜 가든 우리를 잡아먹으려 안달이었다. 하루는 집으로 돌아오는 길이었다. 어떤 키 큰 남학생이 갑자기 나에게 오더니 말했다.

"야! 돈 있냐?"

나는 어이가 없었다. 나랑 동갑인 친구였다. 비록 중학교 때는 같은 반이 된 적은 한 번도 없었지만, 초등학교 6학년 때 같은 반이었던 친구였다. 게다가 우린 같이 손잡고 병원에 고래를 잡으러 간 동기이기도 했다. 하지만 오래 못 봐서일까 나를 기억하지 못하는 눈치였다. 심지어 나는 전교 부회장이었는데, 그 친구는 학교생활은 별로 관심이 없었나 보다. 공부도 하기 싫은, 싸움질이나 하고 애들 돈이나 빼앗는 그런 삶을 살고 있었을 테니까. 그때 갑자기 멀리 벤치에 앉아 있던 다른 남자애가 다급하게 와서는 말했다.

"얘는 아니야."
"뭐가 아니야?"

"그냥 보내 줘."

"왜?"

그렇게 둘이 티격태격하더니 나중에 왔던 남자애가 나보고 미안하다며 그냥 가라고 했다. 이 친구 또한 6학년 때 우리 반이었고, 그해에 같은 반 친구였다. 선생님들의 신임을 받고 있던 나를 괜히 건드렸다가는 불똥이 튈 수 있으니 현명한 대처였다. 그때는 공부나 운동을 잘하면 일진들이 괴롭히지 않았다. 하지만 어설프게 공부하거나 학교생활을 하면 다 자기들 밥으로 생각하고 건드리고 괴롭혔다. 그때나 지금이나 학교는 정글이었다.

진짜 일진들은 나름 규칙이 분명했다. 장난으로 애들을 건드리지는 않았다. 심지어 학교 짱은 공부도 잘했다. 뭐든 제대로였다. 하지만 일진 중에서도 어설픈 이진들은 괜히 주변 애들을 괴롭혔다. 돈도 빼앗고, 빵셔틀도 시키고 그랬다. 그러니 공부를 잘하든, 운동을 잘하든 남자들 사이에서 인정받는 무언가를 잘해야만 했다. 성적이 잘 안 나오는 친구들은 그래서 학교 운동부에 들어갔다. 그때까지만 해도 공부 못하면 운동이나 하라는 의식이 있었으니까. 나중에 느낀 거지만, 사실은 운동도 머리가 좋아야 잘할 수 있다.

나는 중3 때 반에서 1등이었고, 돈을 빼앗지 말라고 말렸던 친구는 우리 반 꼴등이었다. 그래도 심성은 착한 아이였다. 그렇게 믿고 싶다. 최소한 나한테 돈 빼앗지 말라고 말린 친구였으니까. 사람이 능력이 없으면, 인성이라도 좋아야 한다는 말이 있다. 그러면 나중에 주변에 좋은 사람들을 만날 수 있고, 노력을 통해 능력을 기를 수 있다. 그 친구가 딱 그런 친구였다. 중학교 때 반 1등과 반 꼴등이 대학교에서 만났으니까. 내가 방황하는 동안 그 친구는 열심히 살았고, 성장해서 대학에도 갈 수 있었으니까. 심지어 나보다 1년 선배니까. 인생 역전 아닌가?

졸업하는 그 친구가 먼저 나를 알아보고 이름을 불렀다. 그리고 매우 상기된 얼굴로 내가 맞는지 확인했다. 어이없다는 듯 웃으며 말했다.

"야! 네가 이 학교에 왜 다녀? 너 안양고 갔잖아. 말도 안 되는데? 진짜야?"

그 친구는 못 믿겠다는 듯이 여러 번 같은 말을 반복했다. 그 친구는 진심으로 황당했겠지만, 나는 찐으로 당황했다. '인생사 새옹지마'라는 말을 이럴 때 쓰는 거구나 뼈저리게 느꼈다. 극과 극에 있던 두 친구가 180도 역전된 상황으로 만나게 되는 일이 세상에 얼마나 있을지 상상조차 하기 어렵다. 그런데 사회에 나와 보면, 이런 일은 얼마든지 있다.

공부만 잘하던 엘리트로 불린 친구는 대기업에 들어가서 노예로 살아가는 반면에 공부 안 하고 맨날 싸움박질만 하던 친구 중에는

20대부터 사업을 시작해서 엄청난 부자로 살아가는 경우가 있다. 이건 하나의 예일 뿐이고, 얼마든지 당황스럽고 황당한 일이 생길 수 있다.

선배들이 투잡으로 대리운전하고, 배달 대행 일을 하며 돈을 많이 벌 때 내가 유튜브에 도전한다고 하니 비웃었다. 물론 처음에는 수익이 나지 않아서 별 볼 일 없었다. 심지어 지금은 포기 상태니까. 결과적으로도 비웃을만하지만, 대신에 나는 몸빵으로 하는 일이 아닌 나이가 들어서도 오래 할 수 있는 일을 계속 찾아 도전했다.

비록 영상으로는 실패했지만, 영상 편집 실력이 생긴 덕분에 가끔 아르바이트로 소소하게 돈을 번다. 그리고 영상 대신 글을 쓰는 일로 전환하면서 나는 적성을 찾았다. 지금은 3년도 안 됐는데, 10권이 넘는 책을 쓰고 돈을 벌고 있다. 가끔 강의나 강연 의뢰가 들어와서 나간다. 소셜미디어 활동도 열심히 하고 있어서 나의 인지도는 계속 올라가고 있다. 비록 시작은 미약했으나 창대한 미래가 있다고 믿는다.

책이 한 권 나왔을 때, 선배들은 돈 주고 책을 냈냐고 물었다. 자기들과 달리 명문대를 나오지도 않은 듣보잡 대학을 나온 애가 책을 냈다고 하니까 대놓고 무시했다. 하지만 두 권, 세 권, 그리고 열 권 가까이 책이 나오니까 태도가 180도 바뀌었다. 오히려 자기도 책을 내고 싶다며 어떻게 하면 되는지 묻기도 한다. 그래서 인생사 새옹지마다. 내 친구가 비록 중학교 때는 공부를 못했을지라도 열심히 살고 성장한 것처럼 나도 비록 명문대 출신이 아니지만 이렇게 바뀔 수 있었으니까.

　어두운 현실의 늪에 빠져서 허우적거리기만 하면, 평생 그 늪에서 살아야 한다. 하지만 늪에서 탈출하기 위해 노력하고, 더 나은 위치로 가기 위해 매일 갈고 닦으면 분명히 다른 삶을 살 수 있다. 세상의 부자와 아닌 사람의 큰 차이는 딱 하나라고 한다. 실천하느냐 또는 실천하지 않느냐의 차이뿐. 알면서도 실천하지 않기 때문에 큰 차이가 벌어진다고 한다. 그 친구도 나도 마찬가지로 더 나은 삶을 위해 실천했기에 그런 결과를 얻은 게 아닐까.

…

　한 마을에 두 친구가 살고 있었다. 둘은 먹고살기 위해 다른 지역에서 물을 길어서 팔았다. 아직 젊었기에 튼튼한 몸으로 무거운 물통을 나를 수 있었지만, 평생 할 수 있는 일은 아니었다. 한 친구는 현재 돈을 잘 벌 수 있으니 더 열심히 물을 날랐다. 하지만 다른 친구는 생각이 달랐다. 오랜 연구 끝에 파이프를 연결하기로 했다. 한 명은 몸이 부서질 정도로 일해서 부자가 됐다. 다른 한 명은 먹고 살 정도만 벌고, 나머지 시간에는 파이프를 계속 연결했다. 몇 년이 흘러 부자가 된 친구는 몸이 망가져서 일할 수 없었다. 반면에 다른 친구는 파이프 연결에 성공했다. 결과는 어떻게 됐을까? 당연히 파이프 연결에 성공한 친구는 힘을 들이지 않고도 물을 팔아서 떼돈을 벌었다.

이 이야기는 《파이프라인 우화》라는 책의 내용이다. 혹시 아직 읽어 보지 않았다면 꼭 읽어 보길 바란다. 내가 삶에 변화를 주기 위해 처음으로 읽었던 책이 바로 이 책이었다. 당장 나에게 결과가 나타나지는 않았지만, 꾸준하게 나이가 들어서도 할 수 있는 일을 찾기 위해 매일 노력하고 매진했다. 덕분에 이렇게 글 쓰는 일을 찾게 됐고, 매일 글을 쓴다.

사실 책 인세로 돈을 많이 벌지는 못한다. 하지만 언젠가 세상에서 인정해 주는 책을 쓰게 되는 날에는 평생 일하지 않고 먹고 살 수도 있다. 나는 지금 파이프를 건설 중이기 때문에 언젠가 그런 날이 오리라 믿는다. 지금 쓰는 이 이야기 책이 마침표를 찍어 줄지 아무도 모를 일이다. 인생사 새옹지마니까. 매일 3시간씩 글을 쓰니까 나는 계속 글 쓰는 실력이 늘 것이고, 책을 매일 읽으니까 아이디어가 생겨 더 좋은 책을 쓰게 될 것이다.

(엔딩곡)

"이 세상 위엔 내가 있고. 나를 사랑해 주는. 나의 사람들과 나의 길을 가고 싶어. (가고 싶어~) 많이 힘들고 외로웠지. 그건 연습일 뿐이야. 넘어지진 않을 거야. 나는 문제없어"

*나는 문제없어

- 1993년 11월에 발매된 가수 황규영의 첫 번째 앨범 〈끝없는 사랑을 꿈꾸며〉, 1번 트랙에 위치한 타이틀 곡

어학연수 | 8화

1

　내 나이 또래라면, 대학교 3학년을 마치고 어학연수 한 번쯤 꿈꿔봤을 것이다. 요새는 교환 학생 제도가 잘 돼 있어서 자연스럽게 어학연수를 하는 느낌이 든다. 하지만 그때는 취업을 위해 토익 점수를 따고, 어학연수 가는 게 유행처럼 여겨졌다. 아무래도 메리트가 있었으니까. 물론 부모님의 경제적 지원이 밑바탕이 돼야 가능했지만 말이다. 학자금 대출을 갚아야 하는 상황이라면 어학연수는 사치였을 테니. 당장 아르바이트를 하든, 취업 전선에 뛰어들든 돈을 버는 게 먼저였으니까.

나는 스무 살 때부터 부모님으로부터 경제적으로 독립했다. 어학연수는 우리 집 사정으로는 꿈도 꿀 수 없었다. 하지만 나에게는 대안이 있었다. 군대에서 돈을 모을 수 있었으니까. 그런데 오히려 월급을 타면 매달 집에 돈을 보내 드렸다. 장교로 근무해서 병사 월급의 10배는 됐으니까. 어차피 군인이라 돈 쓸 때도 없고, 사교육에 투자하신 돈 조금이라도 회수하시라는 의미로 그랬다. 28개월 동안 보내 드린 돈이 거의 2천만 원은 됐다. 게다가 내가 따로 모은 돈도 천만 원 정도 됐다. 어학연수 밑거름으로는 충분했다. 일단 자리 잡고 또 돈을 벌면 되는 거였으니까.

대학교 4년 내내 열심히 영어 공부한 덕분에 일상 회화를 하는데 큰 무리는 없었다. 하지만 비행기 한 번 타 보지 않았기 때문에 외국에 나가고 싶은 욕망이 가득했다. 이왕이면 영어권 국가로 가고 싶었다. 그래야 영어를 제대로 배울 수 있다고 생각했다. 가장 가고 싶었던 나라는 원래 영국이었다. 하지만 범접할 수 없는 환율에 바로 포기할 수밖에 없었다. 2000년대 말 기준 환율이 거의 2천 원에 가까웠기 때문이다. 북미권과 비교해 볼 때 거의 2배 정도 차이가 났다.

한국에서는 사실 북미권 영어를 선호한다. 나도 바로 미국이나 캐나다로 가야겠다 생각했다. 하지만 하늘은 항상 나를 시험한다. 미국 환율이 이전과 달리 1300원까지 올랐다. 다른 영어권 국가에 비하면 이것 또한 비쌌다. 다음으로는 캐나다였다. 군대 전역할 때까지 거의 캐나다로 마음을 굳혔는데, 2010년 초에 하필이면 밴쿠버 동계 올림픽이 열릴 때라서 점점 환율이 올라갔다. 마음이 다급해졌다. 돈을 바꾸고 나면 얼마 남지 않았을 것 같아서였다.

그렇게 지역을 놓고 고민하고 있을 때, 우연히 호주로 유학 간 불알친구랑 연락이 닿았다. 호주 환율은 800~900원 정도였지만, 발음이 워낙 구려서 거기는 피하고 싶었다. 게다가 내가 알기로는 영국에 있던 범죄자들을 이주시켜서 만든 나라라고 해서 심적으로 동하지 않았다. 하지만 현지에서 몇 년간 유학 생활을 하고 있는 친구의 말에 금방 설득됐다. 호주도 똑같은 영어권 국가이고, 영어 배우는 데 아무런 문제가 없다고 했다. 게다가 자기가 있으니 정착하는 데 도움을 줄 수 있어 더 안전하지 않겠냐는 말에 완전히 넘어갔다. 나의 어학연수 최종 목적지는 그렇게 호주가 됐다.

비행기도 처음, 해외도 처음이라 설레기도 했지만, 걱정이 앞섰다. 그래서 어학연수 다녀온 주변 사람들한테 많이 물었다. 그랬더니 다들 필리핀에 몇 달 가서 적응 먼저 해 보고 넘어가라고 했다. 가격 면에서 가성비가 있으니 꼭 그렇게 하라고 했다. 아무리 가성비가 있어도 예산이 넉넉하지 않아서 고민했다. 그때 어머니께서 현금 오백만 원을 주시며 말씀하셨다.

"그동안 보내 준 돈으로 생활도 했지만, 아들이 어학연수 가는데 조금이라도 보태고 싶어서 모아 뒀어. 어차피 주려고 했던 돈이니 필요에 맞게 편하게 써."

전혀 생각지 못한 돈이 생겼다. 서프라이즈는 항상 더 감동이다. 남들이 그렇게 추천하는 필리핀 어학연수 3개월 비용으로 충분했다. 호주 가는 비행기 표 비용까지 해결할 수 있었다. 덕분에 내가 모은 천만 원을 온전히 지켜 낼 수 있었다. 든든했다. 호주에 가서 정착할 때 조금이나마 여유롭게 지낼 수 있을 것 같아 입가에 미소가 번졌다. 이렇게 되면 천천히 일을 구해도 됐으니까 말이다. 물론 반전이 기다리고 있었지만….

2

슈퍼 J인 나는 군대 전역 3일 후에 바로 비행기에 몸을 실었다. 캐세이퍼시픽 항공이라 홍콩을 경유하는 비행기였다. 공항에서 잠시 대기할 때 점심을 사 먹었다. 100년간 영국의 식민지였던 홍콩이지만, 홍콩 사람이 쓰는 영어는 약간 이상했다. 광둥어 억양 때문인지 발음이 조금 센 느낌이었다. 밖에 나가 볼 수는 없었지만, 공항에서 영어와 광둥어를 들어 볼 수 있었다. 제대로 외국에 온 느낌이었다. 호주에 가면 얼마나 더 좋을지 기대가 됐다. 하지만 첫 번째 목적지는 필리핀이었다.

그렇게 홍콩에 잠시 들리고 약 4~5시간 정도 비행기를 타고 도착한 필리핀의 첫인상은 낯설었다. 한 번도 경험해 보지 못한 아주 습

한 날씨에 코끝이 찡했다. 추울 때만 코가 찡할 줄 알았는데, 무척 더워도 그랬다. 긴바지를 입고 온 걸 후회했다. 바로 땀이 주룩주룩 흘러내렸다. 어학원 담당자는 나를 포함해 4~5명을 봉고차에 태워 숙소로 데려갔다. 내가 선택한 곳은 어학원과 숙소가 한 장소에 같이 붙어 있는 곳이었다. 외출도 자유로운 곳이었다. 다른 지점은 철저하게 평일에는 외출 통제를 하는 기숙사 같은 곳이었다. 같은 어학원인데도 분위기는 완전 반대였다.

내가 도착했을 때는 저녁 무렵이었다. 숙소에 있는 식당에서 식사하고 배정받은 방으로 들어갔다. 나는 2인실을 골랐다. 1인실은 비용이 너무 부담되고, 6~8인실은 다시 군대처럼 단체 생활을 해야 하니 피하고 싶었기 때문이다. 방에 들어가자 마침 룸메이트가 외출 준비를 하고 있었다. 자기는 이제 이틀 후면 여길 떠난다고 했다. 그러면서 첫 마디가 나를 충격에 휩싸이게 했다.

"클럽에 가면 게이 조심해요. 여기는 상체는 여자인데 하체는 남자인 애들이 꽤 많아요."

초면인데 내가 어디서 왔는지, 무엇을 하다 왔는지, 그런 건 아무런 관심이 없었다. 물론 나이는 물었다. 알고 보니 동갑이었다. 그리고 오직 자기가 겪은 충격적인 경험만 소개할 뿐이었다. 클럽에서 어떤 여자가 마음에 들어서 같이 나가고 있는데, 다른 한국인이 조용히 와서 충고해 주었다고 한다. 같이 나가고 있는 사람이 남자니까 나가지 말라고 했단다. 그 광경을 목격한 두 개의 성을 가진 필리핀 사람은 엄청나게 화를 내며 충고해 준 한국인과 피 터지게 싸웠단다. 싸울 때 갑자기 목소리가 남자로 바뀌어서 식겁했단다. 15년 가까이 지난 지금도 정확히 룸메이트의 대사가 기억나는 걸 보면 어지간히 충격이었던 모양이다. 그런데 이건 필리핀 생활에서 지극히 일부이자 시작에 불과했다.

다음 날 학원 공식 일정으로 오리엔테이션과 레벨테스트가 진행됐다. 자료도 모두 영어로 돼 있고, 설명하는 사람도 영어를 쓰니까 외국에 왔다는 게 실감이 났다. 시험은 듣기, 말하기, 읽기, 쓰기 4개 영역 모두 포함돼 있었다. 한국에서 보는 시험과는 확실히 달랐다. 필리핀에 사람들이 오는 이유는 영어를 잘 말하고, 쓰는 게 목적이었으니까 당연했다.

나는 수업을 선택할 때 일부러 동기 부여를 위해 IELTS 반을 선택했다. 호주에 있는 불알친구도 혹시 모르니 IELTS 점수를 딸 수 있으면 따오라고 했다. 친구는 호주에서 어학원을 다니든 대학원에 가든 IELTS 점수가 있으면 편하게 접근할 수 있을 거라고 했다. IELTS는 영국에서 만든 공식 영어 시험이다. 미국에서 만든 TOEFL쯤으로 보면 된다. 그런데 IELTS는 분명히 목적을 나누어 두 가지 버전 중 하나를 선택할 수 있었다. 이민을 원하면 GENERAL로, 유학을 원하면 ACADEMIC으로 보면 되는 거였다.

다른 건 다 같은데 쓰기 시험 주제가 목적에 맞게 다르게 출제됐다.

나는 혹시 몰라 ACADEMIC을 선택했다. 이민해서 생활을 목적으로 시험을 준비하는 게 아니라 학문을 배우기 위한 초석으로 영어 시험을 봐야 하니 조금 더 어려운 느낌이었다. 하지만 동기 부여는 확실했다. 단기간에 몰입해서 영어 시험을 준비하며 실력을 향상시킬 수 있었으니까 말이다. 모든 수업은 거의 다 소수 아니면 1:1이었다. 적은 비용으로 이런 서비스를 받을 수 있는 게 필리핀 어학연수의 매력이었다. 비록 매달 레벨테스트가 있어서 부담은 됐지만, 오히려 좋았다. 비싼 IELTS 모의고사를 공짜로 치르는 셈이었으니까. TOEFL도 그렇지만, IELTS도 시험 비용이 20만 원대로 비쌌다. 지금은 더 비싸지 않을까. 찾아보니 30만 원 초반이고, 명칭도 바뀌었다. 역시 세월이란….

이 어학원 외출 규칙은 간단했다. 밤 11시 이후 새벽 6시 이전까지는 정문을 폐쇄했다. 그 외 시간에는 자유롭게 출입이 가능했다. 입구에는 총을 든 가드가 지키고 있었다. 필리핀은 총기 휴대가 가능하고, 실제 칼이나 총 등으로 범죄가 빈번히 일어난다고 했다. 주말에 종종 갔었던 대형 쇼핑몰 입구에서는 무장한 가드가 심지어 가방과 몸을 수색했다. 무기 소지 여부를 검사하기 위해서였다. 그만큼 치안이 불안한 나라였다. 실제 길 가다가 혹시 칼이나 총을 들이대면 그냥 돈을 주라고 했다. 안 그러면 칼을 맞든, 총을 맞든 몇 푼 때문에 황천길로 갈 수 있기 때문이었다.

| 3 |

자유로운 외출이 가능한 분위기라서 많은 사람이 밤 문화를 즐겼다. 알코올 쓰레기인 나는 실제 한국에서도 나이트나 클럽을 한 번도 가본 적이 없었기에 별로 감흥이 없었다. 그리고 돈 주고 영어 공부하러 와서 굳이 그런 곳에 갈 필요가 있나 싶었다. 하지만 대부분 사람은 생각이 달랐다. 많은 남학생이 저녁에 나가서 다음 날 아침까지 잘 들어오지 않았다. 내 룸메이트가 대표적이었다. 내가 지낸 3개월 동안 방에서 얼굴을 본 게 다섯 손가락 안으로 꼽는다. 항상 반대편에 있는 침대는 비어 있었다. 나중에 알고 보니 필리핀 여자 친구를 사귀어서 그 집에서 생활했던 것이다. 숙소 비용을 생으로 날려도 아깝지 않은 듯했다.

하긴 그 친구는 부유했다. 어학연수 간다고 할머니가 통장에 1억을 넣어 줬다고 했다. 혹시 무슨 일이 생기면 급할 때 쓰라고 주신 돈이라고 했다. 있는 놈이 더 한다고, 자기 여자 친구한테는 돈을 잘 쓰면서 한국인 남자애들과 다 같이 놀 때는 스크루지처럼 짜게 굴었다. 그래서 부자인가 하는 생각이 들었다. 더 놀라운 사실은 필리핀 연수가 끝난 후 미국에서는 한국에 있는 여자 친구와 같이 살 예정이라고 했다. 아주 개방적인 친구였다. 나로서는 이해가 되지 않았다. 모태 솔로였던 나로서는 그런 이야기를 듣는 것만으로도 부담스러웠다. 그래서 그런지 친하게 지내지는 못했던 것 같다. 룸메이트인데도 역시 'out of sight, out of mind'였다.

누군가 그랬다. 필리핀에 다녀온 남자는 만나지 말라고. 그 말의 이유를 나중에서야 이해할 수 있었다. 전부 다 그러는 건 아니지만, 밤 문화를 아주 쉽게 접할 수 있는 환경이기에. 어떤 친구는 필리핀 강사와 연애 끝에 결혼해서 애 낳고 잘살고 있다. 그러니 케바케다. 하지만 필리핀에 아빠 없는 코피노가 많을 수밖에 없는 안타까운 현실은 부정할 수 없다. 종교적으로 가톨릭 국가라서 낙태도 불법이라고 하니 그럴 수밖에.

나도 딱 한 번 동기들 등쌀에 못 이겨 클럽에 간 적이 있었다. 별로 크지도 않은 공간에 사람이 가득 차 있고, 음악 소리는 귀가 터져나갈 정도로 시끄러웠다. 나는 알코올 쓰레기라서 술을 먹지 않으니 그 공간이 불편했다. 게다가 첫사랑과 결혼을 꿈꾸는 나로서는 클럽에서 특별한 목적이 있을 리가 없었다. 일단 같이 갔지만, 결국 중간에 나 먼저 택시 타고 도망쳐 왔다. 더 있다가는 출입 통제 시간에 걸려 숙소에 들어와 편히 잠을 잘 수 없을 것 같았기 때문이다.

필리핀에 있는 3개월 동안 영어 공부, 농구, 약간의 여행과 쇼핑이 내 생활의 전부였다. 그 덕분인지 몰라도 3개월 후에 돈 주고 치른 공식 IELTS 시험 성적이 잘 나왔다. 알고 보니 그 어학원 졸업생 중에서 역사상 가장 높은 점수라고 했다. 나는 그렇게 기네스에 내 이름을 등재시키고 부푼 꿈을 꾸며 호주로 넘어갔다. 드디어 제대로 된 환경에서 영어 공부를 할 수 있을 거라는 설렘이 폭발했다.

9월 말이라 호주는 슬슬 겨울이 끝나 간다고 했다. 여름에서 갑자기 겨울을 맞이하는 상황이었다. 습하고 더운 날씨가 아닌 쾌적한 날씨도 기대됐다. 2천 개가 넘는 화산섬 중 한 지역에 있어서 석회질 성분이 많은 물을 더는 먹지 않아도 되고, 깔끔한 물을 먹을 수 있을 것이라는 기대감도 컸다. 필리핀이 가격 면에서는 아주 좋은 세상이었지만, 생활 환경은 그리 좋지 않았기 때문이었다. 하지만 호주는 가격 면에서 아주 힘든 시간을 보낼 수 밖에 없었던 곳이었다. 갑자기 세계 경제 상황이 변하면서 호주 환율이 급격하게 치솟기 시작했기 때문이다.

4

호주로 가는 비행기 바로 옆자리에 홍콩 친구가 앉아 있었다. 캐세이퍼시픽 항공이라 그런지 홍콩 사람이 많았다. 홍콩식의 독특한 악센트에 약간 호주식 악센트가 섞여서 처음에는 말을 알아듣기 힘들었지만, 계속 대화하면서 조금씩 익숙해졌다. 호주에서 유학 생활을 하는 친구라 그런지 영어도 꽤 잘했다. 금세 친해져서 내리기 전에 전화번호를 받았다. 고맙게도 호주 생활 초기에는 친구가 별로 없어서 그 친구랑 종종 통화하곤 했다. 하지만 생활고가 시작되면서부터 나는 여유가 없어서 더는 연락이 이어지지 않았다. 지금은 어디서 어떻게 잘 살고 있으려나 모르겠다.

호주에 넘어갔을 때 불알친구는 이미 호주 생활 3년 차로 베테랑이었다. 하지만 나는 아는 게 아무것도 없었다. 심지어 호주에 도착해서 공항에서 호주 영어를 들었는데 하나도 들리지 않아 당황했다. 역시 예상대로 호주는 달랐다. 그동안 내가 들었던 미국식 영어와는 완전히 딴판이었다. 우여곡절 끝에 친구를 만나 기차를 타고 친구네 집으로 갔다. 호주에서는 지하철도 그냥 'train'이라고 불렀다. 신기했다.

집에 도착해 짐을 놓고, 배가 고파서 바로 근처에 있는 햄버거 가게로 향했다. 두 번째로 신기한 건 호주에는 버거킹이 버거킹이 아니었다. 영국 연방 국가라서 'king'이라는 단어를 쓸 수 없다고 했다. 그래서 호주는 버거킹 대신에 '헝그리 잭스'라는 이름을 사용했다. 하지만 메뉴는 거의 똑같았다. 한국에서 호주 고기는 개차반인데, 현지에서 먹으니 한국에서 먹는 햄버거 패티보다 더 맛있었다. 이것이 호주에서의 첫 끼니였다. 지나고 보니 제대로 된 밥을 먹을 걸 하는 후회가 된다. 그렇게 대충 때운 끼니가 1년 반 동안 계속 이어질지는 몰랐으니까.

나는 친구가 구해 놓은 빌라의 방 하나를 쓰게 됐다. 아직 호주에 대해 아는 게 없으니 당분간은 신세를 질 생각이었다. 친구도 자기가 책임질 테니 일단 오라고 했기에 그 말을 철썩 믿었다. 하지만 그게 실수였다. 하마터면 20년 지기 친구를 잃을 뻔한 사건이 생겼으니까.

호주에 천만 원을 들고 와서 시작이 여유로웠지만, 대학원에 합격하면서 상황이 역전됐다. 대학교 성적도 좋았고, IELTS 점수도 충족되니 친구 말대로 돼 버린 것이다. 원래 워킹홀리데이 비자로 발급받고 온 거라서 일하고 여행하는 게 목적이었는데, 학생 비자로 바뀌면서 일하는 것도 제약(일주일 20시간 이하)이 생기고 학교도 다녀야 하니 모든 게 달라진 것이었다. 결정적으로 학비를 내야 하는데, 그 시점에 호주 환율이 1300원까지 올라갔다. 그럴 거면 미국이나 캐나다에 가는 건데 하는 후회를 했다. 이미 엎어진 물이라 주워 담을 수도 없었다.

게다가 외국인 유학생들의 학비는 현지인보다 몇 배 더 비쌌다. 1학기 학비만 10,000달러였다. 내가 가진 돈을 다 바꿔도 채울 수가 없었다. 환율이 이래서 무섭나. 나행히도 친구가 빌려줘서 학비는 낼 수 있었다. 하지만 생활비가 문제였다. 그때는 레스토랑 아르바이트를 간신히 구해서 하고 있을 때였는데, 부끄러움을 무릅쓰고 매니저님께 말씀드려서 1주일 치 돈을 미리 당겨 받았다. 간신히 그렇게 위기를 모면했으나 진짜 위기가 찾아왔다. 저녁에 일을 마치고 집에 막 들어가려던 참이었다. 집 안에서 친구가 여자 친구랑 통화하는 목소리가 들렸다.

"아니, 빈대 안 들어왔어. 조금 있으면 일 끝나고 오겠지. 괜찮아 더 통화해도 돼. 근데 얘는 몰라서 그런 건지 일부러 그런 건지 모르겠지만, 아직도 방세를 안 내고 있다니까. 염치도 없지 참…."

내 귀를 의심할 수밖에 없었다. 분명히 통화 내용에 나오는 '빈대'는 나를 말하는 것이었기 때문이다. 그리고 대놓고 나한테 방세를 내라고 하지 않았기 때문에 나는 정말 몰랐다. 친구가 들어오라서 해서 온 것이고, 방도 내어 주니 당연히 나는 고마워했지 미안한 생각은 전혀 들지 않았다. 하지만 사실을 알게 된 이상 문제가 발생한 것이니 해결해야 했다. 헛기침하며 인기척을 내고 집으로 들어왔다. 친구는 나를 보고 놀라더니 황급히 통화를 마쳤다.

"그런 거였어?"

"뭐가?"

"미안해. 통화하는 소리가 들려서 이제 알게 됐어."

"아…."

"나 방세 내야 하는 거였지? 얼마야?"

"그게…."

"괜찮으니까 말해 줘. 그래야 나도 계속 있을 수 있지. 내가 잘 모르고 있어서 미안해. 진작 말해 줬으면 더 좋았을 텐데…."

"나도 말하려고 했는데, 그게 타이밍을 놓쳤네. 사실 너 오기 전에는 룸메이트를 구해서 반반 집세를 내고 있었거든. 그런데 너 온다고 해서 내보냈지. 그래서 내가 다 내고 있었는데…."

"그럼, 그렇게 말해 줘야지. 나만 나쁜 놈 된 거잖아! 얼마 내야 해?"

"집세가 일주일에 320달러라서 반반하면 160달러야."

나중에 알고 보니 호주는 전세라는 개념은 전혀 없었다. 전세는 전 세계에 한국만 있는 개념이라고 했다. 대부분 월세란다. 게다가 시내는 월세가 너무 비싸서 워킹홀리데이나 유학 온 사람들이 한 방에 2층 침대를 4개 놓고 같이 사용한다고 했다. 마치 닭장 같아서 닭장이라고도 부른다고 했다. 심지어 거실에도 커튼을 쳐 놓고 방을 내어 주는데 그게 가장 싸서 110~120달러 정도라고 했다. 아니면 거의 150달러 내외라고 했다.

친구네 집은 시내에서 기차로 30분 정도 이동해야 하는 거리였다. 기격은 비슷하지만, 둘이서 한 집을 다 사용할 수 있으니 매우 쾌적한 환경이었다. 비행기를 처음 타 본 나로서는, 그리고 친구가 그냥 오라고 했기에 그런 사정이 있는 줄은 꿈에도 몰랐다. 그래서 나는 생활비를 보태는 수준에서 더 자주 장을 보고, 물건을 채워 두고 있을 뿐이었다. 하지만 친구 입장에서는 성에 안 찼을 것이다. 일주일에 160달러씩 더 내야 했고, 그게 2~3달이 넘어가고 있었으니 부담이 됐을 수밖에. 빈대라고 불러도 뭐라 할 수 없는 형국이었다.

하지만 서운한 건 서운한 거였다. 어떻게 20년 지기 친구에게 '빈대'라는 말을…. 그것도 고작 몇 개월 안 사귄 여자 친구한테 그렇게 별명을 붙여 부르다니. 너무 서운했다. 일단 그동안 밀린 방세를 갚겠다고 말했다. 미안하지만, 아르바이트로 버는 돈이 한계가 있으니 조금 기다려 달라고 했다. 다행히 대학원에 합격해서 그런지 몰라도 한국인을 대상으로 과외를 시작할 수 있었다. 게다가 현금으로 받으니 주 20시간 제한에도 걸리지 않았다. 그렇게 일해서 조금씩 돈을 갚아 나갈 수 있었다.

하지만 서운한 마음이 들어 학교에서 가까운 곳에 따로 나가 살 생각도 했다. 하지만 직접 보면서 방을 알아봤는데, 같은 가격으로 이렇게 쾌적하게 살 수 있는 집을 찾을 수 없었다. 마음을 바꾸어 서운한 마음은 버리고, 친구와 잘 지내기로 했다. 다행히 친구도 내가 더 노력하는 모습을 보이자, 미안한 마음을 내비쳤다. 다행히 시간이 흘러 상처는 아물었지만, 가끔 '빈대'라는 말을 떠올리면 가슴 한쪽 구석이 아프다. 역시 한번 난 상처는 자국이 남는 법. 지울 수 없다는 걸 깨달았다.

5

호주에서 대학원생으로서 사는 나의 삶은 피폐했다. 학교, 집, 아르바이트를 빼면 별것이 없었다. 방세도 내야 하고, 생활비도 있어야 하니 쉽지 않았다. 부모님이 돈이 많아서 도와주실 수 있다면, 공부만 할 수 있을 텐데. 그렇지 않은 현실이 피눈물 나도록 힘들었다. 안 그래도 현지 호주인들보다 영어가 서툴러서 과제를 마무리하려면 시간이 오래 걸렸기에 과제 제출 날이 다가오면 밤을 새우기 일쑤였다. 하버드생들이 새벽 4시까지 학교 도서관에서 공부하는 장면이 고스란히 나의 삶에 녹아 들어왔다. 그런데 돈이 없어서 밥도 제대로 먹지 못하니 죽을 맛이었다.

  버는 돈은 한정적인데, 나가는 돈은 많으니 어쩔 수 없이 줄여야 했다. 가장 간단한 방법은 식비를 줄이는 일이었다. 그나마 영양을 지키기 위해서 할 수 있는 일은 만만한 달걀을 잔뜩 사 두는 일이었다. 매일 배가 부르지는 않으니 저녁에는 배를 채우기 위해 라면을 끓여 먹었다. 밖에서 제대로 된 밥을 사 먹으면 최소 10달러 정도가 되니 한 달만 해도 금세 식비가 올라간다. 그래서 아침에는 달걀프라이에 밥, 점심에는 5달러짜리 스시(김밥 모양), 저녁에는 1달러짜리 봉지라면을 끓여서 먹었다. 이렇게 돈을 아껴서 주말에는 딱 한 번 삼겹살을 구워 먹었다.

  이렇게 1년 넘게 생활하니 신기하게도 10kg 가까이 살이 쪘다. 저녁에 라면에 밥을 말아 먹으니 살이 찔 수밖에. 하지만 영양이 부족한지 항상 눈 밑이 바르르 떨렸다. 나중에 한국에 돌아와서 병원에서 진료를 받고 알게 된 사실이지만, 나는 영양 불균형이었다. 특히 마그네슘이 부족해서 그런 증상이 계속됐던 거라고 했다. 그래도 한 가지 얻은 게 있다. 하루도 빠짐없이 라면을 끓였으니 라면 장인이 된 것이다. 게다가 영양 채우려고 라면 1개에 달걀을 2개 넣어서 끓였던 방법이 면발을 쫄깃하게 하는 비결이었다. 그래서 지금도 라면은 무조건 라면 개수 +1로 달걀을 넣는다. 게다가 매주 구웠던 돼지고기 덕에 고기 굽기 장인까지 됐다.

아내가 나보다 요리를 엄청나게 잘하지만, 딱 2개만은 나에게 양보한다. 라면 끓이기와 고기 굽기다. 처가에서는 장인어른이 절대 고기 집게를 내주시지는 않지만, 라면만은 사위 라면을 고집하신다. 영어 공부하러 호주에 유학한 것이지만, 덤으로 라면 끓이기 장인이 돼 돌아온 나를 알아보신 것이다. 씁쓸하면서도 한편으로는 재주가 생겨서 좋다. 심지어 아르바이트를 잠시 쉰 적이 있었는데, 그때는 더 긴축해야 해서 달걀 없이 라면을 끓이곤 했다. 그때 그냥 라면을 끓였더니 면발이 맛이 없었다. 서당 개 3년이면 풍월을 읊는 것처럼, 나는 아이디어가 떠올라서 공기에 면 치기를 해서 쫄깃한 면발을 다시 완성했다. 공기에 면 치기는 물에서 면발을 건져 공기와 접촉할 수 있도록 막노동을 좀 해 주면 된다. 궁금하다면 한번 시도해 보시길.

6

아르바이트 시간을 제외하고는 만날 공부만 했으니 성적이 잘 나올 수밖에. 나중에 졸업하고 메일을 하나 받았다. 상위 15% 안에 들면 주는 멤버십 가입 대상자라는 것이었다. 그랬다. 나는 우수한 등위로 졸업했다. 부모님이 돈이 많아서 만날 연애하거나, 게임을 하거나, 카지노에 가거나, 애니메이션 보며 공부는 뒷전이었던 유학생들이 졸업을 못 할까 전전긍긍하던 것과는 완전히 달랐다. 비록 돈은 없었지만, 헝그리 정신은 강했다. 그때 그렇게 악착같이 살았기에 지금도 어디에 내놓아도 굶어 죽을까 하는 두려움은 없다. 어떻게든 먹고 살 수 있다고 믿는다.

하지만 호주 유학 생활에서 한 가지 아쉬움이 남는다. 나의 원래 목적은 어학연수였다. 어학연수는 보통 영어 회화, 말하기에 초점을 둔다. 하지만 호주에서의 내 생활은 대학원 수업을 듣고, 원서를 읽고, 과제로 에세이를 쓰는 데 초점을 둔 영어 공부였다. 전공 관련 주제로 대화를 하면 막힘없이 유창하게 학문 용어를 사용해서 영어를 말할 수 있다. 하지만 생활 영어 표현에 약하다. 구어체로 말하지 않고, 문어체로 자꾸 말하게 된다. 모순이다.

그리고 한국에 돌아와서는 호주식 억양이 남아 있어서 '호주 교포'라는 별명이 있었다. 나도 모르게 호주 사람들 말투를 따라 하고 있었다. 하지만 1년이 지난 후 바로 한국에 적응했다. 15년 가까이 지난 지금은 호주식도, 미국식도 아닌 한국식 영어를 하는 것 같다. 차라리 아쉬운 대로 호주식이라도 남아 있었으면 얼마나 좋을까 생각해 본다. 그게 더 영어를 잘하는 것 같으니 말이다. 또한 한국에 와서는 취업 후에 영어를 쓸 일이 거의 없다 보니 영어 실력이 줄었다. 운동하지 않으면 근육이 줄어드는 것과 같은 원리인 듯하다. 그때 그렇게 개고생해서 얻은 건 대학원 졸업장뿐이라니 한편으로는 안타깝기도 하다.

마지막으로 또 후회스러운 것은 생활고에 시달려서 마지막 수업이 끝난 다음 날 바로 한국에 돌아온 것이다. 비자가 남아 있었으니 그냥 조금만 더 참고 여행이라도 했으면 하는 아쉬움이 있다. 나중에 돈 벌어서 다녀와야지 생각했지만, 한국에서 10시간이나 걸리는 호주는 15년째 갈 엄두도 못 내고 있다. 역시 여행도 다 때가 있는 법. 이제는 애들이 좀 크면 돈을 좀 모아서 짧게 여행으로 다녀오는 수밖에 없다. 직장에 다니고 있는 한 긴 여행은 불가능하니까.

...

필리핀 남자는 만나지 말라는 말이 있다면, 호주에 다녀온 여자를 만나지 말라는 말도 있다. 호주에서는 여러 일이 있다고 한다. 특히 동거에 개방적이라고 했다. 물론 이것도 케바케다. 내가 봐도 주변에 남자든 여자든 동거하는 사람들이 꽤 있었다. 어쩌면 내가 보수적인 걸지도 모르겠다. 다른 친구들처럼 외국인 여자 친구라도 사귀었으면 영어 실력이 더 늘었을지 누가 알까. 실제 외국인 애인이 있는 사람들을 보면 영어가 금방 늘었다. 필리핀 룸메이트도 3개월 사이에 영어 실력이 꽤 늘어 있었다. 그것만 봐도 효과는 만점인 듯하다.

그 친구는 미국에서 어학연수 1년, 나는 호주에서 유학 1년 이상, 이렇게 생활하고 한국에 돌아왔다. 그리고 같이 첫 토익 시험을 봤다. 그 친구는 900점을 그냥 넘겼고, 나는 5점이 부족해서 900점이 안 나왔다. 할머니가 준 1억으로 외국인 친구들과 어울려 놀았던 금수저와 매일 라면으로 끼니를 때우며 아르바이트하거나 책만 보던 흙수저의 토익 점수마저 수저대로 결과를 받았다. 게다가 그 친구는 바로 취업했다. 하지만 나는 토익 고득점이 나올 때까지 취업이 힘들었다. 불공평한 세상에 땅을 치며 울분을 토했다.

나는 3개월 동안 토익 문제 2만 개를 풀었다. 그러자 겨우 거의 만점 가깝게 토익 점수가 나왔다. 토익 점수가 올라가니 그제야 서류가 통과되기 시작했다. 운칠기삼이라고 하드만, 타고난 운이 아무래도 7이니까 기를 쓰고 노력해 봤자 3이 7을 이길 수 없나 보다. 누군가는 80%만 노력해도 100% 결과가 나오고, 누군가는 120%를 노력해도 100%가 안 나올 수 있다. 이건 타고난 운이니 빨리 받아들이고, 바꿀 수 있는 것에 초점을 두어야 할 것이다. 200% 노력해서 150% 나오게 하면 결국엔 그들을 이길 수 있을 테니까.

(엔딩곡)

"저 차갑게 서 있는 운명이란 벽 앞에. 당당히 마주칠 수 있어요. 언젠가 난 그 벽을 넘고서. 저 하늘을 높이 날을 수 있어요~"

*거위의 꿈

- 1997년 5월에 발매된 이적&김동률이 결성한 프로젝트 그룹 카니발의 첫 번째 앨범 〈Carnival〉, 10번 트랙에 위치한 타이틀 곡

9화

유유상종

1

'응답하라 1997!' 83년생들은 중2였다. 델리스파이스 노래 가사처럼 남들은 다 첫사랑 진행 중이었다. 하지만 나는 여자 친구가 아니라 남자인 친구들과 재미있게 놀곤 했다. 그땐 한 반에 학생 수가 60명 가까이 되는 시절이었다. 여학생들이 앞번호부터 시작했고, 남학생들은 31번부터 시작했는데 끝 번호가 62번인가 그랬으니 내 기억이 맞을 거다. 그리고 새 학년이 시작된 첫날 첫 시간에 다들 복도에 나가서 한 줄로 섰다. 키 순서대로.

그리고 그게 번호가 됐다. 나는 48번이었다. 중간보다 약간 큰 키였다. 더 웃기는 건 키 순서대로 앞 좌석부터 채워 앉았다. 1분단부터 4분단까지 번호순으로 두 명씩 앉았다. 그리고 다음 줄로 넘어갈 때는 바로 뒷자리부터 채워 앉았다. 지그재그로. 내 앞에는 45번과 46번이 있었고, 내 옆에는 47번이 있었다.

우리 중학교는 근처 3개 초등학교에서 모였고, 13반까지 있어서 새 학년에 올라갈 때 3분의 2는 모르는 친구들이었다. 공교롭게도 45번 친구만 빼고 46~48번은 같은 초등학교 출신이었다. 게다가 한 놈은 내 불알친구였다. 그래서 짝꿍보다는 불알친구랑 더 친했다. 하지만 짝꿍과 친해지는 계기가 있었으니, 다름 아닌 다마고치 덕분이었다.

혹시 다마고치라고 아는가? 다마고치는 1996년 일본에서 만든 장난감으로 조그만 기계에서 가상 애완동물을 키우는 게임이었다. 다마고치는 '알'을 애칭으로 부르는 말로, 장난감에 그 이름을 붙였다고 했다. 종류가 다양해서 공룡부터 시작해서 여러 동물을 키울 수 있었다. 나는 얼리 어답터가 아니라 별로 관심이 없었지만, 내 짝꿍은 달랐다. 새 학년이 시작되고 이튿날 방과 후에 짝꿍한테 집 전화로 연락이 왔다.

"혹시 다마고치 사러 같이 가지 않을래?"

그때만 해도 핸드폰이 없던 시절이었다. 삐삐가 많이 상용화됐을 때였고, 일부 사람만 현재의 KT에서 만든 시티폰이라는 게 있었다. 벽돌처럼 생긴 커다란 무전기 같은 모양에 안테나를 세워야만 통신이 터지는 그런 기계였다. 심지어 공중전화 근처에서만 터졌고, 수신은 안 되고 발신만 되는 기능을 가진 핸드폰이었다. 핸드폰의 시조새 정도라고 보면 되겠다. 그러니 그때는 서로 연락처를 주고받을 때 집 전화번호를 알려 줬다.

다행히 저녁 먹고 난 후라 부모님께 혼나지 않고 잠시 외출할 수 있었다. 그때는 인터넷도 발달하지 않았을 때라서 이런 새로운 게임기 같은 건 게임을 파는 먼 동네까지 가야만 살 수 있었다. 짝꿍도 혼자서 20분 넘게 걸어가려니 심심하기도 하고, 무섭기도 해서 연락을 했던 것 같다. 그때는 길 가다가도 돈을 뜯기던 시절이었으니까. 오는 길에 같이 가 줘서 고맙다고 아이스크림을 사 줬으니 내 예상이 맞을 것이다. 아무튼 그 이후로 우리는 급격히 친해졌다. 제안(부탁)을 바로 수락해 준 친구니까 의리가 생긴 게 아닐까.

2

그 시절 유명했던 게임기로는 SONY에서 나온 제품으로 CD를 넣어서 하는 '플레이스테이션'이라는 게 있었다. 물론 나는 그것도 없었다. 분명히 더 어린 초등학교 시절에는 직사각형 모양의 팩을 넣어서 하는 슈퍼콤이라는 게임기(게임기 패밀리와 비슷한 기종)가 있었는데, 그것이 망가진 이후로 게임기를 살 수 없었다. 특히 중1 때 첫 시험 이후로 부모님은 내가 게임기를 사고 싶어 해도 절대로 사 주지 않았다. 선택권은 하나였다. 오롯이 친구네 가서 하는 수밖에.

더 어린 시절에는 생활이 빠듯해서 우리 집에는 먹는 것 외에는 소비할 여유가 되지 않았다. 그래서 자전거는 6학년이 돼서야 겨우 살 수 있었다. 없는 형편대로 다 살아갈 수 있다는 말이 맞다. 나는 언제나 강한 생존력을 보였다. 5살 때부터 동네 부자 친구랑 친해 져서 새 네발자전거를 빌려 타며 배웠다. 덕분에 6살이 됐을 때 옆 집 누나의 두발자전거를 빌려서 하루 만에 몇 번이고 넘어지면서 바로 탈 수 있었다. 내 것이 아니니까 빌렸을 때 최대한 '뽕'을 뽑아 야만 했다. 그래서 더 빨리 배울 수밖에.

심지어 초등학교 2~3학년 때는 매주 일요일 아침마다 자전거를 빌려서 1~2시간 실컷 탔다. 그 친구가 유일하게 자전거를 타지 않 는 시간이었기 때문이다. 친구네는 일요일에 9시까지 늦잠을 잤다. 그래서 나는 아침 7시에 15분을 걸어가서 친구 자전거를 빌려 탔 다. 매주 찾아오니까 나중에는 그냥 일요일 아침에는 알아서 자 전거 타고 가져다 두라고 허락해 줬다. 자전거를 빌려 타는 것 에 대한 내 열정은 남달랐다. 지금 생각해 보면 참 염치없는 행동 이었다.

플레이스테이션 게임은 자전거와 달리 금방 배우기가 어려웠다. 매일 하는 사람과는 분명히 레벨 차이가 있었다. 나는 매일 친구네 집에 놀러 갔지만, RPG 게임이라도 하면 그냥 구경만 하고 있었어야 했다. 친구는 미안한지 퀘스트를 하나 깨고 나면 축구 게임을 같이 해 줬다. 덕분에 위닝 일레븐 게임을 실컷 했지만, 언제나 친구보다는 잘할 수 없었다. 그래도 그 한 판이라도 해 보려고 매일 친구 집에 찾아갔다. 자전거도 매주 빌려 탔던 마당에 게임 구경하러 못 갈 이유는 없었다. 그 덕분에 우리는 점점 더 친해졌다.

게임은 즐겨 했지만, 내 친구들은 노는 쪽보다는 공부하는 쪽에 더 가까웠다. 유유상종이니까. 운동도 좋아했다. 방과 후에 그렇게 게임 아니면 매일 축구 혹은 농구를 했다. 점심시간에는 아직 식당이 없을 때라 위탁 도시락을 빠르게 먹고, 운동장으로 나갔다. 아직 중2라서 축구는 중3 형들이 허락하는 날에만 할 수 있었다.

그래서 운동장 한쪽 구석에 모여서 여러 놀이를 즐겼다. '사거리', '돈가스', '찜뽕', '와리가리', '얼음땡', '다방구' 등 매일 다양한 몸 놀이를 섭렵했다. 뭐가 그리 웃기는지 쉴새 없이 깔깔거리며 신나게 땀을 흘리며 거친 우정을 나눴다. 별거 아닌 일로 말다툼도 많이 했으니까. 하지만 다른 동네에 물건을 사러 갈 때면, 덩치가 큰 양아치들에게 돈을 뜯기곤 했다. 학교 안에서는 약자끼리 도토리 키재기로 자기가 더 세다고 강한 척 했을 뿐 학교 밖에서 우리는 순하디순한 양이었다.

3

중3이 됐다. 중2 때 친했던 친구들이랑 뿔뿔이 흩어졌다. 나는 다시 새로운 동지를 찾아야만 했다. 첫 시험 때까지는 공부에만 집중했다. 비평준화 지역이라 성적이 중요했기 때문이다. 마치 고등학생이 고3이 됐을 때 시험을 준비하는 것과 같았다. 그 정도로 고등학교 입시가 중요하고 치열한 지역에 살고 있었다.

첫 시험 결과가 나왔다. 간발의 차이로 내가 반에서 1등을 했다. 그랬더니 2등 친구가 나에게 먼저 말을 걸어왔다.

"1등 축하해! 다음에는 내가 꼭 1등 할 거니까 선의의 경쟁을 해 보자!"

원래 얼굴은 알고 지내던 친구였지만, 그렇게 친하지는 않았다. 하지만 첫 시험을 계기로 그 친구가 먼저 나에게 손을 내밀었다. 우리는 둘도 없는 베프가 됐다. 같은 반은 아니지만, 중2 때 친했던 친구들과 나는 무리를 이루고 있었다. 새롭게 베프가 된 친구도 무리가 있었다. 우리는 다 같이 모여서 운동도 하고, 놀기도 했다. 그런데 성향이 꼭 맞지는 않아서 물과 기름처럼 섞이지는 못했다. 나는 선택을 해야 했다. 하지만 언제나 그렇듯 'out of sight, out of mind'이다.

매일 같은 교실에서 보는 친구와 다른 반에서 생활하는 친구는 절대적으로 만나는 시간의 양이 달랐다. 중2 때 친구들은 쉬는 시간에나 잠깐 만날 수 있을 뿐. 대부분 시간은 중3 같은 반 친구들과 함께 지냈고, 대화도 더 많이 했다. 그러니 더 친해질 수밖에. 게다가 이 친구가 다니는 학원에도 같이 다니게 되면서 더 친해졌다. 친구 소개로 학원에 등록했는데, 며칠 뒤에 치른 학원 자체 형성평가에서 1등을 하면서 스포트라이트가 나를 향했다. 내 베프는 그 후로 나를 더 신임했다.

다 그런 건 아니겠지만, 남자들의 세계에서는 둘 중의 하나만이라도 잘하면 살아남을 수 있다. 공부나 운동을 잘하면 된다. 물론 싸움도 운동에 포함된다. 그러면 자연스럽게 강자와 약자로 나뉜다. 즉, 둘 중의 하나라도 잘하면 강자 측에 선다. 공부를 잘하면 선생님의 신임을 얻어 든든한 '빽'이 생기기 때문이고, 운동을 잘하면 그냥 인정한다. 나보다 잘난 놈이라서 멋지니까.

중3 때 나는 공부도 잘했고, 운동도 잘했다. 일명 나는 '엄친아'였다. 거기에 전교 부회장이었으니 자존감이 하늘을 찔렀다. 하지만 딱 하나 못 하는 게 있었다. 그건 바로 연애였다. 숫기가 없었다. 중3 때는 새로 사귄 베프의 무리와 자주 어울렸는데, 그 친구들도 다 똑같았다. 첫사랑은 먹는 건가 싶었다. 대신 누군가의 생일이 되면 KFC에 모여서 햄버거랑 치킨을 시켜 먹으며 우정을 더 불태웠다. 모태 솔로인 서로를 위로하며….

그런데 우리는 고등학교에 진학하면서 조금 멀어졌다. 중3 때 친해진 베프만 나와 함께 경기 지역 명문고에 갔을 뿐 나머지는 같은 학교가 아니었기에. 종종 만나기는 했지만, 역시나 나는 새 친구를 사귀어야만 했다. 나는 문과이고, 베프는 이과라서 반이 달랐기에.

4

고등학교에 진학해서도 중학교 때와 다르지 않았던 건 딱 하나였다. 첫날 복도에 한 줄로 서서 키를 쟀다는 것. 하지만 그 외 모든 것은 달랐다. 남학생부터 1번이 시작했고, 키가 아니라 '이름' 순으로 번호가 정해졌다. 그리고 일명 일진이라 불리는 아이는 단 한 명도 없었다. 여러 지역의 모든 중학교에서 전교 1등 아니면, 적이도 반에서 1등을 하던 친구들이 모인 학교였으니까.

하지만 공부를 그렇게 잘한다고 해도 부류는 나뉘었다. 좀 노는 무리이냐 아니냐로 갈렸다. 혹은 좀 놀지 않더라도 공부 스트레스 때문인지 흡연하는 친구들이 많았다. 학생 화장실에 가면 너구리 굴이었으니까. 소변을 보러 화장실에 가는 게 두려웠다. 숨쉬기가 어려워서. 선생님들은 그런 사실을 알면서도 그냥 '쉬쉬'하는 것만 같았다. 명문대에 갈 아이들을 괜히 훈계해서 좋을 것이 없다고 판단했는지 모르겠다. 아니면 학부모 등쌀에 못 이겨서 그랬나….

하지만 체벌이 없는 건 아니었다. 일명 '학주(학생 주임)'라고 불리는 학생 부장 선생님은 더럽게 무서웠다. 점심시간 축구를 하다가 늦게 들어온 날에 20명 넘는 인원이 복도에 다 엎드려서 하키 채로 엉덩이를 수차례 맞을 정도였으니까 말이다. 간혹 졸거나 하는 아이가 있으면 출석부 모서리로 머리를 내려찍기도 했다. 한번은 피를 흘리는 친구를 본 적도 있었다. 쌍팔년도 이야기 같기도 하지만, 1990년대 말, 2000년대 초 모습은 그랬다.

　게다가 이해찬 1세대인 우리는 자율 학습을 강제로 하지 않게 되면서 주로 도서관에 모여서 공부했다. 우리 학교는 파격적으로 개교 이후 최초로 1학년 입학생만 대상으로 합반을 했다. 그래서인지 2학년과 3학년 선배들, 그리고 선생님들은 도서관에 있는 1학년의 모습을 불편해했다. 남녀가 같은 책상에 앉아서 공부하는 모습이 꼴불견이었나 보다. 한번은 학생부장 선생님이 같이 있던 1학년을 불러내서 복도에서 '착착' 큰 소리가 나도록 남녀 구분 없이 뺨을 때렸다. 그 이유는 다름 아닌 '풍기문란죄'였다. 그땐 그랬다. 스승은 하늘과 같아서 우러러볼 뿐 폭력으로 신고할 생각은 하지 못했으니까.

　하지만 2년 아래 1985년생 한 후배가 선생님이 때렸다고 경찰에 신고해서 경찰차가 출동한 일이 있었다. 우리로서는 매우 충격적인 사건이었다. 몇 번이고 회자가 될 정도로 또 세대가 다르다는 걸 느꼈다. 아마도 선배들이 우리가 남녀가 같이 지내는 모습을 보며 놀란 것과 같지 않았을까. 생각해 보니 우리 학교 여학생의 교복은 바지였다. 치마도 있었지만, 대부분 바지를 입고 다녀서 바지가 교복인 줄 알았다. 그만큼 보수적이고, 공부에 진심인 학교였다는 의미다.

　아무튼, 난 고등학교에 가서 오히려 정글이라는 느낌을 받았다.

이미 사회화된 친구들과는 달리 어리숙한 면이 많았기에. 나는 조별 수행평가가 있으면 다 맡아서 했다. 하지만 일부 꾀가 있는 친구들은 학원에 가야 한다고 하면서, 최소한으로만 도움을 주고 자기 공부를 했다. 그랬던 친구들은 대부분 대학도 잘 갔다. 하지만 나처럼 약아 빠지지 못한 친구들은 그렇게 성적이 잘 나오지는 않았다. 물론 나처럼 담배도 안 피우고 착실하게 지냈다.

하지만 친구들은 나중에 각성했는지 고2, 고3에 올라가면서 성적을 올렸고, 나를 제외하고 대부분 명문대에 진학했다. 그러니 자연스럽게 대학에 가서 멀어지게 됐다. 그렇게 계속 살면서 살아가는 환경에 따라 교우 관계, 인간관계를 유지하는 건 쉽지 않다는 걸 깨달았다. 고등학교 친구들과는 대학 자체가 다르니 자격지심에 나도 모르게 멀리하게 됐다. 마치 하나도 친하지 않았던 친구라도 된 것처럼 말이다. 그래도 다행히도 대학에 가서 좋은 친구들을 만날 수 있었다.

> 5

그런 말이 있다. 사회에서 만난 친구는 관계를 맺을 때 이해관계가 없으면 잘 맺어지지 않는다고. 그만큼 이제는 어린 시절 친구들처럼 순수한 관계로 지내기는 어렵다는 의미다. 하지만 나는 운 좋게도 두 명의 오랜 친구를 사귈 수 있었다. 심지어 한 명은 중간에 가족 일을 돕느라 자퇴했다. 그런데 10년 동안 중간중간 연락하며 잘 지냈고, 결혼식 날 내가 사회를 봤다. 지금은 배우자와 아이들을 데리고 해외여행을 같이 갈 정도로 친하다.

더 설명하지 않아도 얼마나 친하고 신뢰가 있는지 알 수 있을 것이다. 그래서 이해관계가 없어도 비슷한 결을 가지고 있고, 서로 배려의 마음이 있다면 사회에서도 좋은 친구를 만날 수 있다고 믿는다. 다른 한 친구는 누나인데, 거의 친누나처럼 가깝게 지낸다. 누나가 결혼하고 아이를 낳았을 때 집에 놀러 가서 애들도 봐주었던 기억도 있다. 그래서인지 몰라도 요새는 자주 못 보지만, 그래도 힘들 때 기쁠 때 소식 전하며 마음을 나눈다.

뜻밖에도 오히려 어린 시절 몇몇 친구들과는 거의 연락하지 않는다. 그때는 성향이 같지 않았지만 같은 동네에 살고 매일 본다는 이유로 금방 친해졌다. 하지만 성인이 돼 취미도 다르고, 성향도 다르다는 걸 느끼면서 점점 멀어졌다. 결국에 남는 건 나와 비슷한 결을 가진 사람들이다. 중3 때 친해진 베프와 무리에 있던 친구들은 아직도 여러 가족이 모여서 자주 모임을 한다. 게다가 결혼 품앗이로 서로 사회도 봐주고, 축가도 불러 주고 했더니 더 끈끈하다.

직장에서 친구를 사귀기는 어렵지 않을까 싶었다. 더 사회로 나온 거니까. 하지만 유유상종이라는 말이 정말 맞다. 결국에 비슷한 사람과 친해지고, 더 가까워진다. 친한 직장 동료에게는 내 여동생의 영혼의 단짝 친구를 소개해 주었다. 왠지 둘이 잘 맞을 것 같아서 소개했는데 딱 맞았다. 그래서 내가 결혼식 날 사회를 봤다. 알고 보니 가깝고 친한 사람은 내가 다 사회를 봐준 것 같다. 거꾸로 친하니까 사회를 보지 않았을까. 한편으론 4쌍의 부부 모두 잘살고 있어서 다행이다.

그리고 좋은 사람이 있다면 얼마든지 좋은 관계로 남을 수 있다. 직장을 여러 번 그만두고 싶었지만, 두 사람이 있어서 나는 견딜 수 있었다. 한 명은 1살 많은 형이고, 한 명은 4살 많은 누나다. 모두 내가 어렵고 힘든 일이 있을 때마다 옆에서 많은 힘이 돼 주었다. 따뜻한 말 한마디가 천 냥 빚을 갚는다는 말이 맞더라. 물론 그들의 성격이 워낙 섬세해서 내가 조금만 다운된 상태일 때 힘내라고 챙겨 주는 모습도 감동이었다. 그들도 내가 싫지 않고 좋다고 하니 우리는 유유상종일 것이다.

"Birds of a Feather Flock Together."

…

군대를 전역할 무렵 내 핸드폰에는 2,000명의 연락처가 저장돼 있었다. 어디선가 사람도 자산이라는 말에 열심히 사람들을 만나며 모은 전화번호였다. 하지만 막상 삶이 힘들고 지칠 때 통화 버튼을 눌러 만나자고 할 수 있는 사람이 없었다. 빈 수레가 요란하고, 빛 좋은 개살구일 뿐이다.

20대 초반에는 어릴 적 친구들이 대부분 군대에 가 있어서 힘들 때 위로해 줄 친구가 거의 없었다. 다행히 방위 산업체에서 복무하던 친구가 있어서 오랜만에 연락했는데 반갑게 대해 줬다. 그때 이후로 오히려 중2 때는 별로 안 친했지만, 더 친하게 지내게 됐다. 역시 힘들 때 손을 내밀어 주는 사람이 최고다.

나와는 달리 아내는 친구가 많지 않다. 한 손에 있는 손가락으로 꼽을 정도다. 하지만 언제든 전화하면 바로 만날 수 있다고 한다. 어릴 적부터 지금까지 변함없는 사이라고 한다. 나도 아내를 만나면서 조금씩 인간관계를 정리했다. 가는 사람 붙잡지 않고, 오는 사람은 나와 결이 맞는지 확인하면서 말이다. 그랬더니 핸드폰에 남은 연락처는 100개 이하로 줄었다. 특히 결혼식 이후에는 분명히 알 수 있었다. 누가 나의 사람인지를 말이다.

더 재미있는 사실은 아내를 통해서 알 수 있다. 아이들을 키우면서 다른 집 엄마들을 알게 되고, 점점 친해지는데 결국엔 엄마들끼리 성향이 맞아야 남는다고 한다. 아무리 애들이 나이가 같아도, 혹은 잘 놀아도 엄마들끼리 맞지 않으면 가까워지지 않는다고. 그리고 아이들이 사이가 좋고 성향이 잘 맞으면, 대체로 엄마들도 잘 맞는다고 했다. 유유상종은 세대를 넘어서까지 영향을 주는가 보다.

(엔딩곡)

"언제 만났었는지 이제는 헤어져야 하네. 얼굴은 밝지만, 우리 젖은 눈빛으로 애써 웃음 짓네. 세월이 지나면 혹 우리 추억 잊혀질까 봐."

*졸업
- 1997년 1월에 발매된 그룹 전람회(김동률, 서동욱)의 3집 앨범 〈졸업〉, 1번 트랙에 위치한 타이틀 곡

역마살 | 10화

1

역마살譯馬煞은 살의 일종으로, 한곳에 정착하지 못하고 여기저기 돌아다니게 되는 운명을 지칭하는 말이다. 사주명리학에 따르면, 역마살이 있는 경우는 쉽게 말해 '이동'을 의미한다. 이사할 수도 있고, 여행할 수도 있고, 직장을 옮길 수도 있고, 결혼할 수도 있다. 결혼은 아마도 집을 떠난다는 의미에서 그렇게 풀이하는 것 같다.

실제 노총각, 노처녀 중에 (해외)여행을 많이 다니는 사람들은 역마살을 풀어내 버려서 결혼을 못 하는 경우가 있다. 그러니 결혼하고 싶다면, 여행을 줄일 필요가 있다고 한다. 역마살을 풀어내면 안 되니까 말이다.

 항상 연말이 되면 외할아버지가 토정비결을 푼 종이를 우편으로 보내 주셨다. 외가에 무당이 있거나 한 건 아니지만, 사주명리학을 대대로 이어 공부해 왔다. 외증조할머니도, 외할아버지도, 뒤늦게 어머니도 금세 배워서 사주를 읽었다.

 그런데 이게 웬걸, 마흔이 된 나도 우연히 직장 동료한테 어설퍼도 사주 푸는 법을 배우게 된 것이다. 요새는 만세력 앱이 워낙 잘 돼 있어서 힘들게 한자를 적어 가며 할 필요가 없기 때문이다. (해외)여행으로 역마살을 풀어 버린 사람들이 결혼 못 한다는 이야기도 스승한테 배워서 알게 된 것이다.

 물론 나는 완전 초보다. 큰 틀에서만 해석할 줄만 알지 어떻게 상성이 되는지 그런 건 잘 모른다. 게다가 좋은 것만 볼 줄 알지, 일부러 안 좋은 건 안 배우고, 공부도 안 했다. 괜히 안 좋은 것만 계속 생각날 것 같아서 그랬다. 실제 인간의 뇌는 부정적인 걸 더 잘 떠올린다고 하니 더욱 피해야만 했다. 모르면 모르고 지나갈 것을 괜히 사주 때문에 생긴 일이 되는 게 싫었다.

 내가 사주명리학을 잠깐 공부했던 걸 장모님이 아시면, 팔짝 뛰고 놀랄 일이다. 장모님은 신실한 크리스천이기 때문이다. 반전으로 장모님은 예지몽을 꾸신다. 하지만 꿈에 하나님이 나와서 무언가를 알려 준다고 했다. 꿈에서 내가 사위 될 사람이라고 했기에 크리스천이 아니었어도 무사히 통과된 것처럼….

장모님이 물이 들어오는 꿈을 꿨을 때 내가 만 원 주고 사서 지금 우리 보금자리 아파트를 분양받기도 했다. 그리고 아주 커다란 복숭아를 따는 꿈을 꾸셨다길래 오만 원을 주고 샀는데, 알고 보니 처남댁이 임신한 거였다. 매번 꿈 특성에 맞게 아주 정확했다. 그래서 앞으로도 좋은 꿈을 꾸면 꼭 알려 달라고 말씀드렸다. 이번엔 로또가 되지 않을까 싶어서다.

2

월급쟁이가 돈을 벌어 봤자 한계가 있다. 매년 규칙적으로 나가는 돈이 있는데, 버는 건 똑같으니 대비해야 했다. 1월에 자동차세, 7월과 9월에 재산세, 11월에 자동차 보험 등 갑자기 큰돈이 나가니까 허덕일 수밖에 없었다. 그래서 나는 꾀를 내어 1년 단위로 적금을 들었다. 조삼모사지만, 그래도 한 번에 돈이 나가는 것보단 나으니까. 매달 조금씩 적금으로 돈을 저축했다.

게다가 결혼 10주년에는 다시 하와이에 가기로 했기에 돈을 모아야 했다. 가전제품, 자동차 등 기계들도 10년 정도 쓰면 바꿔야 하니까 목돈이 든다. 적금을 하나씩 늘리는 재미에 빠졌다. 1년 정도 지나니 꽤 모인 적금도 있었다. 그러다 일이 터졌다. 하루 동안 천당과 지옥을 동시에 맛보는 일이 있었으니. 그리고 큰 결심도 하게 됐다.

나는 연어 킬러였다. 회 중에서도 연어를 가장 좋아했다. 참고로 과거형이다. 그날 이후로 나는 다시는 연어를 안 먹기 때문이다. 하루는 처가 식구 모두 횟집에 저녁 식사를 하러 갔다. 쓰키다시가 많이 나오는 집이라 꿀맛이었다. 매운탕까지 국물이 일품이었다. 어른들은 내가 연어를 좋아하는 걸 아니까 양보해서 전부 나에게 몰아주었다. 기분이 째졌다.

혼자 다 먹으려니 양심에 찔려서 내 근처에 앉았던 아내와 처 외할머니한테 조금 건넸다. 우리 집 첫째는 아직 어려서 먹을 기회가 없었지만, 같은 집에 사는 식구들만 연어 파티를 열었다. 분홍빛 윤기가 흐르고 연어 때깔이 고왔다. 눈으로 한 번, 코가 찡긋거리는 양파 소스 냄새로 또 한 번, 그리고 마지막으로 쫄깃한 식감으로 세 번이나 맛있게 먹었다. 맛있어서 음식을 먹고 있는데도 계속 입안에 침이 고였다.

집으로 돌아와서 씻고, 잘 준비를 하고 있을 때였다. 아내가 창백한 얼굴로 속이 좋지 않다고 했다. 그리고 갑자기 꽥꽥거리며 헛구역질했다. 난 농담 반 진담 반으로 말했다.

"어? 설마? 둘째?"

아내는 인상을 찌푸렸다. 하지만 많이 힘든지 한 마디 대꾸도 하지 못하고 고개만 좌우로 흔들었다. 그러더니 잽싸게 화장실로 튀어 갔다. 곧 티라노사우루스가 거칠게 포효하는 소리가 들렸다. 놀라서 화장실로 가보니 아내는 변기를 붙잡고 위에 있는 음식을 모두 게워 냈다. 그 장면을 목격해서인지 모르겠지만, 나도 갑자기 머리가 지끈거렸다. 그러더니 갑자기 속이 울렁거렸다. 나도 살짝 괴로워서 인상이 찌푸려졌다.

'설마…. 나는 아니겠지.'

안 되겠다 싶어서 바로 약을 찾았다. 속이 안 좋을 땐, 미국에서 물 건너온 'Bismol'이라는 핑크색 약이 효과가 직빵이라 넉넉히 컵에 따라 마셨다. 보통은 냄새만 맡아도 속이 시원해지는 느낌이었는데 그렇지가 않았다. 조금 부족한가 싶어 조금 더 따라 마셨다. 너무 많이 먹어서 그런가? 오히려 속이 더 뒤집히는 느낌이 들었다. 분명 평소와는 다른 느낌이었다. 쓰나미가 곧 밀려올 것만 같은 불안감에 휩싸였다. 역시 예상은 빗나가지 않았다.

3

나는 어릴 때 멀미가 심했다. 그래서 구토를 시도 때도 없이 했다. 아마도 비위가 약해서 그랬던 것 같다. 하지만 초등학교 고학년이 된 이후로는 구토를 해 본 적이 없었다. 그래서 당연히 이번 위기도 충분히 넘길 수 있을 거로 생각했다.

하지만 내 몸은 살고 싶었나 보다. 내 의지와 상관없이 목 끝에 음식물이 넘어오는 게 느껴졌다. 화장실로 급히 달려가다가 아직도 변기를 붙잡고 있는 아내를 보고, 다시 급히 안방 화장실로 가려는데 견딜 수 없었다. 급한 대로 싱크대로 향했다.

싱크대에서 20년 만에 처음으로 구토했다. 내 안에 숨어 있던 폭군 도마뱀 티라노가 나왔다. 나도 '크헝크헝' 소리를 내며 위 세척을 했다고 할 수 있을 정도로 다 게워 냈다. 싱크대는 핑크빛으로 물들었다. 주홍빛과 찐 분홍이 섞여서 마치 상암동 하늘공원에 가면 볼 수 있는 핑크뮬리 천지가 된 듯했다. 불현듯 갑자기 1990년대 후반에 봤던 충격적인 영상이 떠올랐다.

일본에서 만든 '노란 국물' 영상을 보기만 해도 헛구역질했던 경험이 떠올랐다. 아마도 같은 느낌이라 그런 것만 같았다. 아주 다행히도 싱크대에는 음식물 처리기가 설치돼 있어서 처리하면서까지 구역질할 필요는 없었다. 불행 중 다행이었다. 글을 쓰는 지금도 헛구역질이 난다.

'으-웩.'

속을 다 비웠는데도 타격이 컸다. 배가 계속 아팠다. 이제는 아래로도 모든 걸 내보내려는 것 같았다. 화장실을 얼마나 들락거렸는지 모르겠다. 죽을 맛이었다. 그렇게 정신을 못 차리고 있는데, 우리와 함께 살고 있던 처 외할머니가 갑자기 속이 안 좋다고 했다.

핑크 약을 드렸다.

　역시나 할머니도 아내와 나와 같은 수순을 밟았다. 지나고 곰곰이 생각해 보니 나이가 많을수록 반응이 늦게 왔던 것이었다. 아내가 가장 젊고, 그다음 네 살 많은 내가, 그리고 오십 살 많은 할머니가 순서대로 시간 차이를 두고 반응했으니까. 그때 시간이 밤 11시 정도였다. 6개월밖에 안 된 아기를 혼자 두고 응급실에 갈 수도 없는 노릇이었다.

　하지만 나랑 할머니 상태가 좋지 않아서 병원에 꼭 가야만 하는 상황이었다. 다행히 아내는 가장 먼저 회복했다. 역시 젊음은 좋다. 운전할 수 있는 사람이 생기자 장모님한테 SOS를 쳤다. 아기가 자다가 깰 수 있으니 봐달라고 부탁했다. 처가 어른들은 차로 10분 거리에 살고 있어서 금방 도착했다. 아내가 운전대를 잡고, 우리는 가장 가까운 수원의료원 응급실에 자정이 돼서야 도착했다.

　당직을 서고 있던 의사가 놀라며 우리를 맞이했다. 특히 80대 하얀 할머니가 부르르 떨며 '아이고~ 나 죽네~' 하며 소리치니 놀랄 수밖에. 웃긴 건 환자가 한 명이 아니라 세 명 모두 같은 증상이라고 하니 의사는 화를 냈다.

"도대체 음식 먹은 곳이 어딘가요?!"

　아무리 응급실이라도 우리가 안 왔으면, 편하게 잠이라도 잘 수 있었을 텐데 언짢다는 티를 냈다. 물론 우리한테 대놓고 뭐라 하는 게 아니라 원인을 제공한 횟집을 탓하며 욕했다. 알고 보니 병원에서는 식중독이 발생하면 보고가 필수라고 했다. 그러니 진료가 끝나면 바로 쉴 수 있는 게 아니라 일이 더 늘어날 수밖에.

몇십 분 간의 진료가 끝나고 세 명이 응급실 침대에 나란히 조르르 누웠다. 진통제와 항생제가 들어간 링거를 순서대로 맞았다. 진통제 덕분인지 통증은 점점 사라졌다. 하지만 잠은 제대로 잘 수 없었다. 엉덩이 쪽 화재가 아직 진화되지 않았기 때문이다. 링거 바늘을 팔에 꽂은 채로 계속 화장실을 들락거렸다. 덕분에 간헐적으로 쪽잠을 잘 수 있을 뿐이었다.

어떻게 시간이 지났는지 모른 채, 시계를 보니 어느새 거의 새벽 4시를 가리키고 있었다. 나와 아내는 링거를 다 맞았는데, 할머니 수액이 잘 들어가지 않는지 꽤 많은 양이 남아 있었다. 간호사한테 말했더니 이상하다는 듯이 고개를 갸우뚱하더니 링거 방울이 떨어지는 속도를 올렸다.

그랬더니 금방 끝났다. 긴 시곗바늘이 정확히 숫자 '4'를 가리켰다. 하필이면 숫자 4라니…. 마치 우리에게 죽음을 알려 주려는 것만 같았다. 반나절도 안 되는 시간이었지만, 그 짧은 시간 동안 지옥의 불맛을 봤다. 엉덩이 쪽 화재도 진압됐지만, 시커멓게 불에 탄 냄새가 사라지지 않는 느낌이었다. 구토 이후로 여기저기서 10번도 넘게 화장실을 갔으니 그럴 수밖에.

병원 진료비가 생각보다 비쌌다. 역시 새벽 응급실 진료비라 평소의 몇 배였다. 하지만 돈이 문제가 아니었다. 죽다 살아났으니 하나도 아깝지 않았다. 우리는 모든 일을 다 마치고, 다시 집으로 돌아왔다. 하지만 도저히 출근은 할 수 없었다. 죽었다 살아난 사람이 얼마나 힘이 있다고. 그리고 속을 달래야 하니 종일 죽만 먹으며 회복해야 했다.

4

죽음의 문턱에서 다행히 현생으로 복귀한 부부는 우리 삶이 얼마나 유한한지 깨달았다. 아프면 언제 죽을지 모른다는 생각에 후회 없이 살자고 결심했다. 역시 사람은 큰일을 겪어야 변한다. 그동안 모았던 적금 중에 당장 쓸 일이 없는 통장은 모두 해지했다. 대신 그 돈을 모아서 삶을 떠나 맛있는 것을 실컷 먹고 오는 여행을 다녀오기로 했다. 이왕이면 해외로.

1년이라고 해 봤자 모은 돈이 얼마 안 되니 우선은 가까운 곳으로 가기로 했다. 아기도 어리니 오랜 시간 비행은 무리였다. 여러 이유로 우리의 첫 여행지는 일본 도쿄였다. 10개월 된 아기와 함께 하는 여행이라도 괜찮다고 생각했다. 하지만 무식이 용감이라는 말이 딱 맞다. 용감했으나 무식했다. 아직 걷지도 못하는 아기를 데리고 다니려니 계속 아기띠를 메고 있어야 했다. 그러니 한 사람은 밥을 먹을 때 뜨거운 게 있으면 제대로 먹지도 못했다. 한 명씩 돌아가면서 먹어야 했으니까.

긴자에서 먹었던 고급 우동집, 도쿄역에서 먹었던 오코노미야키, 신주쿠에서 먹었던 돌판에 구워 먹는 규카츠와 라멘, 하코네 온천 숙소의 코스 요리. 아직도 환생 후 첫 여행지에서의 추억은 지워지지 않았다. 역시 첫 경험의 위력은 대단한듯하다.

아기가 생후 24개월 미만, 키는 76cm 이하, 몸무게는 14kg 이하면 비행기 앞자리에 베시넷을 설치할 수 있게 해 준다. 그래서 비행기를 타면 다리를 편하게 뻗고 갈 수 있는 자리로 배정된다. 10개월짜리 아기였으니 우리는 당연히 그 혜택을 누렸다.

1년 후인 다음 해 1월에도 첫째는 베시넷 기준을 넘지 않았다. 그래서 비행기 삯도 아끼고, 편한 자리에 앉아서 필리핀 세부에 다녀왔다. 막탄섬에 있는 샹그릴라 호텔에서 일주일 가까이 머물며 원 없이 마사지를 받으러 다니던 모습이 아른거린다. 그때는 친한 친구네와 같이 갔던지라 남편팀, 아내팀이 서로 번갈아 가며 아이들을 맡을 수 있었기에 가능했다. 호텔 안에 전용 바닷가가 있어서 참 좋았던 기억도 있다.

나중에 알게 된 사실이지만, 세부에 갔을 때 사실 둘째가 아내의 뱃속에 있었다. 아마도 해외여행을 경험한 생명체 중 최연소이자 가장 작지 않았을까. 식중독으로 고삐가 풀려 마구 부리던 우리 부부의 역마살은 또 다른 질병으로 멈추게 됐다. 2019년부터 시작된 코로나로 인해 2020년부터는 (해외)여행은 저세상 이야기가 됐으니. 우리에게도 선택권이 없었다.

  방역 수칙 및 인원 제한으로 다들 결혼도 미루고, 결혼해도 신혼여행 목적지는 다들 제주도였으니. 일반인은 비행기 안에서 계속 마스크를 쓰고 오랫동안 있기도 힘들고, 행여나 감염자가 타서 코로나에 걸리면 죽을 수도 있는 일이었기에. 지금은 다시 마스크를 벗고 일상으로 돌아왔지만, 그때는 바이러스가 강해서 걸리면 죽을 가능성이 클 때였으니까. 그럴 수는 없는 노릇이었다.

  하지만 2022년 초부터 다시 분위기가 괜찮아지면서, 우리는 역마살을 발동시켰다. 하지만 해외여행은 시기상조라는 생각이 들었다. 마스크를 쓰고 가야 했으니까. 그래서 만만한 제주도로 향했다. 둘째는 처음 타 보는 비행기에 눈이 휘둥그레졌다. 사진과 영상으로만 보던 큰 비행기를 처음 보니까 신기했나 보다.

  2023년 초까지 계속 코로나가 완벽히 풀리지 않아서 아쉬운 대로 다시 제주도를 선택했다. 그랬더니 둘째는 매년 무조건 제주도에 가는 것으로 알고 있다. 이래서 경험이 무섭다. 하지만 새로운 세상에서 더 많은 경험을 하는 것은 아이들이 성장하는 데 도움이 되기에 가능하면 더 해야지 하고 생각한다. 단, 우리 아이들이 결혼 적령기가 됐을 때는 비혼주의가 아니라면, 여행을 지양하라고 말해줄 것이다. 우리 가족은 모두 크리스천이지만, 한국에 사는 한 역마살을 무시할 수는 없으니까.

...

 올해 이유가 있어서 휴직했다. 아쉽게도 무급이다. 넉넉지 않으니 휴직이라도 소소한 일은 해야 했다. 그래야만 생활이 가능하니까. 그러니 여행은 꿈도 못 꾼다. 4인 가족이 한 번 떠나려면 에어텔만 해도 수백만 원은 금방 깨지기 때문이다. 그런데 처가 어른들이 손을 내밀어 주셨다. 내년에 복직하면, 오랜 기간 외국에 나갈 기회가 없을 테니 다녀오라고. 무려 두 달 동안 미국 이모 집에 가서 지내고 오라고 했다.

 하지만 선뜻 알겠다고 할 수 없는 노릇이었다. 두 달이면 비용이 어마어마하니 말이다. 우리 마음을 헤아리셨는지 모르겠다. 모든 비용을 지원해 줄 테니 몸만 가라고 하셨다. 죄송하고 감사한 마음으로 흔쾌히 수락했다. 장모님, 아내 그리고 두 아이는 두 달 동안, 그리고 나는 벌려 둔 일이 좀 있어 수습하고 가서 한 달 동안 미국 라스베이거스 부근 도시에서 지냈다.

 나는 '꿩 먹고, 알 먹고'였다. 한 달 동안은 자유 남편으로 홀가분한 삶을 살 수 있었고, 나머지 한 달은 미국 서부 여행을 할 수 있었으니. 물론 대가도 있었다. 평소와 달리 아이들과 하루 종일 붙어 있어야 했으니까. 아무리 1980년대생 아빠라도 일터에 나갔다가 돌아와 저녁에 잠깐 만나는 육아 시간을 버티는 것과 한 달 내내 1초도 빈틈없이 육아하는 건 큰 차이가 있다. 머리는 좀 비울 수 있었어도, 항상 몸은 힘들었으니까.

일주일간의 LA 여행을 위해 차를 끌고 갔다. 편도 5시간은 내 삶에 한두 번 있을까 말까 한 운전 시간이었다. 게다가 나를 닮아 멀미가 심한 첫째 때문에 운전하면서 여러 번 위기가 왔다. 마침 디즈니랜드는 100주년이라 사람이 미어터졌다. 밤 10시 100주년 기념 불꽃놀이는 놓칠 수 없는 이벤트였다. 하지만 그게 문제였다.

이미 잘 시간을 넘긴 아이들이 잠들어서 주차장까지 안고 걸어가는데 허리가 끊어질 뻔했다. 우리는 그래서 그 후로 디즈니랜드를 이렇게 부른다.

'디질랜드'

정말 뒈지는 줄 알았다. 즐거운 추억도 있지만, 그 추억을 만들기 위한 대가는 아주 컸다. 다시 운전해서 돌아오는 길에는 첫째가 구토해서 난리가 났다. LA에 갈 때는 일부러 애들 자는 새벽 3시에 출발해서 괜찮았지만, 돌아오는 길은 낮에 점심까지 먹었으니 완벽한 판단 실수였다.

미국 두 달 살기의 마지막 여행으로는 죽기 전에 꼭 가 봐야 한다는 그랜드 캐니언에 당일치기로 갔었다. 왕복 10시간 운전은 고달팠다. 아주 다행히도 갈 때는 새벽이었고, 올 때는 밤이라 애들이 잘 잤다. 다만 푸르른 애리조나 도시에서 고독한 사막 도시 라스베이거스로 돌아오는 길에 졸음과 외로운 싸움을 해야만 했다. 이렇게 모든 게 끝날 줄 알았으나 마지막 반전이 남아 있었다.

돈 좀 아껴 보겠다고, 비행기 표를 경유로 끊은 게 화근이었다. 내가 LA 공항에 내려서 입국 심사를 받았는데, 짐이 계속 안 나와서 위기가 있었다. 간신히 짐을 찾고 겨우 갔더니, 탑승 시간 딱 2분 전이었다. 구사일생으로 비행기를 놓치지 않을 수 있었다. 그런데 이건 약과였다. 혹은 복선이었는지도 모르겠다.

한국으로 돌아가기 위해 라스베이거스 공항에서 국내선 비행기를 타야 하는데 큰일이 생겼다. 기계로 아무리 체크인을 하려고 해도, 둘째가 검색되지 않았다. 근처 직원한테 문의했다. 하지만 직원은 둘째 아이의 예약 정보를 가지고서는 전산에서 아무런 단서를 찾을 수 없다고 했다. 나는 절대 그럴 리가 없다고 계속 부탁했다.

그랬더니 직원이 본사에 전화를 걸어 본다고 했다. 옆에서 듣자니 둘째는 이미 아침 비행기를 타야 했는데, 탑승하지 않은 사람으로 돼 있었다고 했다. 국내선이라 그런지 다행히 빈자리가 있어서 체크인을 도와주었다. 곰곰이 생각해 보니 나의 작지만 큰 실수 때문이었다.

비행기 표를 예약할 때 아들을 첫째랑 같게 한다고 성별을 'Ms.' 그대로 둔 것이었다. 그래서 중간에 항공사에 전화해서 성별 변경 요청을 했는데, 누구의 실수인지 모르겠지만 아이의 비행기 정보가 바뀌었던 것이었다. 하마터면 미국에서 둘째를 잃어버릴 뻔한 아찔

한 일이었다. 만일 빈자리가 없었으면, 아들은 두고 와야 했을 테니까 말이다.

(엔딩곡)

"파란 하늘 위로 훨훨 날아가겠죠. 어려서 꿈꾸었던 비행기 타고."

*비행기
- 2006년 7월에 발매된 그룹 거북이의 4집 앨범 〈거북이 사요!!〉, 3번 트랙에 위치한 타이틀 곡

11화 세대교체

①

　세대교체라는 것은 자연의 섭리이면서도 슬픈 일이다. 하늘의 뜻인지 모르겠으나 집안에 누군가 세상을 떠나면 집안에 새로운 식구가 생긴다. 결혼일 수도 있고, 출산일 수도 있다. 보통은 새 생명이 태어난다. 마치 균형을 맞추려는 게 아닌가 싶을 정도다. 우리 집 첫째가 태어나고 얼마 지나지 않아, 외할아버지는 102세 나이로 돌아가셨다. 둘째가 태어난 후에는 곧이어 외할머니가 105세의 나이로 돌아가셨다. 두 분은 동갑내기 잉꼬 장수 부부였는데, 새 생명이 태어나니 떠날 시간이 된 것이다.

그 이후로 우리 집안에는 내 친할머니, 처 친할머니, 처 외할머니 이렇게 세 분만 남게 됐다. 아이들이 쉽게 할머니를 구분할 수 있게 별명을 붙였다. 내 친할머니는 왕 할머니, 처 친할머니는 보라 할머니, 처 외할머니는 하얀 할머니다. 내 친할머니는 우리 집안에서 최고 왕이라는 말을 했다가 '왕'이라는 말을 붙이게 됐다. 그리고 나머지 두 분은 머리 색으로 구분하느라 그렇게 불렀다. 덕분에 아이들은 할머니를 헷갈리지 않고 구분할 수 있었다.

시대가 많이 흘러 이제는 시집살이라는 말은 옛말이 된 듯하다. 오히려 요즘 시어머니들은 며느리 눈치 보느라 바쁘다. 물론 집마다 상황이 다르지만, 그런 분위기다. 강릉에 계신 부모님을 자주 찾아뵙지도 못하는데, 아이가 어리다는 이유로 우리는 처음 두 번 설날만 빼고, 나머지 명절 때마다 귀성길에 오르지 않았다. 오히려 10분 거리 가까이에 사는 처가로 발걸음을 향했다. 아내 직장 동료들은 추석에 시댁에 안 간다는 말에 엄청나게 부러워했다. 아무튼, 그런 세상이 됐다.

한번은 기가 막힌 에피소드가 있었다. 그때는 청약에 당첨돼 분양받은 아파트가 지어지기를 기다리느라 처가 어른들과 함께 살고 있을 때였다. 우리 부부는 직장이 수도권 쪽이니 그럴 수밖에 없었다. 결혼 후 첫 설 연휴라 집을 나서며 처가 어른들께 인사드렸다. 그런데 장인어른의 말에 모두 웃음바다가 됐다.

"저희 다녀올게요."

"이 추운데, 어디 가니?"

"저희 설이라 강릉에 인사드리러 가요."

"아…. 맞다. 너희 결혼했지."

몇 개월 동안 매일 살을 맞대고 살다 보니 어느새 진짜 가족이 돼 있었다. 나도 순간 내가 어릴 때부터 이 집에서 나고 자란 거로 착각할 때가 종종 있었으니까. 장인어른도 그렇게 충분히 생각하실 만했다. 매일 같이 살던 애들이 명절인데 짐을 싸서 집을 나간다고 인사를 하니까 진짜 어딜 가나 궁금하셨던 모양이다. 하지만 워낙 머리 회전이 빠르신 장인어른은 바로 이해하고, 웃으며 배웅해 주셨다.

"운전 조심히 잘 다녀와라. 사돈어른들께 안부 전해 드리고."

2

아내는 결혼하고 처음으로 시댁에서 보내는 첫 명절이었다. 아버지가 장남이라 집에서 제사를 지냈다. 그래서 설 전날에는 미리 음식을 했다. 어김없이 전날에 내려갔는데 현대판 시어머니는 우리가 내려오기 전에 미리 음식을 싹 다 해 놓으셨다. 멀리서 운전하고 오는 것만으로도 피곤할 텐데 무슨 음식까지 하냐며 그러신 거였다.

본인들은 과거에 다 했으면서도 다음 세대로 넘기고 싶지는 않은가 싶었다.

옛날에는 대관령이 아리랑 꼬부랑 길이라서 안 막혀도 4시간은 족히 걸렸다. 게다가 국도만 있어서 명절 때는 차가 막히기라도 하면 10시간도 걸렸다. 그렇게 힘들게 내려와서 시어머니 등쌀에 못 이겨 음식 하느라 허리 잡고, 무릎 잡아가며 일했다. 그렇게 30년 가까이 살았으니 제사라면 질색할 수밖에.

실제 어머니는 명절 증후군이 있었다. 명절만 다가오면 이유 없이 가슴이 콩닥콩닥 뛰어서 우황청심환을 드시곤 했다. 시어머니가 성격이 대단한 분이라 조금만 마음에 들지 않으면, 그렇게 구박을 했다. 어머니가 50세가 됐을 때 쓸개가 막혀서 떼어 냈다. 그때 딱 결혼한 햇수만큼 쓸개에 꽉 껴 있던 돌조각이 나왔다. 쓸개가 화를 참도록 도와주는 기관이라고 했다. 아마도 그동안 시집살이하며 참느라 그런 게 아닌가 싶었다.

하지만 쓸개를 떼어 낸 후로는 참을성이 없어졌다고 했다. 어머니는 수술 이후로 이제는 화가 나면 참지 않고 그냥 다 말하게 된다고도 했다. 쓸개가 그렇게 중요한 역할을 하는지는 어머니를 통해서 알게 됐다. 대신 수술 경험 때문인지 어머니는 며느리에게 악습을 물려주고 싶지 않다고 하셨다. 그래서 그렇게 아들 내외가 내려오기 전에 미리 혼자서 전을 다 부치신 게 아닐까.

덕분에 나와 아내는 바다 구경도 하고, 집에서는 편하게 TV 보며 편하게 쉬었다. 시아버지도 덩달아 처음 명절에 인사 온 며느리를 편하게 해 주신다고 무리수를 두기도 했다. 두 분이 쓰시는 인빙 침대에 편히 누워 있으라고 한 것이다. 아내는 정말 그래도 되나 처음에 눈치를 살폈다. 하지만 아버지가 직접 시범을 보이시며 편하게 누워 있으라고 시늉을 하자, 아내는 못 이기는 척 편히 누워서 TV를 봤다. 두사부일체 영화에 나왔던 대사처럼, 라스베이거스에서는 상상도 못 할 일이지 않을까?

반대로 나는 처가에서 반대 상황에 놓인 적이 있었다. 본가에서는 다들 다리가 길어서 다리 펴고 편하게 앉아 있는 걸 다들 선호했다. 무릎을 구부리고 앉으면 아프니까 다들 그게 당연했다. 나는 아무 생각 없이 거실에서 TV를 볼 때 다리를 쭉 펴고, 벽에 등을 기대고 있었다. 그때 장인어른이 헛기침하며 잠시 나를 불렀다.

"어른들 있을 때는 다리 펴고 있는 거 아니다."

나는 바람에 게 눈 감추듯 재빠르게 다리를 구부려 앉았다. 순간 여기가 내가 살던 집이 아니구나 싶었다. 그렇다고 서운해할 것도 없었다. 맞는 말이었으니까. 그런데 장인어른은 곰곰이 생각하시더니 다시 나에게 말을 걸었다.

"다리 펴고 편하게 있어라. 생각해 보니 아빠가 잘못 생각한 것 같다. 미안하다."

사연을 들어보니, 어린 시절에 장인어른의 아버님, 그러니까 아내의 친할아버지는 매우 엄격하셨다고 했다. 그래서 항상 무릎 꿇고 앉는 게 일상이었다고. 평생 그런 삶을 살아왔는데, 사위라는 놈이 떡하니 다리를 쭉 펴고 앉아 있으니 어이가 없었을 것이다. 하지만 장인어른 또한 요즘 어른인지라 빠르게 태세 전환을 하셨다. 그때 딱 한 번 빼고는 정말 편하게 해 주셨고, 항상 내 의견을 먼저 물어주셨기에.

3

나는 장인어른을 진심으로 존경한다. 그냥 인간으로서 멋진 사람이다. 모든 면에서 다 갖춘 분이라는 생각이 든다. 그리고 무엇보다 세상의 변화에 맞게 자기 자신을 바꿀 줄도 안다. 윗사람을 공경하는 건 기본이고, 아랫사람 혹은 주변 사람을 존중하는 태도도 멋지다. 사위에게 바로 사과할 수 있는 장인어른이 몇이나 될까. 게다가 30년 가까이 이어 오던 제사를 아내가 힘들어하니까 전부 없애는 사람이 과연 몇이나 될까. 에피소드가 너무 많아서 다 읊기가 어렵다.

인품과 성품도 좋으시지만, 못하는 것이 하나도 없을 정도다. 나와 20년 넘는 나이 차이가 있지만, 운동을 매우 잘하신다. 50대 중반에 축구랑 농구를 뛸 정도니까 정말 대단한 거다. 게다가 축구할 때는 빠르게 달리고, 체력도 좋아야 하는 '윙'으로 뛰셨다. 감탄을 금치 못했다. 배드민턴, 볼링, 탁구, 배구 등 다른 운동도 다 잘하신다.

심지어 탁구는 나와 칠 때는 왼손으로 치신다. 오른손으로 보내는 공을 내가 제대로 받지 못하기 때문이다. 축구나 농구 정도만 아직 내가 젊고 과거에 내가 더 많이 한 운동이라 조금 더 잘한다고 할까. 나도 운동 신경이 없는 게 아닌데도 뭐하나 이길 수가 없었다.

더 놀라운 사실이 있다. PC 게임도 잘하신다. 특히 스타크래프트는 프로게이머를 연상케 한다. 처가 친척들이나 아버님 지인들과 종종 편을 먹고 한 적이 있었는데, 나는 상대도 안 됐다. 탁구 실력과 거의 비슷하다고 해야 할까나. 바둑이나 장기 같은 다른 정적인 게임도 수준급으로 하신다. 하지만 그것 또한 상대가 되지 않았다.

나는 오목을 잘 두는 편이다. 실제로 고등학교 때 반에서 오목은 1등이었다. 하지만 바둑과 장기로 단련된 10수 가까이 미래를 보는 고수와의 경기는 고전을 피할 수 없었다. 경기 내내 머리에 쥐가 나서 죽을 뻔했다. 나는 일반인보다 2~3수 정도 더 많이 보는 수준이었기 때문이다. 좌절감과 동시에 경외심이 들었다. 원래 나보다 잘하는 고수를 만나면 존경심이 생기는 법이니까.

게다가 내가 골프를 배우고 싶다고 하니까 물심양면으로 많은 도움을 주셨다. 골프채도 사 주시고, 레슨도 한 달 끊어 주셨다. 그리고 내가 요청할 때마다 스크린 골프장에 데리고 가 함께 쳐 주셨다.

고수가 초보를 데리고 그렇게 하는 건 정말 쉽지 않은 일인데도 귀찮아하지 않으셨다. 실내가 아닌 실외 연습장에도 데려가 주시고, 두 달 뒤에는 함께 갈 사람들을 모아서 골프장에서 머리를 올릴 수 있게 해 주셨다.

사람은 말보다 행동에 감동한다. 내가 장인어른을 진심으로 좋아하고 따르는 이유는 다름 아닌 먼저 보여 주신 행동 때문이다. 그리고 부모님에 대한 효심은 이루 말할 것도 없다. 장모님이 30년 넘게 시어머니를 모시고 산 것도 그런 이유에서였으리라. 그동안은 바깥일로 어머니의 고충을 몰랐다가 나이가 들어 좀 여유가 생기면서 함께 집안일도 하고 어머니를 살피니 역지사지의 감정을 느꼈다고 했다. 제사를 없앤 이유도 그래서다. 장인어른의 그런 행동이 정말 멋지다고 생각한다.

첫째가 태어난 지 얼마 안 돼 설 명절에 나 혼자 본가에 내려간 적이 있었다. 여전히 어머니는 제사를 지내기 위해서 명절 증후군에 시달리고 있었다. 나는 그 모습이 안타까워 아버지한테 장인어른 이야기를 하며 우리도 제사를 없애는 게 어떠냐고 말했다. 그랬다가 핵폭탄을 맞고 말았다. 나는 좋은 의도로 말한 것인데, 아버지는 기분이 많이 상한 듯했다.

"내 눈에 흙이 들어갈 때까지는 그런 일은 없을 거다!"

아주 독기가 가득한 눈빛으로 나를 째려보며 말씀하셨다. 살기가 느껴져서 더는 말을 이어 갈 수 없었다. 이건 마치 시집살이하는 느낌이었다. 그래서 며느리들이 시댁에 '시'자만 들어도 기겁한다는 말이 있나 보다. 실제 마음이 불편했는지 나도 모르게 처가로 돌아와서는 말실수를 했다. 처가 어른들과 이런저런 이야기를 나누다가 사돈어른들은 잘 계시냐는 말에 내가 엉뚱하게 대답한 것이다.

"네. 시댁 어른들은 잘 지내세요."

맙소사. 시댁이라니. 어느새 나의 본가는 마음 편히 지낼 수 있는 곳이 아닌 '시댁'이 돼 있었다. 처가에서 지내는 시간이 더 편하니 그런 말이 자연스럽게 나온 게 아닌가 싶다. 지금까지도 나는 시댁 아버지와 대화하는 것보다 장인어른과 대화를 더 많이 한다. 다른 집 사위들은 처가에 가면, 어색해서 서로 핸드폰만 쳐다보고 대화가 없다고도 한다. 하지만 나는 장인어른과 둘이 조곤조곤 이야기를 잘 나눈다. 드문 광경이기는 하다.

4

소설 같은 이야기는 여기서 끝이 아니다. 처가에서의 삶은 상식으로는 이해할 수 없는 일들이 많이 생긴다. 내가 처가에 살고 있을 때, 아내의 외할머니는 외국에서 지내다가 한국으로 돌아왔다. 집을 마련해 둔 게 아니라 갈 때가 마땅히 없으니 막내딸 집으로 오셨다. 아들이 없는 것도 아닌데도, 하얀 할머니는 며느리가 불편해 막내 사위 집으로 들어온 것이다.

실제로 시골집을 팔고 할머니가 묵을 집을 구할 때까지 두 달 가까이 같이 살았다. 우리도 한 방에 세 들어 살고 있었으니 도대체 몇 가구가 한 지붕 아래 함께 사는 것인지 헤아리기도 어렵다. 그런데 그런 모습을 봐서일까? 하얀 할머니가 혼자 계셔야 하는 상황이 됐을 때 내가 먼저 처가 어른들한테 말씀드렸다.

"하얀 할머니 당뇨도 있고, 허리 디스크도 있으시잖아요. 혼자 사시면 힘드실 테니 저희가 같이 모시고 가면 어떨까요?"

차마 사위한테 부담 주기는 싫어서 그 옵션은 생각하지 않았는데, 뜻밖의 해결책에 반색하며 되물으셨다.

"너희 결혼 후 지금까지 한 번도 신혼 생활이 없었는데, 정말 괜찮겠니?"
"네. 그럼요. 아기 엄마가 조금 힘들겠지만, 저희는 생각이 같아요."
"우리야 너희가 그래 주면 염치없이 고맙지만, 차마 입에서는 말이 안 떨어지네."

"정말 괜찮아요. 저희도 많이 고민하고 말씀드리는 거예요."

나와 아내는 결혼 후 5년 동안 신혼 생활이 없었다. 신혼은 맞지만, 단둘이 살거나 혹은 네 식구만 산 적은 없었다. 하얀 할머니가 돌아가시기 전까지는 그랬다. 작년에 하얀 할머니는 병을 앓던 아들을 잃었다. 그래서 또 외국에 있는 딸네 집으로 옮겼다. 몇 년 전 자기 남편이 세상을 떠났을 때도 그래서 잠시 외국에 몇 년 동안 나가셨던 거다.

하지만 이번에는 오래 있을 수 없었다. 코로나가 기승을 부려서인지 할머니가 천식 증세를 보여 어쩔 수 없이 의료 지원이 되는 한국으로 되돌아와야만 했다. 돌아오셔서는 병세가 더 심해졌다. 결국에 병원에 입원했고, 한 달 후에 세상을 떠나셨다.

최근에 함께 살아서였을까? 우리는 5년간 한 식구였다. 밥을 같이 먹는다고 해서 식구라 부른다고 하니까. 자주는 뵙지 않았어도 어린 시절부터 더 오랜 추억이 있는 외할아버지, 외할머니 장례식 때도 흐르지 않던 눈물이 마르지 않도록 흘렀다. 금방이라도 '애비야~!' 하고 부르는 목소리가 들릴 것 같았기 때문이다. 게다가 외할아버지, 외할머니 때도 참여하지 않았던 장지까지 모셨으니 그럴 수밖에.

우리는 정말 괜찮았는데, 하얀 할머니는 항상 고맙다는 말보다는 미안하다는 말을 더 많이 하셨다. 특히 내가 식사를 챙겨 드리는 날에는 눈물까지 보이셨다. 그때마다 나는 할머니와 함께 살아서 더 좋다고, 아기들 많이 예뻐해 주셔서 감사하다고 말씀드렸다. 그러면 마음이 좀 안심이 되셨는지 어릴 적 본인의 이야기를 해 주곤 하셨다.

종종 할머니의 6.25 전쟁 때 눈밭에서 죽었다 살아난 이야기도, 귀신이 보였던 이야기도, 쓰러져 가는 집에 살 때 있었던 도깨비 이야기도 기억난다. 처 친할머니도 아니고, 외할머닌데 보통 사연이 아니면 이런 상황에 놓이는 경우가 얼마나 있을까. 주변 지인들은 우리 부부가 참 대단하다고 칭찬하거나 놀라곤 했다.

나는 사실 샤워 후에 팬티 바람으로 밖에 나오지 못하는 것 빼고는 단 하나도 불편한 게 없었다. 오히려 함께 산 세월만큼 할머니와 공유한 추억이 많아서 좋았다. 하지만 그날이 왔고, 세대교체의 시기는 피할 수 없었다. 할머니는 처남네 첫째 아이가 태어나고 한 달도 채 되기 전에 돌아가셨으니까. 이렇게 글을 쓰니 문득 하얀 할머니가 보고 싶다.

'할머니 거기선 편히 계시죠?'

...

누구나 집마다 사정이 다르다. 외할아버지와 외할머니를 모시고

40년 가까이 산 외숙모는 시집살이만 40년을 했다. 그나마 다행히도 외할머니는 순하셨는데, 문제는 가끔 폭주하는 고약한 성격의 외할아버지였다. 그래서일까 외할아버지가 먼저 돌아가셨다. 그때 그 집안에서 달라진 점은 외숙모가 사위를 맞이했다는 거였다. 그리고 외할머니가 3년 후에 돌아가셨다. 그때 외숙모는 손주가 생긴 지 얼마 안 됐다. 우리 집 아이들이 태어난 시기랑 겹칠 뿐만 아니라 이렇게도 해석이 될 수 있는 것 같다.

믿고 싶지 않지만, 계속 세대교체가 일어나니 다음이 예상된다. 내 동생이 아기를 낳을 때쯤에는 지금 90세가 넘은 왕할머니가 안 계실 수 있을 것 같다. 그리고 둘째 계획이 있는 처남네가 둘째를 낳으면, 그때는 현재 100세인 보라 할머니가 안 계실지도 모르겠다. 그리고 나중에 내가 할아버지가 될 때도, 내 아내가 할머니가 될 때도 세대교체는 계속 이어지지 않을까?

우리가 노인이 되는 시기에는 수명이 120세가 될 수도 있다는데, 그렇게 되면 자녀가 아니라 손주가 결혼할 때나 세대교체가 일어날지도…. 하지만 인생의 결과는 아무도 모른다. 나와 같은 1980년대에 태어난 이들은 이제 막 마흔이 됐고, 과로사가 가장 많은 시기니까. 오랜만에 만난 친구들과 모여서 나눈 첫 번째 주제는 건강이었다. 마음은 아직 20대인데, 몸은 40대라 좀처럼 따라 주지 않으니까. 그리고 두 번째 주제는 평생 할 수 있는 일이 무엇일까였다. 노인이 되기도 전에 언제 죽을지도 모를 일이지만, 또 반대로 언제까지 오래 살지도 모를 일이니까.

과거에는 한 세대를 30년이라고 했다. 하지만 앞으로는 한 세대가 40년, 50년이 될지도 모른다. 예전에는 2말 3초가 결혼 적령기였다면, 지금은 3말 4초라도 늦은 느낌이 아니기 때문이다. 마흔만 돼도 노총각, 노처녀라고 했는데, 요새는 그냥 총각, 처녀니까. 도대체 몇 살부터 '노'자를 붙여야 할지 모르겠다. 아니 '글로벌'하게 '싱글'이라고 하면 되겠구나.

(엔딩곡)
"공수레! 공수거! 거품처럼 사그러질 것들 욕심을 버리고 하늘을 봐- 그대를 노려보는 눈이 느껴지는가!."

*열맞춰!(Line up!)

- 1998년 9월에 발매된 아이돌 그룹 H.O.T의 3집 앨범 〈Resurrection〉, 2번 트랙에 위치한 타이틀 곡

졸업 | 12화

1

우리는 살면서 여러 번 졸업한다. 정규 교육 과정인 12년 동안 세 번이나 졸업한다. 물론 중간에 그만두는 사람도 있겠지만. 요새는 대학에 거의 다 가는 분위기라 네 번이 평균일지도 모르겠다. 학사 편입, 석사, 박사 등 대학교 졸업 후 또 학교에 다닌다면 다섯 번 넘게도 졸업하겠지만. 나도 다섯 번이나 졸업한 나름 가방끈이 긴 인생을 살고 있다. 그런데 또 다른 졸업을 하게 될 줄은 몰랐다.

내 친구의 아내 중에는 출산하다가 거의 죽을 뻔한 경험을 한 적이 있다. 그래서 친구는 바로 졸업했다. 행여나 다음 출산 때 아내가 죽기라도 하면 절대로 안 될 것 같아 바로 졸업을 했다고. 그렇다. 여기서 말하는 졸업은 정관 수술을 의미한다. 그동안 잘 몰랐는데, 은근히 졸업한 남자들이 주변에 있었다.

1950~1960년대 태어난 베이비 붐 세대로 인해 한때 우리나라에서는 가족계획을 권고했다. 나도 초등학교 때 학교에서 그 내용을 배운 적이 있어서 부모님께 물어본 적이 있었다. 아기가 어떻게 생기는지 전혀 몰라 순박했던 나는 '가족계획'의 진정한 의미가 무엇인지 몰랐었기 때문이다. 부모님은 잠시 당황하셨지만, 티를 내지 않고 답해 주셨다. 우리 집은 가족계획을 했고, 더는 동생이 생길 일은 없다고 하셨다. 난 별생각 없이, 그냥 '그렇구나' 하고 그때는 아무렇지 않게 넘겼다. 하지만 지금 생각해 보니 우리 아버지도 졸업하신 거구나 싶었다.

과거에는 의료 기술이 별로 좋지 않아서 다시 풀리는 경우가 종종 있었다고 한다. 확률이 높은 건 아니지만, 그래도 그렇게 어이없게 가족계획에 실패할 수 있었다고 한다. 그리고 이것도 나름 수술이라 통증도 있고, 회복하려면 며칠 걸렸다고 한다. 역시 무엇이든 졸업하기란 여간 어려운 일이 아니다.

주변 선배들을 보면, 종종 졸업자가 있었다. 최소한 둘째를 낳고 나서 졸업했다. 한 명은 절대 졸업식을 치르고 싶지 않았는데, 셋째가 생기는 바람에 어쩔 수 없이 졸업식을 거행했단다. 자기는 왠지 남성성이 사라지는 느낌이 들어서 절대로 졸업만은 피하고 싶었다고 했다. 의학적으로는 아무런 영향이 없다고 하는데, 기분상 그게 잘 안된다고 했다. 하나, 둘 키우기도 경제적으로 빠듯하고, 육체적으로도 힘든데 세 명이나 되면 얼마나 힘들까.

일찍 결혼한 친한 친구 중에도 아이가 둘이었는데, 갑작스럽게 늦둥이가 생기면서 바로 졸업한 경우가 있었다. 처음엔 막내가 생겨서 여러 걱정이 많았는데, 막상 태어나니까 아무리 힘들어도 행복감을 이기지는 못한다고 했다. 나를 꾀어 셋째를 가지게 하려는 속셈인지 모르겠지만, 친구는 계속 셋째를 찬양했다. 진짜 눈에 넣어도 아프지 않을 정도라고. 아내가 반대하지만 않았으면 자기는 넷째도 다섯째도 좋았을 거라 했다. 참으로 대단한 친구다.

첫째만으로도 출산도 육아도 처음이라 서툴고 힘들었던 우리 부부는 한동안 둘째 생각은 전혀 하지 못했다. 그러던 어느 날 아내는 친한 친구 집에 다녀와서는 진지하게 말했다.

"여보…. 우리 둘째 가질까?"

2

신은 인간에게 '망각'이라는 선물을 줬다. 아내는 분명히 너무 힘들어서 둘째 생각은 없다고 항상 말해 왔었다. 하지만 친구네 아이 둘이 알콩달콩 지내고 있는 모습을 보고 흔들렸나 보다. 우리 첫째에게도 동생이 생기면 더 잘 놀고 행복하지 않을까 해서 말이다. 알고 보니 결정적인 이유는 따로 있었다. 벽에 걸린 친구네 가족사진 때문이었다. 엄마 아빠 앞에 한 명씩 서 있는 두 명의 아이 모습이 아른거린다고 했다. 매우 안정적이고 화목한 가정처럼 보였다고.

나도 형제가 있어서 좋은 경험이 있기에 나중에 결혼하면 아이 둘은 꼭 낳아야겠다고 생각했다. 그래서 아내의 말에 흠칫 놀라기는 했지만, 나쁘지는 않았다. 나에게는 시기의 문제일 뿐 아내만 좋다면 언제든 그럴 것이었기 때문이다. 한 번 임신 경험이 있으면 삼신할매가 더 점지를 잘해준다는 말이 있기에 노력만 하면 금방 생길 것만 같았다. 역시나 예상은 틀리지 않았다.

아내는 이왕이면 둘째를 낳는다면, 돼지띠로 만들고 싶다고 했다. 그렇게 하려면 4개월 안에 성공해야 했다. 나름 그래도 안심인 건 첫째 때는 두 달 만에 성공했기 때문에 충분한 시간이란 생각이 들었다. 또한 바로 둘째가 생길 거라곤 생각하지 않았다. 마음 편히 준비하기로 했다.

그렇게 임신 준비를 하고 있던 시기에 우리에게 둘째를 갖도록 불을 붙인 친한 친구 부부와 함께 필리핀 세부로 여행을 갔다. 아이들을 재우고 밤에 어른들끼리 대화 타임을 가질 때, 혹시 몰라 아내는 술 대신 콜라를 마시며 아쉬움을 달랬다. 그렇게 여행을 거의 마무리하고 있었다. 그런데 마지막 날 아내가 별것도 아닌 것에 예민하게 반응하더니 갑자기 울음을 터뜨렸다. 여행으로 피곤하고 힘들어서 그런가 싶었다. 하지만 집에 돌아와서 그 이유를 알았다.

아내는 가끔 불규칙한 생리로 고생했다. 그래서 가끔 혹시 임신한 건 아닐까? 우리는 종종 간편 키트로 임신 여부를 확인하곤 했다. 생겨도 좋은 일이지만, 이왕이면 계획대로 생기면 더 좋았으니까. 그리고 의도하지 않아도 생기는 경우가 있다고 하니 가끔 확인했다.

여행 후 첫 주말이었다. 아침에 늦잠을 자고 일어났는데, 식탁 위에 하얀 플라스틱 물체가 올려져 있었다. 장난감 체온계처럼 생긴 물체는 익숙한 것이었다. '설마' 하는 마음으로 가까이 가서 자세히 보았다. 빨간색 두 줄이 선명하게 보였다. 그리고 아래 쪽지가 놓여 있었다.

'우리에게 기다리던 토실이가 왔어요.'

3

첫째 태명은 '삐약이'였다. 그 이유는 닭띠라서 귀엽게 지은 태명이었다. 그러니 둘째는 돼지띠라서 자연스럽게 '토실이'가 된 것이다. 그런데 이름은 정말 중요한 것 같다. 이름 따라서 사람의 인생이 영향을 받는 것 같기에. 마이크로소프트 회사를 설립한 빌 게이츠는 돈이 정말 문으로 한없이 들어온다. 타이거 우즈는 산속에서 진행되는 골프 경기에서 왕이 아닌가. 한자만 영향을 주는 줄 알았는데, 영어도 의미가 있으니 이름의 영향력은 분명히 있는 듯하다.

태명일 뿐이었지만, 첫째는 태어날 때 울음소리부터 우렁찼다. 그리고 밤마다 삐약삐약 거리며 자주 울었다. 삐약이라고 지어서 만날 우는 건 아닌가 싶었다. 둘째는 '토실이'니까 토실토실 살이 쪘을까? 제때에 우량아로 태어났으면 당연히 그렇겠구나 싶지만, 둘째는 엄마 아빠가 보고 싶었는지 아슬아슬하게 하루 차이로 미숙아는 아니지만, 예정일보다 3주나 빨리 태어났다.

원래 둘째는 뱃속에서 태명에 맞게 토실토실 잘 자라고 있었다. 그래서 이번에는 자연주의 출산을 시도하지 못할 수도 있겠다 싶었다. 아기가 너무 크면 엄마 몸으로 자연스럽게 나올 수 없으니까. 그래도 다행히 첫째 때 제왕절개를 한 게 아니라서 자연주의 출산이 아니더라도 자연 분만 가능성은 있었다.

만일 첫째를 제왕절개로 낳으면, 둘째도 무조건 같은 방식으로 해야 한다고 한다. 우리 몸이 출산에 대한 기억이 없어서 둘째가 나오다가 큰일 날 수 있다고. 아무튼, 걱정 반 설렘 반으로 둘째를 기다리고 있었는데, 일찍 나오는 바람에 3kg이 넘지 않았던 첫째보다도 더 적은 몸무게로 태어났다.

첫째 때 아기가 거의 다 나올 때까지 끝까지 참고 병원에 도착한 아내였기에 둘째 때는 미리 움직이기로 했다. 게다가 둘째 때는 첫째 때보다 더 빨리 출산한다고 했기에 진통이 오면 바로 연락해 주기로 했다. 예정일이 아직 한참 남았었기에 별생각 없이 출근했는데, 회의로 받지 못한 전화기에 부재중 통화가 3개나 와 있었다. 그리고 문자도 와 있었다.

'여보. 나 진통이 와서 지금 택시 타고 병원에 가는 중이에요. 첫째는 내가 등원시켰으니 그건 걱정하지 말고, 병원으로 바로 와 줘요.'

둘째는 원래 조금 일찍 나온다는 말은 들었지만, 이렇게나 빨라질 줄은 몰랐다. 직장에 말하고, 급히 병원으로 서둘러 갔다. 병원에 가 보니 아주 익숙한 방에 아내가 있었다. 바로 첫째를 출산했던 바로 그 방이었다. 진찰하니 진통을 시작한 게 맞고, 아이가 아직 작아서 자연주의 출산이 가능하다고 했단다. 그렇게 우리는 또 자연주의 출산으로 함께하게 됐다.

앞으로 무슨 일이 벌어질지 다 알고 있었기에 첫 경험만큼 떨리지는 않았다. 하지만 출산이라는 것 자체만으로도 큰일이기에 조금 걱정이 됐다. 출산하다가 위험한 상황에 놓이는 경우가 종종 있으니까. 첫째 때와 달리 진통이 느껴지자마자 병원에 온 거라 생각보다 출산 시간은 오래 걸렸다. 그때는 2시간 만에 아기가 나왔지만, 이번에는 반나절이 지나도록 소식이 없었다. 보통은 이렇게 오래 걸린다고 했다. 혹은 하루 넘게 지속하는 경우도 있어서 무통 주사를 맞는 거라고. 하지만 우리 둘째도 기대를 저버리지 않았다. 2시간 정도 자다가 낮잠에서 깨어난 아내는 잠시 짐볼에서 운동하다가 아기가 내려온 것 같다고 했다.

4

자연주의 출산이라 우리를 담당했던 듈라를 불렀다. (듈라가 누군지 모르겠다면… <1화. 자연주의 출산>을 꼭 읽어 보시길. 첫째 출산 당시 상황을 묘사한 더 자세한 내용이 있음.) 아기가 다 내려와서 이제 출산 모드로 간다고 했다. 아직 최종 단계는 아니라서 손도 잡아 주고, 쥐가 날 것 같다는 다리를 두드려 주며 마사지를 해 주고 있었다. 그때 갑자기 진통이 왔다며 내 티셔츠를 당기며 진통을 견뎠다. 그리고 아내는 말했다.

"여보! 혹시 그대로 있어 줄 수 있어요? 옷을 당기니까 너무 편해요."

TV에서 과거 출산 장면을 보여 줄 때 보면, 아기를 낳고 있는 산모는 천장에 매달아 놓은 천을 잡아당기며 힘쓰는 장면이 나온다. 아무래도 우리 선조들은 과학적 원리를 잘 알기에 그랬을 것이다. 내가 아내보다 위에 있으니 내 옷을 잡아당길 때 그런 느낌이 들었나 보다. 나는 엎드린 말 자세로 20~30분을 유지했다. 내 옷은 늘어나는 성질이라 이미 한 바퀴를 돌아가 있었다.

사실 첫째를 직접 받아 본 경험이 있으니 굳이 둘째까지 그럴 필요는 없었다. 출산을 돕는다는 게 꼭 아이를 직접 받는 것보다 아내에게 도움이 되는 게 낫다고 생각했다. 옷이 다 늘어나 한 바퀴 반 정도로 돌아가 있을 때 둘째가 태어났다. 아내도 땀범벅, 나도 땀범벅이었다. 다시 생각해 보니 이게 진정으로 출산을 함께한 것이 아닐까.

둘째의 탯줄도 사각사각 가위 소리를 내며 잘 잘라 냈다. 역시 나는 탯줄 자르기에 소질이 있었다. 그리고 캥거루 케어 시간도 가졌다. 첫째는 배고파서 눈을 떴지만, 둘째는 배고프지는 않았는지 눈을 그대로 감고 편히 잠들었다. 하지만 반전이 있었다. 갑자기 내 몸 아래쪽이 따뜻해졌기 때문이다. 이게 뭔가 하고 살펴봤더니 내 바지기 흥건하게 젖어 있었다. 아기가 시원하게 오줌을 싼 거였다. 양수만 먹었으니 냄새는 안 날 테지만, 그 바지를 입고 밖에 나가기가 부끄러웠다. 차에 짐이 있어서 당장 갈아입을 수 없었다. 수건을 빌려서 가리고 나서야 문밖을 나설 수 있었다.

토실이는 미숙아에 가깝게 태어나 인큐베이터로 옮겼다. 의사 선생님과 상담하는데, 심장 쪽이 열려 있다는 말을 들었다. 미숙아로 태어난 아이들의 특징이라고 했다. 토실이는 하루 차이로 미숙아는 아니지만, 비슷한 증상일 거라고. 대부분 아기가 크면서 괜찮아지지만 지켜봐야 한다고 했다. 심장이 떨어질 것만 같았다. 눈물이 왈칵 흐를 것 같았지만, 꾹 참았다. 시련은 여기서 끝이 아니었다.

아내는 역시나 자연주의 출산이라서 딱 하루만 입원하고 조리원으로 이동했다. 하지만 아기가 황달이 와서 나만 조리원에 남고, 아내는 다시 입원실로 가서 밤새 아기와 함께 보냈다. 아내가 보낸 아기 사진을 보다가, 눈물이 핑 돌았다. 그런데 사진을 자세히 보곤 눈물이 펑펑 흘렀다. 마치 홍수가 난 것처럼. 사진 속 둘째는 얼굴이 파랗게 돼 있었다. 눈에는 어떤 장치가 올려져 있어서 매우 아픈 아기처럼 보였다. 알고 보니 황달을 치료하기 위해 약을 바르고 적외선을 쐬고 있는 것이었다.

둘째의 모습을 보며 여러 생각이 떠올랐다. 둘째 때는 준비가 부족한 채로 아기를 가져서 이렇게 힘든 시간을 보내는 것일까. 첫째 때는 6개월 정도 꾸준히 운동을 했고, 엽산도 미리 잘 먹었다. 아내는 몸을 따뜻하게 만든다고 한약도 먹었다. 하지만 둘째는 아무런 준비 없이 덜컥 생긴 거라서 그렇게까지는 할 수 없었다. 아내도 아기한테 미안한 마음이 든다고 했다.

"여보. 내가 너무 콜라를 많이 먹어서 그런 것 같아."

나는 아내를 위로하기 위해 콜라 때문에 그럴 일은 절대 없을 거라고 강하게 말했지만, 한약보다는 도움이 되진 않았을 거라고 속으로 생각했다. 아기가 아프니 우리 부부는 서로 스스로를 탓하고 있었다. 부모의 마음은 그런가 보다. 아기가 그냥 원래 그렇게 태어난 것일 수도 있는데 전부 내 잘못 같으니 말이다.

둘째가 태어나자마자 진단받았던 심장이 열린 것과 관련해 사실은 너무 걱정돼 이런 경우가 있는지 주변에 묻고 다녔다. 그랬더니 누군가 자기 아이도 그랬는데, 지금 초등학교 고학년이 된 아이는 건강하게 너무나 잘 자라고 있다고 했다. 우리 둘째도 그렇게 계속 건강하게 자라길 바랐다. 다행히 토실이라는 태명에 맞게 검사할 때마다 몸무게로는 상위권을 자랑했다. 다만 면역력이 약한지 첫째와는 달리 비염을 달고 산다. 아주 불편하게 말이다.

5

만일 우연히 셋째가 태어난다면 둘째보다 건강할 수 있을까? 나도 아내도 점점 나이를 먹고, 아이 둘 키우느라 운동도 제대로 못 하는 상황에서는 불가능한 일이었다. 결단이 필요했다. 아이가 많으면 힘든 만큼 더 행복하겠지만, 건강하지 않은 아이가 태어날 수도 있다는 생각에 멈춰야만 했다. 나는 그렇게 졸업을 결심했다.

인터넷으로 검색해 보니 다양한 정보가 넘쳤다. 무엇보다 기술이 발달해서 10분이면 끝난다고 했다. 게다가 수술 후에 바로 일상생활이 가능하다고도 했다. 역시 과거보다는 많이 좋아진 상황이었다. 처음에는 가볍게 상담만 받으려고 병원을 예약했다. 결정은 상담 후에 진행해도 괜찮을 테니까.

"아이는 둘이죠?"

"네."

"그럼, 오늘 바로 진행하시죠. 대부분 상담만 받고 가셨다가, 셋째 가지고 나서 후회하며 오시거든요."

영업 상술인지 진실인지 모르겠지만, 그 말을 들으니 끔찍했다. 어디에 홀렸는지 나도 모르게 수술 동의서에 서명하고 있었다. 병원마다 가격은 다르겠지만, 여기는 30만 원이었다. 비용은 조금 들었지만, 100만 원이 넘는 것도 아니니 해 볼 만하다고 생각했나 보다. 게다가 의사도 간호사도 모두 남자가 들어올 거라는 말에 용기가 생겼다.

수술실에 들어가서 제모하는 시간이 15분 정도 걸렸고, 정관을 잘라 내고 레이저로 지지는 시간은 10분도 채 걸리지 않았다. 설명을 듣고 밴드를 붙이는 시간까지 5분. 총 30분으로 졸업식이 끝났다. 절개를 매우 조금만 하므로 바로 일상생활이 가능하다고 했는데, 진짜로 조금 뻐근할 뿐 통증은 거의 없었다.

집으로 돌아와 아내한테 졸업하고 왔다는 소식을 전했다. 아내는 놀라 못 믿는 눈치였다. 분명 가볍게 상담만 받고 온다고 했는데, 일을 다 처리하고 왔으니 놀랄 수밖에. 약 봉투를 보여 주니 그제야 믿었다. 계속 생각해도 말도 안 되는 일이었다. 몇 시간 만에 졸업자가 됐으니까.

졸업 이후로 나는 주변 사람들의 졸업 여부가 궁금했다. 그래서 남자들끼리 만나면 살짝 물어보곤 했다. 그랬더니 어떤 집은 아내가 남편이 졸업하는 걸 반대한다고 들은 적이 있다. 이유를 듣자 하니 남편이 어디 가서 자유롭게 싸지르고 다닐까 두려워서라고…. 얼마나 평소 행실이 불량했으면 그런 말을 들을까. 아무튼, 아이가 둘인 집은 대체로 졸업자가 많았다. 다들 역시나 셋째에 대한 두려움이 있었나 보다.

여러 이유로 그걸 만도 하다. 우리 집에도 위기가 왔다. 첫 번째는 경제적 위기, 두 번째는 산후 우울증. 나는 그 두 가지를 경험했다. 아내가 일을 계속 쉬면서 그동안 모은 돈으로 버티고 있었는데, 이제는 남은 돈이 없었다. 그런데 둘째를 돌봐야 하니 맞벌이는 가능한 옵션이 아니었다. 게다가 첫째가 있으니 돌아가면서 밤에 잠도 못 자고 둘째를 돌봤다.

새벽 3시 거실에서 우는 아이를 달래며 베란다 밖 풍경을 보고 있었다. 그런데 갑자기 내가 창밖으로 아기를 안고 나가는 상상을 하고 있었다. 23층인 집에서 보는 창밖의 도로가 마치 1층인 것처럼 느껴졌기에. 곧바로 똑바로 정신을 차리지 않았다면, 큰일이 날 수 있는 상황이었다. 다행히도 새근새근 잠든 둘째 얼굴을 보며 정신을 차렸다. 아무리 힘들어도 자는 아기 모습은 세상에서 가장 예쁘니까.

…

둘째가 생겼을 때 우리 부부는 과연 아들일까 딸일까 궁금했다. 어떤 성별이든 상관은 없지만, 그래도 궁금한 건 못 참으니 여러 근거를 찾아봤다. 장모님은 우리가 첫째를 낳았을 때 꼭 태반에 붙어 있는 탯줄의 위치를 확인하라고 하셨다. 의학적·과학적으로 맞는지 모르겠지만, 탯줄이 정중앙에 있으면 첫째와 같은 성별, 구석에 따로 떨어져 있으면 다른 성별일 거라고 했다. 탯줄은 약간 아래쪽으로 치우쳐져 있었다. 그래서 만일 둘째를 낳는다면, 아들이겠구나 싶었다.

첫째를 낳고 나서 알게 된 사실이지만, 인터넷에 '중국 황실 달력'을 검색해 보면 산모가 언제 임신하느냐에 따라 성별이 결정된다고 나와 있다. 산모의 만 나이와 임신한 달에 남자와 여자 성별이 적혀 있다. 실제 주변 사람들 상황을 물어보니 100% 맞았다. 첫째를 임신한 시기를 살펴보니 딸이었다. 그리고 둘째는 아들이었다. 점점 아들일 거라는 확신이 들기 시작했다.

그리고 어디선가 들은 이야기가 있다. 형제 관계가 어떠냐에 따라 유전적으로 자식들도 비슷하게 성별이 결정된다고 했다. 부모의 형제가 한 성별인 형제나 자매의 경우에는 첫째 성별을 그대로 따라간다고 했다. 반면에 남매인 경우는 자식들도 남매가 될 확률이 높다고 했다. 이것 또한 주변 사람들을 통해 확인했다. 이것도 대부분 맞았다. 우리 집은 나도 남매, 아내도 남매라서 둘째는 아들일 확률이 높을 거라 믿었다.

마지막으로 태몽에 의해 성별이 결정되기도 한다. 시중에 다양한 이야기가 있으니 찾아보면 될 듯하다. 하지만 우리 집은 조금 특이한 상황이 있었다. 장모님이 우리의 임신 소식을 듣고 바로 장인어른한테 소식을 전했다고 한다. 그런데 장인어른이 이렇게 말했다고 한다….

"그래~ 아들이잖아~."
"무슨 소리예요. 이제 임신한 걸 알았다고요."
"그래? 그럼 내가 꿈을 꿨나 보오. 허허허."

장인어른은 우리가 임신하기 전에 꿈을 꿨는데, 둘째가 아들이라는 소식을 듣는 꿈을 꿨다고 했다. 태몽이라기보다는 예지몽과 같았다. 장모님만 예지몽을 꾸는 줄 알았는데, 장인어른도 그러시다니 참 대단하시다. 하지만 처남네 아기는 장모님이 복숭아 꿈을 꿨는데 역시나 딸이었다. 태몽은 믿거나 말거나지만, 확률적으로 성별을 정해 주는 것 같다.

첫째를 가졌을 때 아내는 고기가 많이 당겨서 아들인지 알았다고 한다. 하지만 먹는 것과는 별로 상관이 없었다. 하지만 첫째 때는 피부 트러블이 전혀 없었는데, 둘째를 가졌을 때는 얼굴에 자꾸 뭐가 나서 고생했다. 나중에 알게 된 사실이지만, 아들은 엄마와 성별이 달라서 호르몬이 영향을 주는 것이었다.

이렇게 다섯 가지 근거를 통해 우리는 둘째가 아들이라는 걸 예측할 수 있었다. 가장 빨리 성별을 확인할 수 있는 16주 차에 초음파를 하면서 살짝 기대했다. 하지만 둘째는 부끄러운지 자신을 보여 주지 않았다. 의사 선생님도 확신이 들지 않으니 다음에 확인할 수 있을 것 같다고 말했다.

20주 차가 돼 병원에 찾았을 때는 당당하게 자신의 성별을 드러냈다. 그동안 아들이라는 근거를 찾은 노력이 물거품이 되지는 않았다. 하지만 딸보다 아들을 키우는 게 이렇게 힘들 줄 몰랐다. 확실히 여자아이보다 에너지도 넘치고, 뇌 구조상 주변 사람의 말을 잘 듣지 않아 더욱 힘겨운 육아가 시작됐다. 아기 보험료가 여자아이보다 남자아이가 더 비싼 이유도 그래서였다. 다칠 위험이 더 크니까 말이다.

2023년부터 둘째가 있어도 다둥이 카드를 신청하고 다양한 혜택을 받을 수 있게 됐다. 우리 집이 다자녀라니 말도 안 된다. 얼마나 출산율이 낮으면 그런 걸까. 요즘은 결혼율도 낮고, 출산율도 낮다. 결혼해도 아기를 한 명만 낳는 경우가 많으니 둘째가 있으면 진짜 다둥이네가 맞는 것 같다. 혹시라도 혜택이 부럽다면 둘째를 꼭 낳아 보시길.

속닥속닥….

'나만 당할 수 없지….'

(엔딩곡)

"끝인가요.. 후회만 남은 사랑. 처음으로 돌아갈 순 없나요. 뒤돌아봐요. 휘청거리는 내 인생을."

*긴 하루
- 2004년 7월에 발매된 이승철의 3집 앨범 〈긴하루〉, 3번 트랙에 위치한 타이틀 곡

13화 신용대출

1

외벌이 가장들의 비애를 아는가? 결혼 전에는 아내도 일했지만, 첫째를 출산하고 휴직이나 퇴사를 하면서 외벌이 가장이 된다. 첫째를 어느 정도 키워서 이제 다시 맞벌이를 할까 하다 보면 어느새 둘째가 생겨 사정은 변하지 않는다. 그런 선배들이 주변에 종종 있다. 그들의 특징은 매일 야근하고, 심지어 주말에도 출근한다는 점이다. 왜냐고? 초과 근무로 수당을 더 받아야만 생활할 수 있으니 그렇다. 그런데 이게 남의 일이 아닌 날이 나에게 올 줄이야.

4인 가족이 아파트 담보 대출이 있다면, 혼자 벌어서는 무조건 매달 마이너스다. 월급의 절반 가까이 은행에 원금과 이자를 내고, 매달 고정으로 들어가는 지출 비용을 빼고 나면 남는 게 없다. 숨만 쉬어도 나가는 돈이다. 맛있는 것을 먹기는커녕 하루 세끼 꼬박 챙겨 먹고 살기 위해서는 돈이 더 필요하다. 월급은 오르지 않는데, 매번 물가와 대출 이자만 오르니까.

이런 사정을 몰랐던 총각 시절에는 남의 밥만 축내는 선배들이 한심해 보였다. 얼마나 능력이 안 되면 칼퇴근을 못 할까. 혹은 일부러 그렇게 남아서 초과 근무 수당을 받고 싶은 걸까. 이러나저러나 별로라고 생각했다. 하지만 막상 내가 그 상황에 놓이니 역지사지가 됐다. 그들은 누가 뭐라 하든 가족을 먹여 살리고, 생존하려고 노력했다. 역시 남을 함부로 판단하는 건 오만한 행농이다.

막막했다. 무엇을 더 해야 할지 몰랐다. 선배들처럼 빈대처럼 늦게까지 남아서 일해야 할까? 아니면 직장 사람들 모르게 투잡이라도 뛰어야 할까? 아내 이름으로 사업자를 내서 사업이라도 해야 할까. 별의별 생각이 다 들었다. 특별한 능력이 없는 나로서는 방법을 찾는 게 쉬운 일은 아니었다. 게다가 아이들도 어려 손이 많이 가는 상황이라 독박 육아 중인 아내도 허덕이고 있었기에. 일찍 퇴근해서 육아든 집안일이든 무조건 도와야 했다.

지금 직장을 다니는 일 외에 무언가를 하는 건 지금으로선 무리였다. 다른 사람들은 또 어떻게 경제적인 위기를 극복할까 궁금했다. 주변을 살펴보니 의외로 재테크를 잘해서 여유롭게 사는 사람들이 보이기 시작했다. 주식과 부동산에 대해서 가끔 떠들던 사람들이었다. 물론 최근에는 비트코인으로 대박 난 사람도 있었다. 모두 내 기준에서는 도박이 아닌가 하는 것들이었다. 하지만 위기의 순간에는 용기가 생기는 법. 생각을 바꾸기로 했다. 하지만 주식을 하든 부동산 투자를 하든 종잣돈이 있어야 뭐라도 할 수 있었다.

혹시 하늘이 무너져도 솟아날 구멍이 있다는 말을 믿는가? 재테크 문외한이자 월급쟁이가 할 수 있는 유일한 재테크는 이율 높은 적금을 붓는 것뿐이었다. 미래를 위해서 2~3년을 그렇게 모은 돈을 보니 2천만 원 정도가 됐다. 난 일명 시드 머니를 준비할 수 있게 됐다.

하지만 아무리 갭투자를 한다고 해도 고작 2천만 원 갖고 부동산에 투자하는 건 어려워 보였다. 물론 기간이 오래 걸린다는 점에서도 단점이 있었다. 비트코인도 마찬가지였다. 이미 내가 들어가려고 할 때는 단가가 8천만 원이었으니까. 다른 종목도 있었으나 아무것도 모르는 나로서는 도박이라는 생각이 들었다. 오직 나에게 남은 옵션은 단 한 가지 주식뿐이었다.

2

주식 문외한이기도 했던 나는 훈련이 필요했다. 일단 적은 돈으로 공부해야겠다고 생각했다. 무슨 깡인지 모르겠지만, 불타는 장에 올라타서 단타를 하기 시작했다. 당일 가장 인기 있는 종목을 선택해서 분 단위로 살펴보며 조금 오르면 바로 뺐다. 일확천금의 욕심을 부리지 않고 그렇게 하니까 매일 조금씩 돈을 벌었다. 자신감이 생겼다.

만 원 단위로 시작했던 주식을 수십만 원 단위로 올리고, 백만 원 단위로 올렸다. 그래도 장이 좋아서인지 몰라도 매일 손해 없이 수익을 냈다. 자신감이 하늘을 찔렀다. 이제는 내가 가진 모든 돈을 다 가지고 해도 될 거라는 확신이 들었다. 그래도 혹시 모르니 더 훈련해 보자는 의미에서 국내 주식에서 해외 주식으로 넘어갔다. 아무래도 국내 주식은 근무 시간에 신경을 써야 하니까 눈치가 보였다. 그래서 퇴근 후에 할 수 있는 미국 주식에 눈을 돌린 것이다.

미국 주식은 국내 주식보다 너 움직임이 컸다. 등락에 제한이 없으니 하루 만에 천국과 지옥을 오갈 수 있었다. 하지만 사람이 천국의 맛만 보면 착각을 하게 된다. 내가 그랬다. 하루 만에 500%가 올라서 몇백만 원을 번 것이다. 그때의 짜릿함은 아직도 잊을 수 없다. 처음이자 마지막 최고 수익률이었기에. 하지만 그게 나를 주식의 늪에 빠지게 할 줄은 그땐 몰랐다.

너무 단타로만 하니까 밤에 쉬지 않고 계속 핸드폰을 봐야 해 슬슬 힘들어지기 시작했다. 어떤 날은 새벽 늦게까지 지켜봐야 하니 다음 날에 영향을 주었다. 방법을 조금 바꿔야만 했다. 스윙이나 중장기로 넘어가는 방법이 필요했다. 유망주 종목을 찾는 게 급선무였다. 그래야 낮을 때 들어갔다가 떡상했을 때 수익을 낼 수 있으니까.

　우주 산업 쪽에 희소식이 있을 거라는 말에 몇 가지 종목을 골라 연구했다. 전문가는 아니지만 그래도 주식 유튜브를 보면서 그래프를 조금 볼 줄 알았기에 과감하게 배팅했다. 그리고 한 달 정도 꾸준하게 오르는 모습을 보며 안도하고 있었다. 단타에서 이제 길게 지켜보는 주식 투자 방식으로 넘어가고 있는 것 같아 기분이 좋았다. 어느새 주식으로 번 돈이 내가 투자한 만큼의 돈이 됐다. 2천만 원을 투자했으니 4천만 원이 된 것이다.

　욕심이 생겼다. 돈이 조금만 더 있으면, 금방 1억을 만들 수 있을 것만 같았다. 원래 이럴 때가 위험한 것이라고 누군가 그러던데. 주식장의 상승 흐름은 나를 유혹했다. 절대 신용 대출로 재테크를 해서는 안 된다는 누군가의 말도 들리지 않았다. 다행히도 직장에 다니고 있어서 대출이 바로 나왔다. 카카오 뱅크는 온라인으로 5분도 채 안 돼 모든 일을 처리했다.

　8천만 원까지 빌릴 수 있었지만, 위험을 감수하고 싶지는 않았다. 내 원금 2천만 원 정도는 다 날려도 마이너스는 아니니 괜찮다고 판단했다. 2천만 원을 대출받아 총 6천만 원을 만들었다. 그리고 유망주 종목에 올인했다. 분할 매수, 분할 매도가 얼마나 중요한지 알면서도 실천하지 못했다. 흐름이 너무 좋았기 때문이다. 게다가 타이밍 좋게 내가 투자한 종목 회사에서 일주일 뒤에 우주 비행 실험이 진행될 거라는 기사가 떴다. 주식 가격이 솟구치기 시작했다.

| 3 |

어느새 그 종목에 대한 내 수익률은 30%가 넘었다. 이 정도면 거의 프로 투자자 이상의 실력이라 볼 수 있다. 그리고 대망의 우주 비행 실험 날이 왔다. 우주 비행 관련 종목 회사 CEO가 직접 우주 비행선을 타고 성공적으로 지구 한 바퀴를 돌면서 실험은 성공했다. 그날 주식은 대박이 났다. 나는 수익률이 100% 올라, 내 주식 총자산은 1억 2천만 원이 됐다.

주택 담보 대출을 받고 잠시 내 통장에 스쳐 간 억 단위 숫자를 본 다음으로 처음 보는 광경이었다. 나도 하늘을 나는 것 같은 기분이 들었다. 이 정도라면 직장도 때려치우고 주식 투자자로 나가 보면 어떨까 잠시 생각했다. 로또만큼은 아니어도 대박이었으니까. 아내한테 주식 창을 보여 주니 화들짝 놀랐다. 1억 2천이 아니라 1천 2백인 줄 알고 다 날렸다고 생각했기에.

내가 처음 신용 대출로 주식을 한다고 2천만 원을 빌린다고 할 때 뜯어말리던 아내였다. 나도 많이 보수적이지만, 아내는 더 심했다. 신용 대출은 신용 불량자가 되는 길이고, 주식하면 패가망신한다고 믿었다. 재테크는 부동산이 제일 안정적이라고 주장했던 아내였기에 처음에는 반대했다. 하지만 이미 내가 그동안 적금 들었던 돈을 2배로 불린 것을 보여 주니 석연치 않아 했지만 허락해 준 거였다. 그때도 적금을 왜 상의도 없이 깨서 주식에 투자했냐며 혼나긴 했지만, 수익을 낼 때라 넘어간 거였다.

아내는 다시 천천히 1억 2천이라는 숫자를 세고 나서야 환하게 웃었다. 둘이 부둥켜안고서 기쁨의 눈물을 흘렸다. 부자가 된 기분이었다. 아니 세상을 다 가진 기분이었다. 마법의 성에 나오는 가사처럼 하늘을 날아오를 것만 같았다. 하지만 기쁨은 잠시뿐이었다. 다음 날부터 조금씩 다시 단가가 떨어지기 시작했기 때문이다.

일주일 동안 서서히 단가가 떨어졌다. 그래도 내게는 별 타격이 없었다. 100% 수익률이었으니 떨어져도 70% 이상 수익이 나고 있었다. 그런데 문제는 욕심 때문이었다. 나는 오래 투자할 생각을 하고 있었으니 더 오르기 전에 돈을 더 투자하고 싶었다. 나중에는 이게 1억이 아니라 10억이 될지 모를 일이라 생각했다.

아직 주식 통장에 돈이 1억이 있으니 아내에게 2천만 원만 더 빌리자고 했다. 아내도 이젠 나를 신뢰해서인지 무리하지 말라고만 할 뿐 말리지 않았다. 나는 다시 돈을 빌려서 1억 2천만 원을 만들었다. 투자금 8천에 수익은 4천만 원인 상태니까 50% 수익률이 떨어지긴 했지만, 여전히 빨간불이 들어왔기에 덤덤했다. 하지만 미국 주식장이 무서운 이유를 다음 날 알 수 있었다.

우주 비행을 성공한 지 딱 10일째 되던 날이었다. 주식이 폭락했다. 특별한 뉴스가 나오지도 않았는데, 주식 가격이 곤두박질쳤다. 수익률 40%, 30%, 20%, 10%, 0%…. 고민의 순간이 왔다. 수익이 10%로라도 남았을 때는 다시 오르겠지 싶었는데, 0%가 되니까 만일 앞으로 더 내려가면 빚이 생기게 되는 일이었다. 그런데 잠시 또 올라서 10% 수익이 났다.

'휴~'

가슴속 깊은 곳에서부터 안도의 한숨이 나왔다. 원래는 마이너스가 되면 다 팔고 나오려고 했는데 10%로 다시 올라오니 안심이 됐다. 새벽 2시까지 지켜보다가 이제는 괜찮을 것 같아 잠들었다. 지금 생각해 보면 너무 안일한 생각이자 행동이었다. 미국 주식은 한계가 없다는 걸 알고 있었는데도 말이다.

잠들기 전까지만 해도 다시 상승세였기에 당연히 일어나면 조금 더 올라와 있을 거로 생각했다. 하지만 예상은 빗나갔다. 눈을 뜨자마자 주식 앱을 켜서 결과를 확인했다.

'수익률 -50%'

'-500%'는 아니었지만, 원금 8천만 원의 절반은 내가 빌린 돈 4천만 원 전부였다. 하루 만에 신용 대출로 받은 돈을 다 날린 거였다. 도저히 믿을 수 없었다. 혹시 꿈은 아닐까? 볼을 꼬집어 보았다. 너무 아파 소리를 질러 이른 아침 윗집 아랫집 사람 다 깨울 판이었다. 순간이었지만, 영화 《인셉션》에서 나온 것처럼 팽이를 돌렸을 때 영원히 멈추지 않았으면 하는 마음이 들었다. 하지만 이미 엎질러진 물이었다. 되돌릴 수 없었다.

4

선무당이 사람 잡는다는 말이 생각났다. 내가 딱 그런 꼴이었다. 주식 문외한이 어설프게 발을 들였다가 돈을 다 날려 버린 상황이니까. 게다가 상황이 이렇게 되니까 사람이 정신까지 나가 판단력이 흐려진다. 도박에 중독된 사람들이 왜 패가망신하는지 그 이유를 알 수 있다. 온종일 나는 현실을 부정하며, 그날 밤 다시 주식 시장이 시작됐을 때 평단을 낮추기 위해 물타기를 결심했다. 아내에게 상의도 없이 바로 저질렀다.

4천만 원을 더 당길 수 있었지만, 딱 절반만 해 보자는 심정으로 2천만 원을 빌렸다. 총 6천만 원을 빌린 것이다. 현재 내 주식 통장에 들어 있는 돈의 숫자와 같았다. 다시 말해, 100% 신용 대출금으로 주식을 하는 셈이었다. 혹시라도 주식을 하는 사람 중에 이런 상황에 놓인다면 당장 그만두라고 말하고 싶다. 하지만 나는 이미 정신이 나갔기에 미친 짓을 저질렀다.

그나마 정신 차린 것은 분할 매수를 한 것이다. 그동안 분할 매수, 분할 매도하지 못해서 이 난리가 났다고 생각했기 때문이다. 하지만 2천만 원을 다 쓸 때까지 평단은 돌아오지 않았다. 계속 단가는 내려갔고, 이제는 손 쓸 수 없는 상황이 돼 버렸다. 중간에 망연자실, 자포자기 상태로 미국 기사를 찾아봤더니 CEO가 지분을 왕창 팔았다고 했다. 이성을 놓은 내 잘못이었다. 그 기사만 미리 봤더라면 이렇게까지 일을 크게 키우지 않았을 테니까.

'하…. 어떻게 하지?'

죽고 싶은 심정이었다. 돈을 날린 것도 속상하지만, 아내에게 어떻게 이 소식을 전해야 하나 그게 더 걱정이었다. 어디 숨을 곳이 있다면 평생 숨어서 살거나, 혹은 영원히 사라져 버리고 싶었다. 하지만 처자식을 두고 그럴 수는 없었다. 그리고 더 늦기 전에 자수하는 게 광명을 찾는 일이니까. 나는 아내에게 조심스럽게 말했다.

"여보. 나 할 말이 있는데…."
"응. 뭔데요?"
"아…. 그게…. 사실…."
"웬일이래? 이렇게 뜸 들이고?"
"내가 죽을죄를 지었습니다…."

나는 앞뒤 사정 설명 없이 바로 아내에게 무릎을 꿇고 고개를 숙이며 용서를 빌었다. 심상치 않음을 느낀 아내는 무서운 목소리로 대답했다. 보통은 서로 존댓말을 하지만, 화가 나면 반말이 나오기에.

"도대체 무슨 일인데 그러는 거야?"
"주식이…. 주식이….."

아내는 주식이라는 말에 재빨리 주식 앱을 켜 달라고 했다. 나는 손가락이 떨려서 자꾸만 화면 보호 패턴을 잘못 눌렀다. 답답한지 핸드폰을 빼앗아 패턴을 풀어 주었다. 난 다시 핸드폰을 받아서 주식 앱으로 들어가 보여 주었다. 아내는 아무 말이 없었다. 조용히 자리를 박차고 나가더니 베란다에서 창밖을 내다보며 한숨만 쉬었다. 더 무서웠다. 차라리 무슨 말이라도 하면서 혼내 주었으면 좋을 텐데. 나도 무슨 말을 해야 할지, 어떻게 행동해야 할지 몰라 죄인처럼 바닥에 앉아서 쭈그려 앉아 있었다.

그렇게 20~30분이 지났을까. 아내는 드디어 입을 열었다.

"잘해 보려고 그런 거잖아. 괜찮으니까 하나만 약속해 줘요. 앞으론 주식 안 하겠다고. 그리고 신용 대출은 절대 하지 말고요. 알겠죠?"

5

세상에서 가장 무서운 벌은 바로 '용서'라고 했다. 나는 제 발이 저려서 그 후로 쥐 죽은 듯이 지냈다. 주식을 정리해서 일단 갚을 수 있는 건 갚고 나머지는 열심히 노동으로 번 돈으로 갚고 있다.

안 그래도 네 식구 항상 마이너스인데 신용 대출까지 갚으려니 우리는 더 지출을 줄일 수밖에 없었다. 불행 중 다행인지 모르겠지만, 쓸데없는 보험을 다 해지했다. 고정 지출을 줄이기 위해서. 그리고 1일 1만 원으로 살기 프로젝트를 시작했다. 외식도 하지 않기로 했다. 자연스럽게 우리는 육식과는 먼 식생활을 하게 됐다. 집은 새 아파트라서 번지르르한데, 가난과의 싸움이 시작된 것이다. 빛 좋은 개살구라고나 해야 할까?

퇴직 후에 시골로 내려가신 부모님이 연금으로 빠듯한 삶을 살다 보니 한 달에 고기를 먹는 날이 거의 없다고 한 적이 있다. 나는 그 말에 마음이 아팠다. 우리도 여유 있는 게 아니라 도움을 드릴 수 없으니 더 그랬다. 그런데 그런 상황이 우리에게도 똑같이 벌어졌다. 물론 나는 직장에서, 애들은 어린이집에서 반찬으로 고기가 나오니 먹을 기회가 있었다. 하지만 아내는 그 좋아하는 고기를 마음껏 먹지 못했다.

아내는 자신의 상황보다 한창 잘 먹고 잘 커야 하는 애들이 고기를 먹지 못해서 안타까워했다. 행여나 처가 어른들이 애들 뭐 사 주라고 용돈이라도 주시면, 그때마다 고기를 사서 요리했다. 용돈이 많은 날에는 소고기, 적은 날에는 돼지고기를 샀다. 다른 집은 일주일에 치킨을 여러 번 시켜 먹는다는데 우리는 아내가 직접 생닭을 사다가 요리했다. 그나마 요리를 잘해서 다행이었다. 아니었으면 식비가 어마어마했을 테니.

주식으로 집을 팔 정도로 망한 건 아니지만, 우리의 의식주 기본 생활은 피폐해졌다. 어쩔 수 없는 일이었다. 현명하지 못했던 선택의 결과였다. 잘못된 투자에 대한 값을 제대로 치른 것이다. 투자와 투기를 명확히 구분해야 한다는 교훈을 얻었다. 투기는 곧 도박이니까. 그리고 사람은 투기와 도박으로 판단력이 흐려지는 순간이 올 수 있기에 항상 경계해야 한다는 것도 깨달았다.

송충이는 솔잎만 먹고 살아야 한다는 말도 그래서 다 맞다. 빚이 죽어도 싫던 내가 집 때문에 돈을 빌리고, 주식 때문에 돈을 빌리는 삶을 살고 있으니. 하지만 부동산은 타이밍이 좋다면, 레버리지를 이용하는 게 현명한 것이다. 이건 책으로 제대로 배우고 한 일이라 잘했다. 하지만 섣불리 잘 알지도 못하면서 무언가를 시작하는 건 미련한 짓이다. 특히 그게 생계에 위협을 주는 일이라면 말이다.

...

지인 중 한 사람은 가족에게 보증을 잘못 서서 집을 홀딱 날려 버린 일이 있다고 했다. 넓은 평수 새 아파트에서 살던 지인은 단칸방 원룸 빌라로 이사했다. 그렇게 보증을 잘못 서면 인생이 한방에 나락으로 갈 수 있다는 걸 간접 경험으로 배웠다. 그래서 나는 보증은커녕 돈도 잘 안 빌려준다. 사실대로 말하자면, 빌려줄 돈이 없는 것이겠지.

살면서 나에게 돈을 빌려달라는 지인이 두 명 있었다. 한 명은 자기가 태백 카지노에서 돈을 잃어서 현금이 없는 상태라 조금만 빌려달라고 했었다. 하지만 나는 그때 대학원 학비 빌린 돈을 갚느라 돈이 없었다. 그래서 미안하지만 빌려주지 못하겠다고 했다. 두 번이나 연락해 오고 부탁했지만 모두 거절했다. 그랬더니 저절로 인간관계가 끊겼다. 그 지인은 잠실에 20억이 넘는 집이 있었는데, 도박 때문에 어떤 결과를 맞이했을지 모르겠다.

또 다른 지인은 회사에서 잘리고 많이 어려운 상태라며 연락을 해 왔다. 거의 15년 만에 온 연락이라 처음에는 의심했다. 혹시 몰라 영상 통화할 수 있냐고 물었다. 누군가 사기 치는 걸 수도 있으니까. 그런데 시인이 맞았다. 사기가 시급 많이 어려운 상황이라 논을 좀 빌려줄 수 있는지 물었다. 빛 좋은 개살구가 무슨 돈이 있으랴.

하지만 영상으로 얼굴을 직접 보니 마치 잘못하면 금방 자살이라도 할 것 같은 분위기가 느껴졌다. 어떻게든 도와야겠다는 생각이 들었다. 그래서 내가 모아둔 용돈 30만 원을 모두 털어서 보내 줬다. 누군가 그랬다. 돈은 빌려주지 말고, 그냥 주라고. 그게 오히려 관계를 지키는 길이라고. 나도 받을 생각은 하지 않고 그냥 줬다. 사람 하나 살린다는 셈 치고.

그 후로 아직 한 번도 연락이 없는걸 보니 일이 잘 풀리지는 않았나 보다. 한편으론 나쁜 소식도 전해지지 않았으니 다행이기도 하다. 부고 문자라도 받는다면, 또 마음이 괴로웠을 테니까. 아니 돈이라도 그냥 보태 줬으니 괜찮았을까. 모르겠다. 중요한 건 고작 돈 몇 푼으로 관계를 잃는 사이라면 그때가 손절할 좋은 기회라는 것만 기억하자.

(엔딩곡)

"저 푸른 초원 위에. 그림 같은 집을 짓고. 사랑하는 우리 님과. 한 백 년 살고 싶어."

*님과 함께
- 1998년 4월에 발매된 가수 남진의 앨범 〈남진 히트곡 전집〉, 2번 트랙에 위치한 타이틀 곡

14화 베스트셀러

1

어린 시절 TV에서는 '주택 복권' 추첨 방송이 있었다. 1등 당첨금은 1억 원. 30년 전 물가라는 점을 고려해 볼 때 현재의 10억 정도 가치가 있지 않을까? 그래서인지 몰라도 지금 복권(로또나 연금복권)에 당첨되면 10~20억대가 되는 건 아닌가 싶다. 내가 기억하는 건 두 가지 추첨 방식이 있었다. 통 안에 있는 공이 나와 뽑히는 방식과 더불어 다트를 쏴서 과녁에 맞추는 방법 이렇게 두 가지다. 지금은 실시간으로 방송하지 않으니 그 스릴감을 느낄 수 없는 게 아쉽다. "준비하시고 쏘세요."라는 그 멘트가 그리운 건 나뿐일까.

우리나라에서는 혹시 1년에 몇 권이 책이 출간되는지 아는가? 매년 약 6만 5천 권의 책이 세상에 나와 빛을 본다. 하지만 이 중 오직 10%만이 1쇄를 넘겨 찍을 뿐, 나머지 책은 나온 지 일, 이주 만에 서점의 서재에서 먼지가 쌓인다. 더는 읽어 주는 사람이 없으니 그대로 삶을 다하는 것이다. 그리고 1쇄라고 해 봤자 고작 출판사에서 손익분기점을 넘기는 2천 권 정도이니 작가로서는 책 한 권을 쓰고도 100~200만 원이라도 벌 수 있으면 다행이다.

그럼, 누가 책으로 돈을 많이 벌까? 바로 베스트셀러 작가들이다. 공식 검색 포털에서 1위에 오른 책의 주인공이란 말이다. 베스트셀러는 적게는 10만 부, 많게는 100만 부가 팔린다. 대충 한 권에 천 원씩이라고 했을 때 1억 원에서 10억 원을 벌 수 있다는 말이다. 그런 점에서 100만 부가 팔렸을 때 로또에 당첨됐다고 말할 수 있지 않을까? 베스트셀러 작가는 어떤 이유에서든 로또에 당첨된 게 맞다. 적어도 당분간 생계 걱정을 할 필요는 없으니까.

아무리 좋은 글이 담긴 책이라도 사람들에게 알려지지 않으면 소용없다. 반면에 무언가 엄청난 내용이 책에 없더라도 베스트셀러가 될 수도 있다. 마케팅이 승리한 일도 있으니까. 한 베스트셀러 작가의 전자책 가격이 30만 원 가까이 했지만, 불티나게 팔렸다. 고작 50페이지 분량이었는데도 많은 사람에게 팔려 나갔다.

나도 하마터면 마우스를 눌러서 결제할 뻔했다. 하지만 누군가 올린 후기로 인해 유혹을 참을 수 있었다. 그냥 유명한 책들에 나온 내용을 요약한 책이라고 적혀 있었다. 하지만 마케팅을 잘한 책이었기에 그 책은 계속 팔렸다. 부러웠다. 나도 나름 계속해서 책을 쓰는 작가니까.

2

나는 2년 반 동안 책을 10권이나 썼다. 문제집 같은 교재가 아니라 오직 글만 적혀 있는 단행본이다. 300페이지 내외 책을 한 권 쓰려면 한글 프로그램에서 A4 용지, 10포인트로 최소한 100페이지 분량을 작성해야 한다. 글자 수로는 10만이 넘는다. 처음에 책을 쓸 때는 일주일에 1~2개 글을 써서 4개월 정도 걸렸다. 이제는 단련이 돼 매일 글을 쓴다. 그러니 빠르면 한 달이면 책 한 권을 써낸다.

그러니 어느새 열 권이나 쓰게 된 것이다. 하지만 가장 잘 팔린 책은 5천 부 정도였다. 정가가 2만 원이 안 되니 다 합쳐도 천만 원이 안 된다. 하지만 주업이 있고, 작가는 부업이니까 5천 부는 꽤 괜찮은 일이기도 하다. 하지만 다른 책들은 아무리 선전해도 고작 2천 부를 간신히 넘길 뿐이었다.

하지만 빛 좋은 개살구는 계속된다. 인터넷 서점에서는 분야별로 매일 팔린 권수에 따라 순위를 매긴다. 그러면 위에 '베스트셀러'라는 표시가 붙는다. 나름 명목상으로는 베스트셀러가 된 것이다. 하지만 나름 진짜 베스트셀러의 기준은 네이버에서 검색했을 때 도서 위에 '베스트셀러'라는 빨간색 딱지가 붙을 때다. 나도 일부만 빼고는 거의 다 그 단계까지 갔으니 베스트셀러 작가라 할 수 있으려나. 아쉽게도 명예만 있을 뿐, 실리는 없다.

주변에 누군가는 돈을 주고 책을 냈냐고 묻는 사람이 있었다. 그런데 책이 계속 나오니까 이제는 말과 태도가 바뀌었다. 대부분 하는 말은 '인세가 짭짤하잖아?'였다. 베스트셀러라고 홍보하니까 엄청 많이 팔린 줄 안다. 착각은 자유지만, 오해는 금물이다. 가계에 조금이나마 보탬이 되는 건 맞지만, 로또에 맞은 것처럼 대박은 아니니까. 뭐 가끔 들어오는 강의로 인세를 보충할 수는 있지만, 그것도 계속 있는 게 아니니까.

책 쓰는 일이 쉽지 않은 일이지만, 책 파는 건 더 어렵다. 그래서 출판사에서는 작품성도 중요하지만, 작가의 영향력을 많이 따진다. 글 내용보다 인지도가 좋으면, 더 많이 팔리니까. 나 같은 뜨내기 작가와는 달리 유명인들은 1쇄 때부터 10배 정도 책을 찍어 낸다고 한다. 시작부터가 다르다. 그리고 사람들은 그 유명세에 못 이겨 책을 산다. 자본주의 사회에서의 양극화가 출판 시장에서도 벌어진다. 잘되는 책만 잘 팔리고, 아닌 책은 안 팔리니까.

무명의 작가가 책을 내고, 1~2천 권의 책을 팔았다는 건 대단한 일이다. 그 많은 사람이 책을 사서 읽은 걸 테니까. 물론 사 놓고 냄비 받침대로 쓰는 경우가 있을지라도 말이다. 대한민국 성인 1인당 연평균 3.9권(2023년 기준)을 읽는 현실 속에서 팔리는 책으로 살아남기는 정말 힘들지만, 나는 계속 책을 쓴다. 불혹의 나이에 찾은 새로운 진로이기 때문이다. 게다가 평생 할 수 있는 일이니 더할 나위 없다. 돈이 좀 안 되면 어떤가. 삶이 즐거운 것을.

3

어머니는 50세라는 늦은 나이에 그림을 시작했다. 처음에는 그냥 취미였다. 수술한 후에 조금이라도 즐거움을 찾고자 노력한 결과였다. 동네에서 수채화부터 그림을 배웠다. 그러다 우연히 유화를 배우게 됐고, 그림의 매력에 빠지셨다. 그러다 우연히 그림을 가르쳐주던 선생님의 추천으로 대학교 평생교육원에 등록하면서 우리나라에서 알아주는 서양화의 대가를 스승으로 만났다.

매일 하루도 빠짐없이 하루 3~4시간씩 그림을 그린 어머니는 3년 만에 서양화 작가로 등단했다. 그림 그리는 일이 즐거우니 매일 꾸준히 했고, 실력 또한 꾸준히 상승한 것이다. 그 결과 여러 단체에서 진행하는 공모전에서 수상했다. 그냥 입상도 아닌 나름 꽤 높은 상을 연달아 받은 것이다. 그러자 한 협회에서는 협회 임원으로 초빙해 심사자가 돼 달라고 제안하기도 했다. 그때를 기회로 어머니는 실력을 인정받는 화가가 됐다.

사람은 자기도 모르게 좋아하는 일을 찾게 된다. 좋아하니까 매일 하게 된다. 매일 하니까 실력도 매일 는다. 어느 순간 남들이 인정하는 실력에 오른다. 곧 남들이 전문가라고 인정한다. 그러면 새로운 진로가 생기는 것이다. 하지만 세상 사람들의 90%는 이렇게 될걸 알면서도 실천하지 않는다. 나머지 10%가 성공하는 이유는 오직 '실천 여부'일 뿐이다. 누구든 자기가 잘할 수 있는 일을 찾고 노력하면 일정 수준 이상으로 오를 수 있기 때문이다.

한 가지 구분은 해야 한다. 좋아하고 잘하는 일로 무조건 돈을 벌 수 있는 건 아니니까. 어머니도 그렇게 실력을 인정받았지만, 유명세를 탈 정도는 아니었다. 미술을 대학에서 전공한 것도 아니고, 활발한 활동을 하기엔 이미 나이도 많이 들었기 때문이다. 그래도 좋은 건, 평생 즐길 수 있는 일이 생겼다는 것이다. 베스트셀러는 아닐지라도 소소하게 자기가 좋아하는 일로 생활을 이어 갈 수 있게 됐다. 수업도 하고, 전시회가 열리면 그림이 팔리기도 하니까.

하지만 예술은 어쩔 수 없나 보다. 상업성과 예술성 사이에서 갈등은 좁혀지지 않는다. 예술성을 강조하면, 상업성이 후퇴한다. 반면에 상업성을 따르면, 예술인으로서 괴리를 느낀다. 이제 일흔에 가까운 나이가 된 어머니는 아직도 종종 전시회에 참여하신다. 그러면 비슷한 그림이 즐비해도, 누군가 어머니의 색감이 남달라 사고 싶어 한다. 하지만 가격이 맞지 않아서 갈등이 생긴다. 시골에서 조용히 작품 생활을 하는 작가로 알고 있기에.

어머니는 이미 협회 임원, 공모전 심사위원 등 다양한 활동을 하면서 몸값이라는 게 생겼다. 그림도 작가에 따라 가격이 천차만별이다. 캔버스 크기를 결정하는 '호'마다 매겨지는 가격이 다르기 때문이다. 한번은 누가 큰 그림을 의뢰했는데, 가격이 터무니없었다고 한다. 그 사람이 어머니가 그동안 받았던 가치를 잘 몰랐기 때문에 그런 일이 생긴 것이다. 누가 보면, 그림 많이 팔면 좋지 않겠냐 싶다만. 예술성을 더 중시하는 어머니는 그렇게 자기가 공들여 그린 작품이 헐값에 매겨지는 게 싫다고 하셨다. 진정한 예술가가 아닐까.

4

그림을 그리는 사람도 작가라 부르고, 글을 쓰는 사람도 작가라 부른다. 문학, 미술, 음악 등의 예술 작품을 창작하는 사람을 예술가라고 한다면, 작가는 특정 분야의 사람을 가리키는 말이라 그렇다. 작사가, 작곡가도 결국 작가라는 말에서 온 것이 아닌가. 어머니는 50세에 시작했지만, 나는 30대 막바지에 시작해서 40대에 들어서며 활발히 작가로 활동 중이다. 하지만 어머니와 달리 나는 아직은 예술을 하는 게 아니라 그냥 글을 쓴다. 문학보다는 비문학에 가까운 글을 많이 썼기 때문이다.

조금씩 욕심이 생긴다. 나도 문학적 요소가 담긴 예술 작품을 만들고 싶다. 에세이를 쓴 적이 있으니 산문 작가로서 자격이 있을지 모른다. 하지만 사실이 담긴 글도 좋지만, 최종적으로는 허구가 있는 소설에 도전하고 싶다. 그래서 지금도 사실과 허구 사이 어느 중간쯤의 글을 쓰는 것이다. 마치 삶과 죽음의 경계인 연옥에 서 있는 것처럼. 융합이 중시되는 현실에 발맞춰 새로운 장르를 따르고 있다. 최근에 이런 비슷한 장르의 글이 인터넷에 떠돌더니 책으로 나와 베스트셀러가 된 적이 있다. 아마도 들어봤을 것이다. 《김 부장 이야기》라고.

내가 20대인 시절엔 《영어 천재가 된 홍대리》라는 책이 대박이 났다. 소설도 정보서도 아닌 중간쯤 장르의 책인데도 베스트셀러가 됐으니까. 《세이노의 가르침》도 그냥 한 사람의 이야기와 과거에 쓴 칼럼을 묶어서 낸, 특별히 장르가 없는 책인데도 베스트셀러가 됐다. 그러니 항상 정석과 주류가 최고가 되라는 법은 없다. 변칙도 비주류도 한번은 베스트셀러가 될 수 있으니까.

그래서 나는 매일 꿈꾼다. 언젠가 나도 로또에 당첨될 날이 올 거라고. 내가 쓴 책이 베스트셀러가 돼 10만 부, 그리고 100만 부가 팔려 부자가 되는 날이 올 거라고. 허황된 꿈처럼 보일 수도 있지만, 평생 죽을 때까지 100권의 책을 쓰면 한 권 정도는 얻어걸리지 않을까. 생각해 보니 누군가는 3대에 걸쳐서도 로또에 당첨될 가능성이 없다는 점에서 김이 팍 새기도 한다. 책을 1,000권을 써도 진짜 베스트셀러가 되지 않을 수도 있으니.

한편으로는 누구나 올챙이였던 시절이 있다는 사실이 희망을 준다. 유명인들도 무명 시절이 있었을 테니까. 배우 중에는 무명으로 수십 년을 지내다 말년에 터지는 경우가 있었다. 그러면 그나마 다행인 거다. 평생 무명으로 살다가 갈 수도 있는 거니까. 인기도 돈도 모두 얻을 수 없을 테니 얼마나 슬픈 일인가!

...

 글 쓰는 게 좋아서 진지하게 퇴사를 고민해 본 적이 있다. 하지만 먹고 사는 문제가 걸렸다. 애가 둘이나 달린 가장이 해서는 안 될 선택이었다. 만일 결혼하지 않았더라면, 내 인생은 어땠을까? 혼자서 하고 싶은 일을 해도 먹고 사는 문제가 생기지 않았을 텐데. 가끔 그런 엉뚱한 상상을 한다. 하지만 거꾸로 생계를 책임지기 위해 노력하다 보니 작가라는 직업이 생겼다. 가족이 없었다면, 작가라는 길조차 들어서지 못했을 것이란 말이다. 참으로 아이러니하다.

 우리 인생은 항상 그런 식이나. 여유로울 때는 산설함이 별로 생기지 않는다. 하지만 힘들 때는 간절함으로 인해 여러 기회를 맞이한다. 위기를 기회로 만들 수 있으니 말이다. 다시 또 여유가 생기면, 별생각이 없다. 만족하니까 더 노력할 필요성을 못 느낀다. 그러다 또 위기가 찾아오면? 이런 식으로 무한 반복이다. 항상 오르고 내리는 주식 그래프처럼.

 우리는 살면서 총 3번의 큰 기회가 온다고 한다. 하지만 준비되지 않은 자는 그 기회를 잡을 수 없다. 그렇다면 어떻게 해야 할까? 매일 연마하며 기회를 잡을 수 있을 만큼 실력을 키워야 한다. 실력이라고 하는 건 사람마다 분야가 다를 수 있다. 하물며 인성이 훌륭한 경우에도 기회는 찾아오기에. 뭐든 더 나은 내가 되도록 더 가꿔야만 한다.

만일 내가 매일 글을 쓰지 않는다면, 나에게는 베스트셀러 작가가 될 기회는 절대 오지 않을 것이다. 하지만 매일 글을 쓰고, 책을 내면서 기회를 엿봐야 한다. 하늘도 감동하는 날이 올 테니까. 그래서 나는 오늘도 글을 쓴다. 내일도 쓸 것이다. 출장 가는 비좁고 흔들리는 기차 안에서도 한 글자라도 적어 본다. 빗물이 시냇물이 되고, 시냇물이 강물이 되고, 강물이 바다가 되는 경험을 매번 반복한다. 빗물이 바닷물이 되는 순간 또 세상에 나아가는 걸 테니까.

꼭 책만 베스트셀러가 되는 걸까? 아니다. 베스트셀러라는 의미는 가장 잘 팔리는 것이라는 의미니까. 무엇을 하든지 사람들이 많이 찾는 사람, 혹은 물건이 된다면 그게 바로 베스트셀러인 셈이다. 50년 동안 김밥 장사해서 모은 돈이 수십억에 달해서 사회에 환원하고 세상을 떠나는 베스트셀러 할머니도 있는 법이니까.

불혹에 제2의 인생 진로를 찾은 나는 글쟁이로서 그날을 꿈꾼다. 월간 윤종신, 월간 정여울, 일간 이슬아처럼 살고 있으니까. 누가 혹시 아나? 일간 글쓰기를 하는 나도 언젠가는 세상에 이바지하는 베스트셀러 할아버지가 돼 있을지. 여러분도 마찬가지다. 언젠가 찾아올 기회를 놓치지 않기 위해 남은 인생 무엇을 하면서 살지, 어떤 노력을 해야 할지 고민해 보시길.

(엔딩곡)

"본능적으로 느껴졌어 넌 나의 사람이 된다는 걸. 처음 널 바라봤던 순간 찰나의 전율을 잊지 못해 Oh-Oh-Oh."

*본능적으로

- 2010년 5월에 발매된 가수 윤종신의 앨범 〈Monthly Project 2010 May〉, 1번 트랙에 위치한 타이틀 곡

15화 트라우마

트라우마는 심각한 위험에 노출이 돼 심리적 외상을 겪을 때 쓰는 말이다. 그런데 자라면서 부모님에게 자주 비난받거나 맞았던 경험이 있는 경우에도 생길 수 있는 증상이다. 심각한 범죄를 일으키는 사람들을 보면, 어린 시절 가정의 불화로 인한 트라우마가 있는 경우가 많다. 영화나 드라마를 보면, 술이나 도박에 중독돼 가족을 폭행하는 아버지의 모습이 묘사되곤 한다. 하지만 현실에서 실제 일어나는 일이기도 하다.

게다가 아이는 부모의 등을 보고 자란다. 그러니 부모의 말과 행동을 모두 따라서 할 수밖에 없다. 부모님의 행동을 보고 나는 죽어도 절대 그러지 않을 거라 다짐했어도, 부모가 돼 그대로 하고 있는 나를 발견하게 된다. 강도가 약하더라도 내가 가지게 된 트라우마를 그대로 자녀에게 물려주는 것이다. 마치 유전인 것처럼.

실제 신체적인 부분이 유전되는 건 누구나 알 것이다. 하지만 성격적인 부분도 충분히 전달될 수 있다. 비슷한 뇌 구조로 구성돼 있을 테니까. 인간의 몸도 마음도 모두 뇌가 지배하기에 그렇다. 무슨 말을 하려고 이렇게 뜸을 들이는지 궁금할 것이다. 누워서 침 뱉기가 될 것 같아서 망설이며 고민하는 중이다. 어떻게 풀어 가야 할지 말이다.

아버지는 불같은 성격의 소유자다. 다정할 때는 한없이 다정하다가도, 화가 나면 물불 가리지 않는다. 다행히도 술 중독이나 상습 폭행자는 아니다. 하지만 어린 시절 여러 번 충격적인 사건이 있기에 불혹의 나이에도 잊을 수 없다. 그리고 아버지와 오래 있으면 불안하다. 또 무슨 일이 생길지 몰라서.

고요한 날씨에 갑자기 천둥 번개가 치고 우박이 내리는 경우를 본 적이 있는가? 아버지와 오래 대화를 하다 보면, 가끔 그렇게 날벼락을 맞을 때가 있다. 1950년대에 태어난 가부장의 표본인 그분은 아들이 조금이라도 기어오르는 느낌을 받으면 날카로운 이빨을 드러낸다. 마치 사자 무리에서 아들이 커서 우두머리 아빠 사자에게 도전장을 내밀었을 때 묵사발을 만드는 것처럼. 그리고 기대에 못 미치는 결과를 가져왔을 때 흥분하며 막말을 한다. 혀로 사람을 죽인다는 말을 이해할 수 있을 정도다.

"이따위로 할 거면, 때려치워! 나가 죽던지!"

내가 중학교 1학년 때 첫 시험 성적표를 집에 들고 온 날 들었던 말이었다. 처음으로 죽음이라는 걸 진지하게 생각해 보는 기회가 됐다. 머릿속에서는 '죽음'이라는 말이 계속 맴돌았다. 나라는 존재가 세상에서 사라진다고 상상하니 덜컥 겁이 났다. 아니 무서웠다. 죽는 게 두려웠다. 눈물이 흘렀다. 큰 상처와 함께.

2

생각해 보면, 어린 시절에 갑자기 이해할 수 없는 상황이 종종 벌어졌다. 그중 두 사건이 아직도 기억에 남아 있다. 첫 번째는 밥 먹다가 아버지한테 밟힌 기억, 두 번째는 추운 겨울에 속옷만 입은 채로 집에서 쫓겨난 기억이다. 두 사건 모두 나는 아버지한테 잘못한 게 없었다. 단지 어머니께 투정을 부렸을 뿐. 아버지한테는 그게 문제였다. 아들이 엄마한테 편하게 대하는 걸 가만히 두지 않았다.

내가 어머니와 아직도 대화도 많이 하고, 가깝게 잘 지낼 수 있는 이유는 하나다. 그만큼 편하고 친한 사이이기 때문이다. 하지만 가부장적인 아버지와는 언제나 대화하기가 힘들었다. 조금이라도 버릇이 없거나 아버지의 기준에 부합하지 않으면 혼나야만 했으니까. 악순환의 고리를 끊을 수 없는 건, 그러면서도 아버지는 내 삶을 늘 궁금해 하셨다.

아버지가 자꾸만 캐물으니까 나는 대답할 수밖에 없다. 하지만 만족스러운 답변이 아니거나 불친절한 태도를 보이면 화가 나는 것이다. 쉽게 말해 궁합이 안 맞는다. 부모와 자식 간에 궁합이 안 맞을 수 있다는 말이 그래서 있는 걸까. 어떤 집은 그래서 일부러 기숙사 있는 학교로 자식을 떠나보내기도 한다. 아니면 집에서 피 터지게 원수처럼 싸우거나 한쪽이 일방적으로 당해야 하니까.

나는 혈기 왕성한 신성 사자지만, 무리의 우두머리를 물리칠 수가 없었다. 사자가 아니라 나는 인간이니까. 자식으로서 도리를 하지 않는 건 어긋난 일이니까. 남들에게 손가락질 받을수는 없으니까. 그리고 상습이 아니라 아주 가끔 돌발적으로 터지는 일이니까 고소할 수도 없는 일이다. 사고라는 표현이 더 맞을지도.

첫 번째 사건은 주말 이른 아침밥을 먹고 있을 때였다. 친구한테 전화가 왔다.

"아빠가 차로 자연농원에 데려다주신다고 하는데 너도 같이 갈 수 있어?"

자연농원은 용인시에 있는 놀이동산으로 지금의 에버랜드다. 친구는 나를 섭외하기 위해 전화한 것이었다. 서울랜드나 롯데월드는 가 봤어도 자연농원은 한 번도 가본 적이 없었다. 거긴 대중교통으로 갈 수 없었으니까. 부모님은 차는커녕 운전면허도 없었기에 나로서는 경험할 수 없는 장소였다. 그래서 더 가고 싶었다. 경험하지 못한 것에 대한 동경이라고나 할까.

하지만 부모님은 반대하셨다. 일단 다른 집에 신세를 지는 것에 대한 반대. 갑작스러운 계획이라서 반대. 입 밖으로 직접 말하지는 않으셨지만, 아마도 예상외의 지출에 대한 부담도 있었을 것이다. 1990년대 초반이고, 아버지는 취직한 지 오래되지 않아서 월급이 적었기에. 아버지 월급이 100만 원이 안 되던 시절이었는데, 자연농원에 가려면 3만 원 가까이 필요했기 때문이다. 돈을 벌고 있는 가장으로서 지금은 충분히 이해된다. 예산이 있는데 구멍이 생기는 거니까.

하지만 나는 아버지는 무서우니 어머니를 졸랐다. 한 번만 보내 달라고. 그러면 공부 더 열심히 할 거라고. 이런 기회는 없을 거라고. 작전이 통하지 않자, 비난을 시작했다. 우리 집은 왜 차가 없어서 그동안 자연농원에 못 갔냐고. 부모님을 원망하는 말을 쏟아 내기 시작했다. 그때였다. 아버지의 두툼한 발이 내 머리를 향하는 걸 두 눈으로 마치 슬로우 모션처럼 보게 됐으니.

몇 차례인지 잘 기억이 안 나지만, 수차례 발로 등을 가격당했다. 죽을 만큼 아픈 건 아니었지만, 강한 수치심을 느꼈다. 아버지도 애가 죽으면 안 되니까 힘 조절은 했던 것 같다. 하지만 화는 참지 못한 것이다. 그날은 내 인생에 있어서 아버지한테 가장 크게 혼나고 맞은 날이었다. 어머니는 다급히 아버지를 말리셨다.

"그러다 애 죽어요. 그만 해요."

나는 엉엉 울었다. 아파서 울고, 억울해서 울었다. 자연농원에 못 가는 것도 서글픈데 맞아야만 했으니까. 그것도 인권이 완전히 무시된 채로 밟혀야 했으니까. 요즘으로 치면 가정 폭력으로 신고할 수 있을 정도가 아닐까 싶다. 상습이어야 범죄로 인정이 될 테지만, 그래도 옆집에서 신고는 해 줄 수 있을 테니까. 하지만 그때는 훈육이라는 명목에, 가정에서의 폭력은 인정되던 시절이라서 누가 신고하지는 않았다.

마음이 약한 어머니는 주머니에서 쌈짓돈을 꺼내어 나에게 주셨다. 그리고 친구한테 전화를 걸어서 자연농원에 같이 갈 수 있다고 말하라고 했다. 늦었을지 모르니 빨리 전화하라고 했다. 어느 때보다 어머니의 행동은 쏜살같이 재빨랐다. 진짜 불쌍해서 그런 건지, 아버지와 잠시 분리하려고 그런 건지 이유는 아직 모르겠다. 다행히 몇 분 안 남기고 친구 아버지 차를 타고 자연농원에 갈 수 있었다. 극적인 합류였다. 그리고 새로운 놀이 기구는 충분히 나를 흥분시킬 만했다. 또 가고 싶다는 생각이 들었으니까.

3

놀라운 사실이 있다. 가끔 아버지한테 서운할 때 '자연농원 폭행 사건' 이야기를 꺼내곤 한다. 그러면 본인은 기억나지 않는다고 항상 그러신다. 내가 많이 힘들었다고 하니까 가부장의 자존심을 모두 내려놓고 사과를 하셨다. 가끔 그렇게 쉽게 사과해 주시는 모습에 존경심이 생기기도 한다. 물론 트라우마는 반복되지만.

두 번째 집에서 쫓겨난 때도 내가 어머니한테 편하게 말을 하고 있었다. 그런데 영문도 모른 채 아버지는 갑자기 화를 내며 나를 집 밖으로 던져 버렸다. 추운 겨울이지만 연탄불이 따뜻해서 방에서 내복만 입고 있었기에 밖에서 맨발로 오돌오돌 떨 수밖에 없었다. 던져졌으니 신발도 제대로 신고 나오지 못했다. 혹시나 학교 친구들을 마주칠까 봐 벽에 몸을 가까이 대고 어두운 곳에 서 있었다.

다행히 연탄보일러가 집 밖에 있어서 뚜껑을 열고 연탄불에 몸을 녹이고 있었다. 집 안에서는 아버지와 어머니의 말다툼이 이어졌다. 어머니는 애를 데려오라고 하고, 아버지는 버릇을 단단히 고쳐야 한다며 나가지 말라고 하며, 서로 무한궤도를 그리면서 언성을 높였다. 추운 것도 추운 거지만, 내 모습이 초라했다. 12살 초등학교 고학년이었기에 나름 학교에서는 큰형이라고 생각했던 나로서는 매우 힘든 시간이었다. 정확히 얼마나 시간이 지났는지는 모르겠다. 아버지가 씩씩거리며 나왔다. 그리고 나에게 소리쳤다.

"네가 뭘 잘못했는지 말해!"

사실 나는 내가 뭘 잘못했는지 모른 채 나와 있었다. 어머니와 대화하는 도중에 아버지의 외력에 의해 밖으로 던져진 거니까. 아무리 생각해도 잘 몰라서 솔직하게 대답했다.

"모르겠어요."
"이것 봐. 아직 반성이 없어! 그냥 여기서 얼어 죽어!"

아버지는 나를 밖에 그대로 세워 둔 채 다시 문을 '쾅' 닫고 집으로 들어가셨다. 답답했나. 정말 이유를 모르겠는데, 어찌해야 할꼬. 다행히 아버지는 집에 들어갔다가 금방 나왔다. 그리고 다시 물었다.

"정말 모르는 거야? 아니면 일부러 그러는 거야?"
"정말 모르겠어요. 알려 주시면 제가 잘못했다고 말씀드릴게요."
"정말이야? 정말 모르는 게 맞는 거야?"

아버지는 여러 번 되물으시더니 내가 순하게 고개를 끄덕이고만 있자. 이유를 알려 주셨다.

"엄마한테 말하는 태도부터 고쳐! 어린 놈의 시키가 건방지게 네가 엄마 친구야?"

그랬다. 단지 나의 말하는 태도가 건방져서 그날 나는 그렇게 혼이 난 거였다. 그런데 진짜 몰랐다. 평소와 다를 바 없는 대화를 나누고 있었기에. 원래 어머니와는 편한 말로 대화했으니까. 하지만 아버지 귀에는 불편한 대화였나 보다. 이해할 수 없었지만, 이해할 수밖에 없었다. 너무 추워 진짜 얼어 죽기는 싫었으니까.

"죄송해요. 다음부터는 안 그럴게요."
"뭘 안 그럴 건데?"
"엄마한테 반말 안 할게요."
"그래 그래야지! 어서 들어가!"

4

세월이 흘러 어느새 난 그때의 아버지 나이가 됐다. 하지만 내 아이들은 아직 어리다. 아버지는 28세에 결혼하셨고, 난 33세에 결혼했으니 차이가 날 수밖에. 진짜 딱 5년 차이가 난다. 첫째가 7살이니까. 그리고 나는 정말 아버지처럼 내 자식들에게 하지 않겠다고 다짐하고 또 다짐했다. 하지만 우리 아버지의 등을 보고 자란 나에게도 똑같은 모습이 보이기에.

그렇게 나에게 상처를 준 아버지를 닮기 싫었는데 피할 수 없는 운명인가 보다. 밖에서는 남들에게 화를 한 번 낸 적이 없다. 정말 단 한 번도 없다. 그런데 아이들한테는 화가 난다. 거짓말처럼 나보다 아내에게 아이들이 버릇없게 굴 때 그렇게 화가 난다. 미운 4살이 된 첫째가 하루는 아내한테 못되게 굴었다. 나도 모르게 아이에게 소리를 '빽!' 지르고, 방으로 데리고 들어가서 엉덩이랑 발바닥을 때렸다. 통증이 느껴질 만큼.

첫째는 아주 발버둥을 치며 난리를 쳤다. 게다가 항상 다정하고 천사 같은 아빠가 자기를 때리니까 적잖은 충격을 받은 듯했다. 더 난리였다. 막말로 지랄발광이었다. 그러다 자기 마음대로 안 되니까 아주 슬픈 목소리로 흐느껴 울었다. 그 모습을 보다가 나도 모르게 약 30년 전 내가 아버지한테 맞고 혼나던 모습이 떠올랐다. 정신이 번쩍 들었다. 나도 똑같이 아이에게 트라우마와 상처를 주겠다는 생각에.

나도 모르게 아이를 부둥켜안고 펑펑 울었다. 때려서 미안하다고 계속 말했다. 그렇게 울던 아이가 울음을 그치더니 아빠의 얼굴을 빤히 쳐다봤다. 나도 눈물을 훔치며 아이의 눈을 바라봤다. 다행히도 아빠에 대한 원망의 눈빛은 아니었다. 비록 실수한 건 맞지만, 바로 사과하는 아빠의 모습에 다행히도 상처가 나다가 만 것 같았다. 조금은 안심이 됐다.

하지만 오히려 상황이 종료된 후에 나는 큰 충격에 휩싸였다. 죽어도 안 하겠다는 행동을 내가 했으니까. 자책했다. 엎질러진 물을 주워 담을 수는 없으니까. 다시는 그러지 말아야겠다고 다짐하고 또 다짐했다. 나와 똑같은 트라우마를 갖지 않도록.

　첫째는 그 후로 혼낸 적이 없다. 그런데 둘째가 4살이 되자 또 문제가 생겼다. 어떻게 하다 보니 누나를 발로 차서 입술을 터뜨린 것이다. 나는 또 이성을 잃고 말았다. 둘째를 번쩍 들어서 방을 데리고 가서 발바닥을 때리기 시작했다.

'짝. 짝. 짝.'

　둘째도 충격에 휩싸였다. 단 한 번도 자기를 혼낸 적 없던 아빠가 야수처럼 크게 소리치며 자기를 때리기까지 했으니 말이다. 동공이 흔들리는 게 보였다. 하지만 첫째 입술에 피가 마르지 않으니 나는 내 행동을 주체할 수 없었다. 아이도 계속 발바닥을 맞으니까 자지러지며 울기 시작했다. 아파서 우는지 배신감에 우는지 모를 일이었다.
　첫째가 급히 방으로 들어와서 나를 말렸다. 자기는 괜찮으니 동생 그만 혼내고 때리지 말라고. 첫째가 자기 입으로 괜찮다니까 나는 그제야 멈출 수 있었다. 하지만 이성의 끈을 놓아 버린 야수가 된 나를 발견하곤 괴로움에 미칠 것만 같았다. 다시는 그러지 않아야지 했는데 또 똑같은 행동을 반복했으니까.
　둘째에게도 바로 안아 주며 사과했다. 나도 모르게 또 눈물이 흘렀다. 혼내고 때려서 미안했다. 자괴감이 들어 슬펐다. 여러 이유로 눈물은 멈추지 않았다. 비록 상황은 종료됐지만 말이다. 나중에 알게 된 사실이지만, 첫째도 둘째도 가끔 그 사건에 대해 말하곤 한다….

"그때 아빠가 내 발바닥 때렸지?!"

고요한 호수에 갑자기 돌을 던진다. 어쩌면 내가 먼저 아이들의 고요한 호수에 돌을 던져서 그런 걸지도. 딱 한 번뿐이었는데도, 파장을 일으키는 돌이 날아온 걸 잊지 않았나 보다. 누가 돌을 의도적으로 던지지 않는 이상 잔잔한 호수가 출렁일 수 없으니.

5

3년 동안 코로나로 시골에 계신 부모님은 우리 아이들을 볼 기회가 거의 없었다. 안 그래도 거리가 멀어서 1년에 한두 번 볼까 말까 하는데 시국이 시국인지라 1년 넘게 얼굴을 볼 수 없었다. 드디어 코로나가 잠잠해지자, 아쉬움에 여름휴가 때 부모님 댁에 며칠 머물기로 했다.

첫날은 너무 행복했다. 오랜만에 만난 3대가 도란도란 앉아 이야기 나누고, 식사도 맛있게 했다. 하지만 문제는 이튿날이었다. 점심을 먹으려는데 그날따라 아이들이 정신없게 행동하고 있었다. 그런데 한순간에 내 트라우마가 발동했다. 아무리 정신없게 한다고 해도 1년에 몇 번이나 볼 수도 없는 토끼 같은 손주들에게 소리를 '빼액' 지르는 할아버지가 어디 있으랴. 나도 모르게 아버지한테 소리쳤다.

"아니 애들이 오면 얼마나 자주 온다고 혼내고 그러세요!"

그게 문제였다. 사자 무리의 우두머리에게 도전하는 아들 사자가 등장했으니. 더 크게 포효할 수밖에. 정말 오랜만이었다. 아버지가 흥분한 모습을 보는 게. 아내에게는 들키고 싶지 않았던 그 모습. 인자한 시아버지의 모습으로만 남겨지기를 바랐다. 하지만 사람은 쉽게 변하지 않는 법. 변하면 죽을 때가 된 거라고 하니까.
 하지만 이미 성체가 돼 새로운 무리의 우두머리가 된 수사자는 가만히 내 새끼들이 물려 죽는 꼴을 볼 수 없었다. 그러나 우두머리 사자를 직접 물어 버리면, 큰일이 날 테니 다른 방법을 써야 한다. 얼떨결에 원인을 제공한 새끼들에게 불똥이 튄다. 새끼들을 나무랄 수밖에. 하지만 우렁차게 소리친다. 다 들으라고. 왜 내 새끼들한테 소리치냐고 항의하듯이.
 말을 안 했는데도, 감정은 다 전달되나 보다. 아버지는 완전히 이성을 잃으셨다. 그리고 도전장을 내던진 수사자의 목덜미를 강하게 문다. 그리고 밖으로 끌고 나간다. 마치 세상을 끝낼 것처럼.
 반전이 있었다. 밖으로 나가자 많이 늙은 우두머리 사자는 갑자기 나를 회유한다. 오히려 얌전한 모습에 혈기 왕성한 아들 사자는 더 따져 묻는다. 그러자 잠시 이빨을 숨겼던 우두머리 사자는 으르렁거리며 화를 내기 시작한다.

이대로 가다가는 끝이 날 것 같지 않다. 둘 중에 누구 하나 죽어야 끝나는 싸움이다. 트라우마도 이미 발동했고, 숨어 있던 상처는 더 깊어져 가지만 멈춰야만 한다. 젊은 수사자는 참기로 한다. 이러다가 정말 누가 죽게 될지도 모르니까. 자존심 부리다간 더 큰 일이 날 테니까.

급하게 꼬리를 내리고 사과하니 우두머리 사자는 진정했다. 다시 집으로 들어갔다. 상황이 종료된 것이라 믿는 우두머리 사자는 혼자서 술과 음식을 맛있게 먹는다. 하지만 시원하게 속내를 다 말하지 못한 수사자와 가족은 혼을 쏙 빼놓은 듯 멍한 상태로 있을 뿐이다. 당연히 음식은 생각도 안 난다.

잠시 정신을 차린 후에 급히 짐을 챙겨서 가겠다고 하고 나왔다. 심장은 여전히 빠르게 뛰고 있었다. 아들 사자네 가족은 다들 아무 말 없이 조용히 떠났다. 몸도 떠났고, 마음도 떠났다. 진지하게 고민한다. 진짜 떠나 더는 교류하지 않을 것인가에 대해. 마음이 괴로우니 속이 시끄럽다. 화장실을 들락날락 배탈이 나 버렸다. 하루 종일 누워 있어도 컨디션이 돌아오지 않았다. 그해 여름은 반가운 만남도 잠시, 잘못된 만남임을 깨닫고 반성한다.

비록 도리를 다한다고는 하지만, 예전 같지 않다. 세상 누구라도 다시 상처받고 싶지 않으니까. 자라 보고 놀란 가슴 솥뚜껑만 보고도 놀랄 수 있으니까. 시간이 지나면 상처는 아물겠지만, 흉터는 사라지지 않을 테니까. 부모 자식 사이에 연을 끊는 게 그렇게 쉬운 건 아니니까.

…

그 후로 1년이 지나 명절이 됐다. 가족이니 다시 볼 수밖에 없는 상황. 그래도 나름 시간이 흘렀다고 기억이 흐려진 느낌이었다. 마음도 그때처럼 괴롭지만은 않았다. 부모님을 다시 찾아뵈었다. 1년 만에 만나는 아이들도 할아버지, 할머니를 반긴다. 그리고 조금 어색함이 사라지자, 둘째가 그동안 배운 태권도 발차기를 멋지게 선보인다. 어른들은 흐뭇한 미소가 입가에 번진다. 그런데 갑자기 기쁨과 즐거움을 모두 선사한 둘째가 돌발 멘트를 날린다.

"할아버지가 우리도 혼내고 아빠도 혼냈지!"

순간 모두 얼음이 됐다. 그러자 할아버지는 허허허 웃으며 손주에게 말한다….

"이 녀석, 아직도 그걸 기억하네. 할아버지가 혼내서 미안해. 앞으로 안 그럴게."

"할아버지가 우리도 혼내고 아빠도 혼냈지!"

눈치 없는 둘째는 한 번 더 같은 말을 반복한다. 다행히도 할아버지는 머쓱한지 다시 사과하며 손주를 꼭 안아 준다. 둘째의 재간에 자연스럽게 할아버지한테 사과를 받았다. 가장 크게 상처를 입은 나한테 직접 사과를 한 건 아니지만, 아이들에게 인자하게 잘못을 인정하고 사과하는 모습에 나도 마음이 조금 풀린다. 우리 애들에게 화낸 아버지의 모습에 나도 그랬던 거니까.

하지만 하루 이상 머무는 일은 없을 것 같다. 둘째 날에 또 무슨 일이 생길지 모르니까. 사건과 사고는 언제 어떻게 날지도 모른다. 그렇기에 예방할 수 있으면 미리 막는 게 좋지 않을까? 트라우마에 빠져서 괴로운 인생을 살지 않기 위해서는 그게 최선이다. 치료보다는 예방이 더 좋은 것이니까. 하지만 트라우마 때문일까? 나에게 없던 불면증이 생겼다.

(엔딩곡)

"Feels like insomnia ah ah. Feels like insomnia ah ah. Feels like insomnia ah ah. Feels like insomnia ah ah."

*Insomnia(불면증)

- 2009년 2월에 발매된 가수 휘성의 앨범 〈Insomnia(불면증)〉, 1번 트랙에 위치한 타이틀 곡

18화 사기꾼

1

사기를 당했다. 두 눈 뜨고 코를 베었다. 내가 사기를 당하다니 이건 내 인생에 전혀 없던 계획이었다. 사기 치는 건 계획할지 몰라도 사기당하는 건 그 누구도 계획하지 않으니까. 다행히 집안을 말아먹을 정도의 손실은 아니었다. 몇백만 원 정도 손해일 테니까. 하지만 속은 쓰렸다. 잠이 오질 않았다. 소중한 내 원고가 빛을 발하지 못하는 상황에 놓였으니까.

생각해 보면 시작부터 정상적인 출발은 아니었다. 여러 명이 책을 같이 쓰는데, 한 명은 전혀 쓰지 않았고, 내가 거의 70~80% 정도 분량을 썼으니까. 그런데 인세는 1/N로 나눴다. 글을 하나도 안 쓴 사람은 책을 홍보하고 판매하는 역할을 하기로 했다. 게다가 내가 전문 분야로 활동하지 않았기에 대표 저자 자리도 내주었다.

분명히 이상한 구조가 맞는데, 그때는 서로 신뢰하는 사이였기에 그냥 넘어갔다. 하지만 뭐든 안일하게 처리하는 건 있어서는 안 된다. 손해 볼 마음으로 접근하지 않는 이상 말이다. 물론 사람이 숲에 들어가 있으면 나무만 볼 수 있을 뿐이다. 숲 전체가 다 보이지 않으니까. 게다가 함께 미래를 약속하며 열심히 살아가면, 밝은 미래를 볼 뿐이다. 다가올 위기를 생각하기보다는. 정말 세상 물정 모르는 순수한 사람들의 모습이다….

누군가 사업은 10개를 계획하면 9개는 실패하고, 1개만 성공한다고 했다. 하지만 그 1개를 성공시키기 위해 9개가 실패해도 괜찮다. 멈추지 않고 계속 앞으로 나아가면 1개가 계속 쌓여서 큰 성공으로 이어지니까. 물론 시간이 오래 걸릴 수 있다. 그래서 중간에 포기한다. 포기하는 순간 끝이다. 하지만 어쩔 수 없다. 유지할 자금이 없으면, 파산 신청을 해야 하니까.

일을 당한 후에서야 깨달았다. 세상이 얼마나 만만치 않다는 것을. 게다가 그동안 내가 교류하고 작업했던 출판사들이 얼마나 괜찮은 곳이었는지를. 비교군이 없을 때는 좋은지 나쁜지 알 수 없다. 하지만 이렇게 큰일을 겪으면서 깨닫게 된다. 좋았다고 혹은 별로였다고 말이다. 이렇게 말하니까 정말 큰 사기를 당한 것만 같다.

그런데 법적으로는 아무런 문제가 없는 상황이다.

계약금도 받았고, 책도 출간됐기 때문이다. 그래서 법적으로는 아무런 문제가 없다. 하지만 사생아가 태어났다. 숨도 제대로 못 쉬어 보고 이번 책은 죽었다. 세상에 알리지조차 못하고 끝났다. 인쇄가 됐다고 해서 저자본을 받았지만, 인터넷 서점에 책이 제대로 등록되지 않았기 때문이다. 소개 글도 한 줄 뿐이고, 저자도 여러 명인데 한 명만 나와 있고, 가격도 10% 할인돼야 하는데 정가로 올라와 있으니 엉망진창이다.

이미 책을 10권 가까이 낸 나로서는 홍보조차 할 수 없었다. 엉망으로 올라온 내 책을 사 달라고 말할 수 없었으니까. 원고 내용은 괜찮다. 내가 보장한다. 내가 기획하고, 내가 거의 다 썼으니까. 100점은 아니더라도 80점 이상의 온전한 작품이다. 하지만 세팅이 엉망이다. 예를 들어, 제품은 하자가 없는데 포장지가 뜯어져서 온전한 상품이 아닌 셈이다. 아무리 내용물이 좋아도 겉보기에 별로면 누가 사겠는가. 꼭 필요한 게 아니라면.

2

내 성격상 노력을 안 한 건 아니다. 거의 6개월 가까이 계속 연락을 취하고, 기다려도 보고, 쪼아도 봤다가 회유도 해 봤다. 하지만 결국엔 대표가 잠적하니 무엇도 할 수 없었다. 전화를 걸어 봐도 받지 않고, 장문의 문자를 남겨도 답이 없었다. 어느 날은 수십

번 전화를 걸었는데도 받지 않았다. 이건 그 사람이 나를 차단했다는 의미일 것이다. 내가 무리한 걸 요구한 것도 아니고 정상적으로 책이 세상에 나올 수 있게 요청한 것뿐인데. 그게 그렇게 어려웠나 보다.

아버지와 다투고 나서 한동안 불면증에 시달리다가 간신히 회복했는데, 이 일을 겪으니 다시 불면증이 생겼다. 내가 힘들여서 쓴 원고가 사람들에게 닿지 못한다는 사실에 화가 났다. 사실 원고 하나를 완성할 때 나는 대략 100만 원 정도를 투자한다. 집에는 애들이 있으니 카페에서 글을 쓴다. 그리고 밥도 사 먹어야 하니까 하루만 나가도 최소한 2만 원은 쓰고 들어온다. 50일 만 해도 100만 원이다.

어떤 날은 원고 마감을 위해 하루 종일 시흥 하늘 휴게소에서 새벽부터 밤까지 세 끼를 다 사 먹으면서 글을 쓴 적도 있다. 15시간 글 감옥에 갇혀서 계속 타자만 두드리고 있으면 숨이 막힌다. 다행히도 그때는 아주 건강할 때라 잘 버텼다. 다른 사람의 분량을 넘겨받으면서 기간 내에 커버하느라 하루 7개 꼭지를 써야 했던 거였다. 2시간에 1개 꼭지씩 공장장처럼 글을 썼다. 발등에 불이 떨어졌으니 그럴 수밖에.

이런 노력을 다른 사람들은 알지 못한다. 각자 역할을 다했다고 생각하니까. 다른 사람이 하루에 7개 꼭지를 쓰는 것은 절대 못 할 일이며, 감도 오지 않을 것이다. 뭐 괜찮았다. 내가 좋아하는 사람들이니 이 정도는 해 줄 수 있다고 생각했다. 내가 잘할 수 있는 일이고, 나는 남들보다 몇 배나 더 일찍 끝낼 수 있으니까.

하지만 책이 망쳐지면서는 감정이 무너졌다. 이럴 줄 알았으면 그냥 나도 끝까지 책임지는 게 아니었는데 하는 후회가 들었다. 몸은 몸대로 힘들고, 마음은 마음대로 힘들고. 인생에 도움이 되는 일이 아니었으니까. 하긴 누가 그렇게 될 줄 알았냐 만은. 책을 쓰는 데 진심이었던 나에게는 타격이 컸다. 모든 사람이 다 미울 만큼.

내가 그동안 쏟은 노력을 돈으로 따져 보니까 손해가 꽤 컸다. 노력뿐만 아니라 실제 쓴 돈만 해도 계약금의 몇 배는 됐으니까. 무엇보다 휴일에 내가 나가서 책을 쓰는 동안 집에서 혼자서 아이 둘을 돌봤던 아내에게 미안했다. 뭐라도 남아서 집에 보탬이 돼야 하는데 남는 게 하나도 없고, 오히려 손해를 끼친 거였으니까. 면목이 없었다. 하지만 내가 많이 속상해하자 아내는 다음부터는 신중했으면 하는 마음만 보이곤 아무 말이 없었다.

3

호주에서 가난한 유학 생활을 할 때였다. 2주간 과외를 받고서는 과외비를 주지 않았던 중학생 녀석이 기억난다. 기숙사에서 생활하던 그놈은 과외비를 줄 때가 되자 계속 연락을 피했다. 문자로 만날 날을 약속하고 찾아갔는데, 세 번이나 바람을 맞았다. 마지막으로 오라고 한 날에는 학교에 찾아갔더니 개미 새끼 한 마리 보이지 않았다. 머리도 하얗고, 얼굴도 하얀 나이가 지긋한 할아버지 경비

원이 나에게 뭐 하러 왔냐고 물었다. 알고 보니 방학을 해서 애들은 다 집으로 갔다고. 제대로 뒤통수를 맞았다.

안 그래도 생활고에 매일 라면만 먹고 살던 때인데, 사기까지 당하니까 적은 돈이었지만 타격은 컸다. 돈 액수가 중요한 게 아니라 내가 놓인 상황이 중요한 것 같다. 누군가에게는 큰돈이지만, 누군가에게는 적은 돈일 수 있으니. 뭐든 상대적인 법. 그 이후로는 부모님이 껴 있지 않으면 학생 과외는 하지 않았다. 돈을 낼 능력이 되는 성인만 상대했다. 다행히 더는 돈 먹고 튀는 인간은 없었다.

그러던 중 친구의 친구 소식을 듣게 됐다. 일면식이 없는 사람이지만, 워낙 충격적인 사건이라 아직도 기억한다. 외국에서 혹은 사회에서 만난 지 얼마 안 된 사람이 친절하고 싹싹하게 대하면 경계해야 한다. 그 사람은 어떤 아저씨가 너무 잘해 줘서 금방 친해졌다고 했다. 그리고 다른 지역으로 잠시 여행을 가야 한다면서 택배를 받아서 잠시 맡아 달라고 했단다.

어려운 일이 아니니까 수락했을 듯. 그리고 다음 날 택배 기사가 찾아왔다. 이름을 물으며 신분을 확인했다. 이름이 맞으니 서명을 했는데, 갑자기 문 뒤에서 경찰들이 뛰쳐나와 총을 겨누며 말했다. 마치 영화 속에서나 듣던 바로 그 대사를.

"Freeze!"

이 친구는 현장에서 체포돼 구금당했다. 변호사를 선임해 오해를 풀어 보려고 했지만, 택배를 부탁한 아저씨는 신분 없는 유령처럼 사라져서 증명할 수 없었다. 결국 감옥에 갔다. 이 친구는 왜 감옥에 갔을까? 내 친구는 나에게 물었다. 나는 곰곰이 생각했다. 택배를 받는 상황에서 경찰이 총을 들고 쳐들어올 정도라면 마약 같은 게 아니었을까.

역시 내 예상이 맞았다. 택배 안에는 자동차 휠이 들어 있었다. 그런데 휠 안에 필로폰이 숨겨져 있었다. 검색대에서 물건은 걸렸고, 주소는 그 친구네 집으로 돼 있으니 변명의 여지가 없었던 거다. 게다가 부탁한 사람은 종적을 감추고 행적이 묘연하니 백방으로 방법을 찾아도 풀 수 없는 문제가 된 것이다. 나와 같은 83년생이었던 그 친구는 27세의 유학생 신분에서 범죄자가 됐다. 그것도 타국에서. 이런 거에 비하면 내가 겪은 일은 아무 일도 아닌 듯하다.

4

보통 사기 친다고 하면, '돈'이 관련되곤 한다. 하지만 단위가 '억' 단위, 그것도 '100억' 단위로 넘어가면 사기 치는 놈들을 사기꾼이라고 하지 않는다. 경제 사범이라고 부른다. 돈 몇 푼이 아니라 그리 큰돈을 꿀꺽했으니 달리 부를 만도 하다. 적게는 벌금형에서, 많게는 무기 징역까지 가능하다고 한다. 만일 100억 정도 돈을 빼돌리고, 5년 정도만 징역을 산다면 1년에 20억씩 번 셈이니 대단한 인간이 맞는 것 같다.

내가 장교로 군대에 있을 때였다. 나는 그때 재테크 문외한이라서 고작 했던 게 펀드에 투자하는 것이었다. 아무것도 할 줄 몰라서 그냥 넣어 놓고 기다렸는데, 전역할 때 보니까 마이너스였다. 그런데 내 1년 위의 선배는 나름 재테크 전문가였다. 실제 군대에 있는 2년 넘는 시간 동안 돈을 두둑하게 불려서 전역할 때쯤엔 5천만 원을 만들었다.

정말 대단했다. 쥐꼬리만 한 위관 월급으로 그렇게 많이 모을 수 있다니 수단이 대단했다. 나중에 알고 보니 그 선배 동기 중에 수익률을 잘 내는 사람이 있어서 제법 재미를 본 모양이었다. 그래서 전역을 한 달 앞두고 그 사람에게 5천만 원을 모두 투자했단다. 하지만 며칠 뒤 부대로 군 수사관이 찾아왔다. 알고 보니 수익을 그렇게 잘 내던 선배의 동기는 사기꾼, 아니 경제 사범이었다.

일부러 처음엔 투자받은 돈에 수익률을 잘 쳐서 주고 신뢰를 얻었다. '원금 보장, 3개월 내 50% 이상 확정 수익'이라는 말이 마치 사기처럼 보이지만, 실제 통장에 수익금이 들어오니까 믿을 수밖에. 그렇게 믿게 만들고 나서 더 크게 투자한다고 소문을 낸 후에 수백 명에게 돈을 받은 것이다. 나중에 모아 놓고 보니까 그 돈은 400억 정도였다. 지금도 인터넷에서 '현역 육군 중위가 400억 금융 사기'라는 제목의 기사가 검색되니까 한번 찾아보시길.

나와 나이는 같지만, 1년 선배는 의외로 덤덤하게 결과를 받아들였다. 5천만 원으로 인생 공부한 셈 치면 된다고 말했다. 그리고 나에게 이렇게 조언했다.

"보통은 절대 손해 보는 장사 안 한다. 누가 공짜로 준다고 하면 절대로 믿지 마."

그 선배는 전역 후 증권사에 들어가더니 성실하게 돈을 벌었다. 그리고 멋지게 금융 전문가로 살아가고 있다. 서른도 안 된 나이에 재테크 관련 책을 쓰기도 했다. 베스트셀러에 이어 스테디셀러까지 유지했다. 그에게 5천만 원은 금방 회복할 수 있는 돈이라 그렇게 덤덤했던 것 같다. 당장 하루하루 먹고사는 사람에게는 엄청나게 큰돈일 테지만.

《부자의 그릇》이라는 책을 보면, 돈을 대하는 우리의 자세에 관해서 이야기를 통해 교훈을 준다. 나는 나중에서야 이 책을 읽게 됐는데, 그때 그 선배가 생각났다. 그리고 출판사에 사기당한 후에 며칠은 불면증에 시달렸지만, 생각보다 빨리 회복할 수 있었다. 내가 먹을 수 있는데 못 먹는다고 생각하면 괴롭지만, 원래부터 내 것이 아니라는 걸 인정하고 포기하면 마음이 편해진다.

...

군대에 있을 때 이상한 일을 겪었다. 분명히 사기는 아닌 것 같은데, 손해 보는 장사는 맞았다. 2000년대 후반 텔레마케팅이 한창일 그 시절 모르는 번호로 전화가 왔다. 군대에서는 워낙에 외롭고 심심하니까 누군가의 전화가 반가웠다. 당연히 살 생각이 없었지만, 그냥 끝까지 이야기나 들어보자는 심경으로 계속 대화를 이어 갔다. 하지만 상품은 나에겐 전혀 필요 없는 품목이었기에 슬슬 전화를 끊으려 했는데….

"잠깐만요! 제발요! 저 사실은 지금 이 건을 성공시켜야 여기에 취직할 수 있어요. 제발 한 번만 저를 도와주면 안 될까요? 신청하시면 제가 일부 금액은 내드릴게요. 저는 아무것도 안 남아도 돼요. 그냥 취직만 하게 해 주세요. 제발요. 엉엉엉."

간절함은 사람의 마음을 흔든다. 한 사람의 취업이 달려 있다고 하니까 마음이 약해졌다. 나는 80만 원이나 되는 돈을 카드 할부를 이용해서 결제해 주었다. 월급이 150만 원 내외였으니 80만 원은 컸다. 1년 구독 서비스였는데, 6개월쯤이 지나니까 상품이 더는 오지 않았다. 회사로 전화해 보니 연결이 되지 않았고, 담당자한테 전화해도 받지 않았다.

군인이 그것도 장교가 사기를 당했다고 밖에 나가서 소송을 걸 수도 없는 상황이었다. 똥 밟았다는 셈 치고 그냥 잊기로 했다. 그래도 6개월 동안 받은 상품은 이용할 수 있었으니까 완전 사기까지는 아니라고 합리화하며….

그 후로 10년 정도 지났다. 모르는 번호로 전화가 와서 안 받으려고 했는데, 문자가 왔다. 내용을 흘긋 훑어보니 어렴풋이 떠오르는 회사 이름이 보였다. 바로 그때 그 회사였다. 사연을 보니 그때 사기를 당했던 사람들에게 보상해 주기 위해서 연락했단다. 옳다구나 싶어서 바로 전화를 걸었다. 그랬더니 돈으로 바로 보상은 못 해 주지만, 리조트 이용권으로 대체할 수 있다고 했다.

그때만 해도 전자 계약서가 있을 때가 아니라 직접 만나자고도 했다. 그래서 집 주소와 연락처를 알려 준 후 이메일로 관련 자료를 받았다. 바다가 보이는 전망의 멋진 신축 리조트를 소개하는 리조트 건축 계획 자료였다. 너무 좋은 조건이라 갑자기 군대 있을 때 선배 이야기가 생각났다.

"보통은 절대 손해 보는 장사 안 한다. 누가 공짜로 준다고 하면 절대로 믿지 마."

1년도 아니고 10년이 지난 지금 시점에 굳이 망한 회사에서 보상해 준다고 연락하는 일이 과연 상식적일까? 바보같이 집 주소랑 직장 주소까지 다 알려 줘 놓고선 아차 싶어서 전화를 차단했다. 집이나 직장까지는 찾아오지 않더라. 그나마 다행이었다.

그 후로 잠시 잊고 있었는데, 아는 지인이 나에게 한숨을 쉬며 하소연한다. 리조트 분양권 사기를 당했다고. 알고 보니까 한 호실에 여러 명이 투자를 한 거라 동의하지 않으면 뺄 수도 없다고. 지분이 많으면 권한이 생기니 더 넣으라고 해서 넣었는데도 알고 보니 2천 명 중 한 명의 지분이었다고. 나는 그때 그 호의를 거절하길 잘했다고 생각했다. 역시 아무 조건 없는 호의는 없다. 명심해야 한다. 하지만 내가 주는 호의는 쌓이면 호의가 아니라 호구가 된다는 것도 나중에 알게 됐다.

(엔딩곡)

"이랬나가 저랬나가 왔다 갔다 나 샀다가 너는 밤낮 장난하나. 나 한순간에 새 됐어(야). 당신은 아름다운 비너스(구). 너만을 바라보던 날 차 버렸어. 나 완전히 새 됐어."

*새
- 2001년 1월에 발매된 가수 싸이(PSY)의 앨범 〈Psy From The Psycho World〉, 3번 트랙에 위치한 타이틀 곡

16화 공황장애

1

숨이 쉬어지지 않았다. 가슴 근처 근육이 땅겼다. 심장이 아픈 것 같았다. 이런 증상이 자주 나타났다. 아침 6시에 일어나 바로 준비해서 출근하고, 매일 밤 11시에 집에 들어왔다. 무려 두 달 동안이나 야근은 계속 이어졌다. 부서를 옮기고 나니 일이 2배가 됐기 때문이다. 지난 부서에서 내 업무를 맡은 사람에게 인수인계해야 했으니까. 게다가 새로운 업무를 파악해야 했으니까.

무엇보다 내 성격이 문제였다. 완벽주의에 남의 부탁을 거절 못하는 전형적인 성실한 YES맨의 표상이었다. 30대 후반에서 40대 초반인 시기도 나름 한몫했다. 이제는 단순히 주어진 업무를 하는 게 아니라 기획을 맡아야 했으니까. 게다가 관리자가 주는 업무를 나누어 후배들에게 분배하고 이끌어 나가야 했으니까.

군대에서 가장 일을 많이 하는 시기를 '일말상초'라 부른다. 일병 말봉에서 상병 초봉을 의미한다. 이제 어리바리 단계를 넘어서서 나름의 능력치가 생겼고, 중간에서 가교 역할을 해야 하니까. 그래서 그런지 몰라도 여자 친구가 가장 많이 고무신을 거꾸로 신는 때이기도 하다. 사회에서는 삼말사초가 바로 그 시기라고 보면 된다.

20대 후반 혹은 30대 초반에 일을 시작했을 테니 대략 10년가량 경력이 있다. 그리고 직급은 대부분 과장급으로 부장과 대리 사이에서 만능 멀티플레이어 역할을 해야 한다. 업무적으로뿐만 아니라 사람 관계에서도 중간 역할을 해야 하니까. 능력이 좋으면 다른 부서에서도 도움을 요청한다. 관리자한테 바로 부탁하기는 어렵지만, 그만한 능력 있으면서도 조금 만만한 사람이니까. 잘못하면 동네북이 될 수도 있다. 이곳저곳에서 다 불러 제끼니까.

요즘 MZ 세대는 업무할 때 네 거 내 거가 분명하다고 하던데. 1980년대 초반에 태어난 우리는 그럴 수가 없다. 선배들이 그렇게 해 왔고, 우리도 그렇게 배워 왔으니까. 하지만 아래 세대에 그대로 전달되지는 않는다. 물론 돼서도 안 되겠지만. 그래서 말 그대로 낀 세대가 된다. 위아래로 모두 비위를 맞춰야 하니까.

더군다나 대부분 가장으로서 경제적 부담을 가장 많이 느끼는 시기다. 아이가 태어나 계속 교육비 지출이 늘어나니까. 버는 돈은 한정적인데 나갈 돈이 많으니 어깨가 무겁다. 항상 가슴이 답답할 수밖에. 어두운 밤하늘에 달 보고 나와서 다시 달 보고 들어가는 삶이 계속돼도 참아야 한다. 나 혼자라면 당장 그만둬도 괜찮겠지만, 내 새끼들 밥이라도 굶지 않게 하려면 그래서는 안 되니까.

가끔은 혼자서 살았다면 어땠을까 상상한다. 혼자 있는 시간이 가장 편하고 좋으니까. 20대에는 외로워서 빨리 결혼하고 자리 잡고 싶었다. 하지만 40대가 되니 혼자가 편하다고 느낀다. 길 가다가 연인들이 행복하게 웃으며 지나가면 속으로 생각한다. 그들이 만일 결혼한다면, 나처럼 삶의 무게를 지고 살아가야 할 테니 똑같이 한번 경험해 보라고….

'좋을 때구먼. 너희도 꼭 결혼하고, 애도 낳아서 길러라.'

2

실내에 있으니 답답해서 자주 밖으로 나가서 숨을 크게 쉬고 들어 왔다. 담배도 피우지 않는데, 자주 밖으로 나간다. 그러지 않으면 갑자기 쓰러질 것 같은 기분이 들었으니까. 20대 군대에 있을 때 지금과 비슷한 느낌이 들면서 쓰러져 발작을 일으킨 적이 있었기에. 행여나 다시 그럴까 무서웠다. 주변 사람들에게 내가 바닥에 누워서 부르르 떨고 있는 모습을 보이기는 싫었으니까.

발작 사유는 바로 과호흡이다. 심한 스트레스를 받거나 신체적인 피로감을 느낄 때 호흡이 가빠지면서 숨이 안 쉬어지는 느낌이 든다. 그러다 갑자기 쓰러져서 발작을 일으킨다. 의식은 있지만, 주변 시야가 사라지면서 소용돌이에 빠져든다. 패닉 상태에 빠져 아무것도 할 수 없는 나 자신과 마주한다. 고통스럽다. 공포 속에서 괴롭다. 온몸이 쪼그라들고 수축하기 때문이다.

이때 옆에서 누가 주물러 주지 않으면, 안 된다. 마치 가위에 눌린 것과도 같은 느낌이다. 말로 다 표현할 수 없지만, 숨 막히는 고통이라는 게 가장 적절한 표현인 듯하다. 그리고 과호흡이라 봉투 같은 게 있으면 입을 가려야 한다. 호흡이 과하지 않도록 막아 주는 것이다. 그러면 다행히 안정 상태로 금방 돌아온다.

과호흡의 첫 경험은 ROTC 하계 훈련에 갔을 때였다. 30도가 넘는 매우 더운 날이었지만, 교관은 지독하게 우리를 괴롭혔다. 사격하는 날이었는데, 대기하는 동안 PRI를 받았다. 정식 명칭은 잘 모르겠지만, 다른 의미로는 '피(P)' 터지고, '알(R)' 배기고, '이(I)' 갈리는 것으로 해석한다. 휴식을 주지 않고 계속 굴리니까 피로가 쌓인 상태에서 악마처럼 웃으며 우리를 바라보는 교관의 모습에 스트레스가 극에 달했다.

다시 일어나서 PRI 자세를 취하려는데 신호가 왔다. 이상하게 호흡이 잘되지 않았다.

"어? 어? 이상해. 숨이 안 쉬어져."

이렇게 말하고는 그냥 그대로 쓰러져 발작을 일으켰다. 동기들이 떼거리로 몰려와서 내 옷을 풀어헤치고, 다닥다닥 붙어서 온몸을 주물렀다. 그래도 호흡은 계속 돌아오지 않았다. 고통은 오래 이어졌다.

하필이면 깊은 산속에 사격하러 들어간 거라서 의무병이나 의무관이 빨리 올 수도 없었다. 다들 발만 동동 구를 뿐이었다. 그때 다른 조에 있던 다른 학교 동기가 와서 내 입을 막았다. 물론 그때는 누가 입을 막는지 몰랐지만, 나중에 정신 차리고 보니 모르는 동기였다. 다행히 그 동기는 과호흡이 왔을 때 대처법을 알고 있던 거였다. 주변에 봉투가 없으니 손으로라도 입을 막고 호흡을 천천히 하도록 도운 것이다. 덕분에 나는 살았다. 동기들도 나의 희생으로 더는 피 나고, 알 배기고, 이를 갈지 않아도 됐다. 더는 환자가 생겨서는 안 됐을 테니까.

3

두 번째 발작은 부대에 발령받은 직후였다. 나는 기갑 병과라서 탱크를 탔다. 먼 지역으로 훈련하러 가기 위해서 화차에 탱크를 실었다. 코끼리 50마리 무게인 탱크를 기차에 싣고 안전하게 고정하기 위해서는 엄청난 인력이 들어갔다. 조이고 풀고를 무한으로 반복했어야 하니까.

　원래 밤샘 근무를 서고 나면, 잠시 낮잠을 잘 수 있었다. 그런데 그날은 훈련 전날이라서 쉬지 못하고 기차 레일이 죽 늘어선 다른 부대로 이동했다. 밤을 새우고 나니 마치 뼈가 빠지는 느낌이 들었다. 몸 전체가 뻐근했다. 그때는 20대였는데도, 일주일에 한 번씩은 밤샘 근무를 하니까 피로가 누적됐다. 그런 상태에서 성격상 뻥끼를 부릴 수 없으니 열심히 했다. 하지만 그게 문제였다.

　거의 다 일을 마치고, 화차가 출발할 때까지 대기하며 쉬고 있었다. 그때 신호가 왔다. 호흡이 안 되는 게 느껴졌으니까. 마찬가지로 혼잣말로 "어? 어? 호흡이 안 돼. 어떻게 하지?"라고 하고 또 쓰러져 발작을 일으켰다. 사람들이 놀라서 선배 장교는 나를 재빨리 차에 태워 바로 우리 부대로 달렸다. 정문을 향할 때쯤 운전병이 소리쳤다.

"쇠사슬이 있어서 지날 수가 없습니다."
"그냥 끊고 달려!!!"

　남의 부대 정문 쇠사슬을 끊어 버리고 경주용 차처럼 먼지 바람을 일으키며 부대로 달렸다. 다행히도 부대까지는 차로 1~2분이 걸리는 거리였다. 나는 차 안에서 계속 공포와 고통과 싸웠다. 제정신이 아니었기에 시름시름 앓는 소리를 냈다. 부대에 도착했고, 의무실로 옮겨졌다. 70kg이나 되는 나를 여러 장정이 드니까 쉽게 들렸다.

　침상에 눕히고 옷을 다 벗겼다. 팬티만 남기고 다들 또 나를 주물렀다. 그때 다른 데 있던 군의관이 왔다. 내 상태를 보더니 급히 비닐로 된 봉투를 찾았다. 그리고 내 얼굴을 감쌌다.

"호흡 천천히 크게 하세요. 네. 잘하고 있어요. 계속 그렇게 천천히 하셔야 해요."

　의식은 있었기 때문에 지시대로 따랐다. 그러니 금방 호흡이 돌아왔다. 호흡이 돌아오니 정신이 번쩍 들었다. 마치 의식이 나갔다가 돌아온 것처럼. 눈을 떠 보니 하필이면 군 부사관도 같이 나를 지켜보고 있었다. 왜 '하필이면'이라고 말하냐면, 그 사람은 여자였기 때문이다. 팬티만 달랑 걸치고 있는 모습을 그렇게 보였으니 창피할 수밖에.

　이상하게 과호흡으로 쓰러져 발작을 일으키고 난 후에는 탈수 증상이 나타났다. 그래서 수액을 맞았다. 당연히 훈련에는 따라갈 수 없었다. 아프면 열외다. 나는 그때 이후로 조금이라도 비슷한 느낌이 들면, 열심히 그 자리를 벗어나 호흡에 집중했다. 다시는 누군가의 앞에서 쓰러지고 싶지 않았으니까.

4

주말까지 쉬지 않고 두 달 동안의 야근으로 내 몸은 완전히 지쳐 있었다. 커피를 못 마시니 매일 데자와를 마시며 카페인을 충전했다. 그리고 시간이 부족하니 쉬는 시간도 없이 계속 일만 했다. 해를 보지 못하고, 건물 안에서 키보드와 전쟁을 치렀다. 그리고 집에 와서 매일 야식을 먹으며 스트레스를 풀었더니 두 달 만에 몸무게가 10kg이나 늘었다.

결혼하고 나서 10kg 쪄서 80kg이 됐다. 그래도 그때는 1~2년 동안 몸무게가 늘어난 거라서 건강에 이상은 없었다. 하지만 단기간에 10kg이나 늘어나니까 건강에도 이상이 생긴 것이다. 자꾸만 내 몸이 보내는 신호에 긴장해야 했다. 호흡이 안 될 때마다 무조건 밖으로 나갔던 이유도 그래서다. 그래야 좀 진정이 되니까.

게다가 어두운 밤길에 운전하고 집으로 오는 길은 지옥으로 가는 길 같았다. 비가 오지도 않았는데, 차선이 자꾸만 흐리게 보였다. 잘못하면 다른 차선으로 넘어갈 것 같고, 벽에 부딪힐 것 같아 빨리 달리지 못했다. 그러다 갑자기 호흡이 이상하다는 게 느껴지면, 안전한 곳에 차를 세워 잠시 숨을 쉬고 출발했다. 설상가상 진퇴양난이었다.

하루는 죽음에 대한 공포심을 느끼며 간신히 집에 도착했다. 두 달 가까이 아이들 얼굴을 제대로 보지 못해서 그런지 그날따라 아이들 냄새가 그리웠다. 샤워하고 나와서 아이들이 있는 방으로 갔다. 새근새근 잠든 아이들을 보니 천사 같았다. 하지만 갑자기 눈물이 흘렀다. 왜 이러고 살아야 하나 싶었다. 토끼 같은 내 새끼들을 잘 키우려고 열심히 사는 건데, 이 아이들과 함께할 시간이 없으니 무슨 의미가 있나 싶었기 때문이다.

울면서 잠시 생을 마감하면 어떨까 생각했다. 아무런 의미 없고, 쳇바퀴처럼 일만 하는 삶을 끝내고 싶었다. 하지만 천사들의 얼굴을 보니 그럴 수 없었다. 나 때문에 태어난 이 아이들은 무슨 죄냐 싶었으니까. 다시 정신 차리고 눈물을 닦고 나오느라 거의 20분 정도 아이들과 있었다. 거실로 나오니 쉬고 있던 아내가 말했다.

"울었어?"

그 말에 다시 무장했던 내 정신은 해제가 됐고, 아내를 부둥켜안고 펑펑 울었다.

"그냥 다 그만두고 싶어."

두 달 동안 아내와도 대화가 별로 없었다. 다만 아내는 내가 과호흡이 와서 봉투를 얼굴에 쓰고 있던 장면만 한 번 본 상태였다. 두 달이 거의 다 돼 가는 주말이었다. 아이들이 싸우는 소리에 내가 스트레스를 받고, 갑자기 신호가 왔기 때문이다. 급히 봉투를 찾아 들고 다른 방으로 도망갔다. 아내가 급히 따라왔다. 그리고 고통스러워하는 내 모습을 봤다. 하지만 나는 괜찮다고 말하며 아이들한테 가라고 했다. 아이들한테는 그 모습을 절대 보여 주고 싶지 않았으니까.

그래서 아내는 내가 많이 힘들다는 걸 알고는 있었고, 매우 안타까워했다. 도와줄 수 있는 게 없었으니까. 그런데 아내의 '울었어?'라는 한 마디에 나는 터져 버렸던 거다. 아내가 나를 이해하고 걱정해 주는 느낌이 들었으니까. 한참을 울고 난 후에 아내와 진지하게 상의했다. 직장을 그만두는 것에 대해서.

"여보. 많이 힘들면 그만둬도 돼. 내가 있잖아. 내가 일하면 되니까. 무리하지 마."

고마웠다. 그리고 미안했다. 하지만 그 말을 들으니 더 그만둘 수는 없었다. 내 삶의 무게를 아내에게 넘기는 건 싫었기에. 대신 살고는 봐야 하니 차선책을 찾아야 했다. 퇴직이 아니라 휴직은 어떨까 싶었다. 그것도 경제적으로 큰 타격이 있지만, 우선은 건강을 회복하는 게 먼저였다. 하지만 직장에서 휴직을 허락할지 그것도 미지수였다.

> 5

 마음을 단단히 먹고 임원을 찾아가 다음 해에 휴직이 필요하다고 말했다. 다행히 내 이야기를 잘 들어줬다. 하지만 아직 다음 해까지는 시간이 있으니 조금 더 지켜보면 어떻겠냐고 회유했다. 역시 호락호락하지 않았다. 그 말에 나는 이미 아내와 짜 놓은 각본이 있었기에 다음 단계로 넘어갔다.

 그러면 바로 병가를 내겠다고 했다. 그리고 병가를 허락하지 않으면, 바로 그만두겠다고 했다. 그러니 흠칫 놀라면서 휴직을 올려보겠다고 했다. 최종 권한은 자기에게 없으니 조금 기다리라고 말하면서.

 다행히 휴직 처리는 됐다. 사실 나를 회유하려는 순간에 그동안 쌓였던 직장 부조리에 대해서 다 이야기하며 눈물을 쏟아 냈다. YES맨으로 살면서 내가 겪은 수모를 다 말하면서. 호의가 호구가 되는 삶이었으니까. 그리고 그때 병원을 다섯 군데나 가서 다양한 검사를 해도 병명이 나오지 않았을 때라 건강에 관한 이야기도 했다. 이러다 죽을지도 모르겠다는 말과 함께 울면서 진심을 전했다.

 다 기억이 나지는 않지만 심전도 검사, 혈액 검사, 초음파 검사, 뇌 MRI 등 안 해 본 검사가 없었다. 하지만 의사는 모두 병명을 알지 못했다. 다만 마지막으로 찾아간 곳에서 답을 알 수 있었다. 혈압이 190~200이 나오는 건 혈관 문제일 수도 있지만, 스트레스도 원인이라고.

"정신과에 한번 가보세요. 아마 도움이 될 거예요."

내가 정신과라니. 말도 안 되는 소리였다. 정신과는 정신병에 걸리면 가는 곳이라는 인식이 있었으니까. 하지만 지푸라기라도 잡고 싶은 심경이었으니 그 말을 무시할 수는 없었다. 인터넷을 검색해 보니 정신과 정보가 많았다. 그리고 이 말이 눈에 들어왔다.
'현대인들은 누구나 우울증이라는 마음의 감기에 걸립니다.'

감기라는 말이 마음을 편하게 해 주었다. 감기는 누구나 걸리니까. 겨울이면 자연스레 걸리는 질병이니까. 이제는 우울증이 감기와 같은 세 됐구나 싶였다. 용기가 생겼다. 검색해 보니 정신과가 집 근처에만 서너 군데나 있었다. 의외로 많다는 생각이 들었다. 현대인들이 마음의 감기게 자주 걸리니 수도 늘지 않았을까.

막상 들어가 보니 분위기가 편했다. 드라마에 나오는 정신 병원 같은 곳은 아니었다. 하지만 개인 정보에 주의하는 느낌이 들었다. 이름과 생년월일을 종이에 쓰게 하고는 입력 후에 바로 매직펜으로 보이지 않게 지웠다. 게다가 무슨 이유인지 모르겠지만, 첫 진료에는 신분증을 제출해야 한다고 했다. 심지어 복사도 했다. 아무래도 약 성분 때문이 아닐까 싶었다.

이름이 불려 진료실에 들어갔다. 의사 선생님은 차분하게 병원을 찾은 이유를 말해 보라고 했다. 나는 그동안의 일을 가감 없이 말했다. 의사 선생님은 내가 말하는 속도만큼 빠른 속도로 타자를 치며 기록했다. 그리고 몇 가지 검사를 하고 다시 들어오라고 해서 밖에 나와서 기계로도 하고, 질문지로도 하고 이것저것 여러 검사를 했다.

다시 검사 결과를 들으러 갔다. 결과는 긴장도가 다른 사람의 3배 정도 높은 상태였다. 그리고 우울감이 있다고 했다. 끝으로 위생에 대한 강박감이 크다고 했다. 내가 평소 아이들이 더러운 것에 노출되는 것이 싫고, 위험한 상황이 싫었던 이유를 찾을 수 있었다. 과호흡 증상은 호흡을 오히려 많이 해서 호흡이 안 되는 것 같은 느낌을 받는 거라고 말했다. 그럴 때일수록 천천히 심호흡하고, 어깨를 펴는 동작을 하라고 했다. 몸을 이완시켜야 하니까.

병원을 다섯 군데나 갔지만 몸이 아픈 이유를 알지 못해 답답했다. 차라리 죽을병이라고, 아니면 고칠 수 있는 병이라고 알려 주면 좋았을 텐데. 답을 알지 못하니 더 걱정되고 긴장했던 것 같다. 하지만 마음의 병이 약간 찾아왔고, 긴장도가 높다는 사실을 알게 되면서 마음이 편해졌다. 죽을병은 아니었으니까. 게다가 약을 꾸준히 먹으면 좋아질 거라고 했다. 밖에서 30분 이상 태양 빛을 받으며 산책도 하라고 했다. 세로토닌이 생성돼야 멜라토닌이 생겨서 불면증이 사라질 거라고.

...

예전에 같이 일하던 친한 누나한테 전화가 왔다. 내가 휴직한다는 소식을 들은 모양이다. 이유를 물었지만, 차마 정신과에 다니면서 약을 먹는다고 말하기가 그랬다. 그런데 누나가 먼저 말을 꺼냈다.

"혹시 우울증 같은 건 아닌지 확인해 봐. 우리 남편도 다 검사해도 결과가 안 나와서 걱정했는데, 알고 보니 스트레스로 인한 마음의 감기였더라고."

이미 큰일을 겪은 누나는 담담한 말투로 나에게 상세히 알려 주었다. 그리고 착하고 성실하고 책임감이 강한 사람일수록 오히려 이런 병을 얻는다고 했다. 어디에다가 말도 못 하고 혼자 끙끙 앓으면서 일을 다 처리해야 하니까. 자기 이득 다 챙기고 남에게 일을 미루거나, 정신병자 같은 사람들은 오히려 갈 일이 없다고. 마음 편하게 사니까.

생각해 보니 하루는 내가 밤새 잠을 못 잤는데, 정신병자가 돼 있었다. 나를 괴롭혔던 누군가를 생각하며 새벽 3시에 허공에 대고 내가 할 수 있는 모든 욕을 하고 있었으니까. 그만큼 그동안 당한 것에 대한 발악이라도 하듯 미친 행동을 했던 거였다. 그런 면에서 마음의 감기가 심해지면, 정말 미치는 건 아닐까 싶었다. 더 심해지기 전에 빨리 뿌리를 뽑아야 하지 않을까?

약을 먹고 나서부터 멍하니 아무런 생각이 없었다. 하루는 종일 잠만 잤다. 먹고, 자고, 먹고, 자고, 먹고, 자고를 반복하며 하루가 다 갔다. 어떤 효과인지는 모르겠지만, 사람을 바보로 만드는 느낌이었다. 덕분에 부정적인 생각이 들지 않았다. 아무런 생각이 들지 않게 하는 효과인가 보다. 연말까지 약을 먹으며 간신히 버텼다. 나의 휴직 처리도 완료됐다. 내년부터는 정말 쉴 수 있다.

위기는 기회라고 했다. 단, 위기를 극복했을 때 하는 말이다. 넘기지 못하면 위기에 빠진 거니까. 이왕 다시 살기로 했으니 회복에 힘쓰기로 했다. 우선은 정상으로 돌아오는 게 급선무였다. 내 몸무게는 어느새 100kg에 육박해 있었으므로 몸을 움직여야 했다. 세로토닌을 위해서 그리고 다시 원래 모습으로 돌아가기 위해서.

마지막 날 직장에서 연말 회식이 있었다. 하지만 나는 참여하지 않았다. 괜히 사람 많은 곳에 있으면 또 숨이 안 쉬어질 것만 같았기에. 일하는 직장에서보다 회식 자리는 더 숨 막히는 곳이니까. 양해를 구하고 가지 않았다. 이걸 생각해 보면, 의사는 따로 말하지 않았지만, 나는 공황장애였던 것 같다. 연예인들이 갑작스럽게 앓는다던 그 공황장애 말이다.

(엔딩곡)

"언젠가 그가 너를 맘 아프게 해 너 혼자 울고 있는 걸 봤어. 달려가 그에게 나 이 말 해 줬으면…"

*나를 슬프게 하는 사람들
- 1997년 6월에 발매된 가수 김경호의 2집 앨범 〈Kim:Kyungho 1997〉, 6번 트랙에 위치한 타이틀 곡

퇴사 | 17화

누구나 퇴사를 꿈꾼다. 남을 위한 삶은 괴롭다. 그렇다고 내 사업을 하자니 돈이 없고, 아이템도 마땅치 않다. 한 연구 결과에 따르면, 자기 적성과 맞지 않는 직장에 다니는 사람이 80%가 넘는다고 한다. 생계를 유지하기 위해서 어쩔 수 없는 선택이다. 매일 사표를 가슴에 넣고 다닌다. 언제든 이 지긋지긋한 현실에서 탈출하기 위해서.

80%의 세상 사람들은 모두 노동자로 살아간다. 자본주의 사회에서 1단계에 해당하는 계급이다. 노동자란 누군가 밑에서 월급을

받는 사람을 의미한다. 대부분 사람의 삶이 그러하다. 그러니 잘못됐다는 건 아니다. 그런 이유로 만족도가 높지 않다. 자기 주도적인 삶과 비교할 때 누군가의 비위를 맞추거나 시스템에 나를 끼워 맞춰야 하니까.

소위 명문대를 나오고 엘리트 집단이라고 말하며 대기업에 다니는 사람들도 따지고 보면 노동자 계급이다. 연봉의 차이는 있을지 모르지만, 다 똑같다. 나를 위한 삶이 아닌 누군가 만든 세상에 부품으로 살아가니까. 내가 그만둬도 다른 사람이 내 자리를 맡는다. 그러니 노동자는 그저 부품인 셈이다. 언제든지 교체될 수 있는. 하지만 경제 불황이 오면, 오히려 칼바람이 분다. 언제 잘릴지 모르니까. 그런 게 바로 노동자 계급이다.

두 번째 계급은 나름 자신의 사업을 하는 사람이다. 개인 사업자 정도로 보면 되겠다. 최소한 남 밑에서 일하는 건 아니다. 내가 사장이니까 얼마든지 1단계 노동자 계급인 직원을 둘 수도 있다. 그래서 2단계에 해당한다고 볼 수 있다. 좋은 점은 자기가 노력한 만큼 결과를 얻어 갈 수 있다는 것이다. 반대로 위험한 점은 노력한 만큼 결과가 나오지 않을 수도 있다는 것이다.

어느 단계든 불안정성이 있다. 그래서 진로를 선택할 때 어떤 불안정성이 더 나에게 위험한지 살펴보고 정하면 유리할 것이다. 정규직으로 취직해서 정년까지 보장되는 일을 할 것인지, 혹은 정년은 보장되지 않지만 내 성과에 따라 보상을 받을 것인지 정하란 말이다. 많은 사람들이 공무원을 선호했던 이유는 모두 안정성 때문이었다.

하지만 요즘 세대는 공무원도 안정적이라 생각하지 않는다. 치솟는 물가에 비해 월급이 형편없으니까. 그렇게 열심히 공부해서 대학까지 나왔고, 힘들게 공무원 시험도 붙었는데 고작 150만 원을 받고 있으니 현타가 오는 것이다. 자본주의 사회에서는 역시나 돈이 만족의 잣대가 된다. 경제적인 여유가 있어야 마음의 여유도 생기는 것이니 당연하다. 결국에 모든 건 돈 때문인가?

2

주변에 퇴사를 실행한 친구가 하나 있다. 관리 직급으로 승진하기 전까지는 만족하면서 다니던 친구였다. 왜냐하면 야근 수당과 주말 수당이 나왔으니까. 하지만 진급 후에는 관리직이라는 이유로 수당이 사라졌다. 일은 더 많이 하는데, 결국에 받는 돈은 적으니까 불만족스러운 것이다. 그 친구도 평일에는 매일 야근, 주말까지 나가서 일해야 하는 상황이었다. 역시나 우리 나이대는 일이 몰린다. 능력치와 경험치가 올라왔고, 관리직 역할을 하는 시기니까 어쩔 수 없다. 그래서 과로사도 많고, 퇴사도 많은 듯하다.

공교롭게도 나는 휴직자. 친구는 퇴직자. 상황은 조금 다르지만, 직장에 다니지 않는 상황만은 같았다. 둘이 만나서 하는 대화의 주제는 앞날에 대한 고민이었다. 복직과 이직 중 하나는 선택해야 하니까. 혹은 신분 상승의 꿈도 꿔 본다. 1단계 노동자가 아니라 2단계 이상의 직업을 선택해 볼 수도 있으니까. 하지만 자금이 없으니 만만치 않다.

친구는 유튜브를 시작했다. 무자본 창업인 셈이다. 여행 유튜브가 되고 싶은데, 아직 돈벌이가 없으니 명상 채널을 시작했다. AI 기술이 좋아서 편집도 쉽게 할 수 있다고 했다. 하지만 몇 달이 지나도록 구독자가 늘지 않아 고민이란다. 퇴직금을 야금야금 까먹고 있으니 마음도 불안한 상태라고. 로또라도 되면 좋겠다 싶어 매주 만 원씩 산다고 했다. 근데 5천 원도 당첨이 안 되니 만날 돈만 까먹는다고 투덜거린다.

둘이 만나서 밥이라도 먹으면, '백수끼리 만나서 살 놀고 있네.'라고 농담을 하곤 했다. 어쨌든 회사에 나가지 않고, 돈을 벌지 않고 있으니 백수가 맞다. 마흔을 넘긴 가장 둘이 참으로 비현실적인 삶을 살고 있다. 하지만 일하는 걸 잠시 쉬는 이유는 같았다. 둘 다 번 아웃이 왔으니 말이다. 그리고 다니던 직장에 있어도 미래나 비전이 보이지 않았다. 평생 남 밑에서 일하다가 삶이 끝나는 거니까. 현대판 노예가 틀림없지 않은가.

그런 사실을 알면서도 쉽게 벗어날 수 없는 현실이 힘든 것이다. 우리만 그렇겠는가. 다 그렇겠지. 하지만 실천하려면 용기가 필요하다. 꼬박꼬박 들어오던 월급이 안 들어온다고 생각해 보라. 아파트 대출금, 관리비, 카드값 등 고정으로 나가는 돈을 어떻게 메울지 상상조차 할 수 없다. 그러니 '노예라도 좋구나!' 하고 참고 살 수밖에.

> 3

3단계는 기업가다. 쉽게 설명해 보자면, 주식 상장한 회사라고 볼 수 있다. 1인 기업가도 포함되냐고 물으면 형태는 맞지만, 규모로는 해당하지 않을 수 있다. 대기업으로 예를 들어 보자면, 한 대형 치킨 프랜차이즈 브랜드 회사의 회장이 기업가라고 볼 수 있다. 가맹점주는 자기 사업을 하는 거니까 2단계, 그 매장에서 일하는 직원은 1단계에 해당한다고 볼 수 있다.

만일 마흔에 퇴사한다고 했을 때, 우리가 할 수 있는 일이라곤 1~2단계뿐이다. 다른 회사의 노동자가 돼 1단계로 다시 돌아가거나 그동안 일하며 모은 돈과 퇴직금을 합쳐서 창업하는 방법뿐일 테니까. 은행권에서는 명예퇴직 대상자가 되는 시기로, 나름 퇴직금을 두둑하게 챙겨 준다. 아무리 그래도 한 번에 인생 역전해서 3단계로 올라가기는 힘드니까 다른 방법을 찾아야 한다.

어느덧 우리는 100세 시대에 살고 있다. 진짜 1980년대생들이 늙어서 노인이 되면 100세까지 살아 있는 사람이 지금보다는 많을 것이다. 그러면 문제가 생긴다. 빠르면 50대 퇴직, 공무원 같은 사람들은 60대에 퇴직하니까. 여생을 고작 쥐꼬리만 한 연금에 의지하면서 입에 겨우 풀칠만 하고 살 것이다. 비현실적인 이야기처럼 들릴지 모르겠지만, 지극히 현실적이다. 우리 아버지 세대에도 비슷한 상황에 놓이는 걸 목격했기에.

이제는 50~60대에 퇴직하고 난 후의 삶에 대해 고민해야만 한다. 이왕이면, 20~30대부터 계획을 세우고 실천하며 준비해야 할 것이다. 나이가 들어서도 할 일을 찾지 못한다면, 벌 수 있을 때 저축이라도 많이 해서 나중에 쓸 수 있게 준비해야 한다. 하지만 이런 건 학교에서도 알려 주지 않는다. 학교에서는 좋은 대학에 들어가는 일 정도까지만 생각하니까. 결국에 이런 고민은 스스로 하고 대책을 찾아야만 하는 것이다.

20~30대라면 얼마든지 직장을 옮길 수 있다. 하지만 40대가 되면 조금 불안하다. 50대가 되면 이미 늦었다. 그러니 20~30대부터 나의 진로와 인생 계획을 멀리 100세까지 봐야만 한다. 안타깝게도 쳇바퀴처럼 흘러가는 바쁜 일상에 그러기 쉽지 않다. 당장 오늘, 내일 주어진 일을 처리하느라 허덕일 테니까. 아마도 나중에 정신 차리고 나면, 이미 50대, 60대가 돼 있을 것이다. 그러면 안 된다.

그래서 요새 유행이 있다. 바로 재테크. 재테크 중에서도 주식과 부동산은 누구나 한 번쯤 생각해 보는 방법이다. 젊을 때 바짝 벌어서 은퇴하는 파이어족도 있다. 알고 보면 이들은 4단계에 해당하는 투자자다. 1~2단계에서 꼭 3단계를 거치지 않아도 소액 투자를 계속 이어 가면 나중에는 진짜 투자자가 될 테니 말이다.

한 예로, 내가 5년 동안 작가로 책 쓰고, 강연해서 번 돈은 1억 정도가 될 것이다. 이것도 적지 않다. 하지만, 경매와 공매를 공부해서 5년간 200개 가까이 되는 건물이나 땅에 투자한 다른 사람은 100억 정도의 자산을 구축했다. 작가는 아무리 노력해도 고작 1단계에 머물지만, 부동산에 투자한 사람은 4단계로 올라간다. 수익도 100배 차이가 난다. 이렇게 보면 4단계 투자자가 왜 가장 높은 포식자 자리에 위치하는지 알 수 있는 것이다.

그런데 왜 우리는 그렇게 1단계 중에서 가장 많이 돈을 주는 것에만 매달려 왔을까. 좋은 대학에 가고 좋은 회사에 취직하는 게 성공이라 믿었다. 물론 그것도 성공이 될 수 있다. 80%의 사람 중에는 최상위에 해당하니까. SKY에 가려면 2% 안에 들어야 하니까. 하지만 1단계 노동자 중에 2%였던 것이다. 전체로 놓고 보면, 투자자나 기업가가 만든 시스템에 노예로 들어가 일하는 셈이니까.

책을 읽고 세상의 시스템을 이해한 이후로 내 생각이 달라졌다. 평범하게 직장인으로 살아갈 수도 있지만, 이왕 한번 사는 거 더 높은 곳으로 올라가고 싶다는 생각이 들었다. 하지만 지금으로서 할 수 있는 건 1~2단계에서 더 자금을 모으는 것이다. 2단계를 하다가 3단계로 넘어가면 더 좋겠지만, 그럴 가능성이 희박하니까. 차라리 작은 규모라도 4단계로 넘어가는 게 맞으니까.

하지만 자금을 계속 모으려면 평생 할 수 있는 일을 찾는 것도 중요하다. 그래야 투자할 자금도 멈추지 않고 계속 쌓일 테니 말이다. 20대에는 연애와 취업, 30대에는 결혼과 육아 이야기를 주제로 꽃이 핀다. 하지만 40대가 되면 아이들 교육비와 재테크 같은 주제로 넘어온다. 그리고 건강과 직장 생활에 대한 주제도 이어진다. 슬슬 건강이 안 좋아지고, 직장에서는 무한 업무로 삶이 지칠 대로 지치기 때문이다.

4

휴직한 이후로 내가 가장 먼저 시작한 일은 매일 산에 오르는 일이었다. 그리고 맨발로 흙을 밟는 게 좋다고 해서 내려올 때마다 신발과 양말을 벗어 던지고 맨발로 걸었다. 처음에는 느낌이 이상했지만, 일주일 정도 하니까 금방 적응됐다. 그렇게 석 달 정도를 꾸준히 했더니 몸무게가 5kg 정도 줄었다. 심장 근처 근육도 덜 땅겼다. 호흡도 많이 좋아졌다. 역시 꾸준한 운동은 우리에게 건강을 찾아 준다.

내가 직장 생활로 힘들 때 잠시 연락이 닿았던 초등학교 동창이 있었다. 그 친구도 그때 비슷한 증세를 보였다. 아직 초반인 거 같길래 빨리 운동을 시작하라고 말해 줬다. 운동은 스트레스를 줄여주고, 우리 몸의 항상성을 유지하는 데 좋으니까. 최근에 갑자기 그 친구가 생각나서 연락했다.

"요즘은 어때?"
"그때 너한테 이야기 듣고 바로 운동 시작했더니 이제는 괜찮아졌어."

다행이었다. 적어도 그 친구는 마음의 감기가 오기 전에 예방했으니. 40대 초반 아이가 둘인 가장이 느끼는 무게는 숨 쉴 수 없을 만큼 무겁다. 친구는 말을 이어 갔다.

"부모님 말씀이 맞는 것 같아. 공부할 때가 가장 좋을 때라고 했던 것 말이야."
"그치? 그때는 우리가 경험하지 못해서 이렇게 부모가 되는 게 힘든 줄 몰랐어."
"맞아. 이제야 직접 경험하니까 알겠더라고."
"그래. 어려워도 힘내 보자. 건강부터 잘 챙기고. 가족을 위해서라도 아프면 안 되니까."

나이를 먹을수록 주변에 대화할 친구가 사라진다고 한다. 친구가 10명이라면, 50대 이후부터는 나이대가 곧 세상에서 사라진 친구의 비율이라고 했다. 만일 70대라면 10명 중 7명이 없다는 의미다. 그렇게 다들 서서히 세상을 떠나게 되니까. 40대인 나는 이제 주변에 40%의 사람이 없다는 의미다. 실제 과로사든 자살이든 스트레스로 혹은 건강 이상으로 죽어 나가는 사람들이 주변에 하나둘씩 보인다.

벌초하러 갔다가 과로사로 죽은 친구도 알고 보니 정신과 진료를 받는 중이었다고 했다. 1980년대생으로 태어나 40대 초반의 나이는 어느 때보다 더 삶의 무게가 무거우니까. 그리고 우리보다 1살 많은 친구의 누나도 우울증을 앓다가 결국 번개탄을 피우고 생을 마감했다고 했다. 우리의 뇌는 위험을 느낄 때 싸우거나 도망치거나 둘 중 하나를 선택한다. 과거 맹수로부터 위협을 받은 역사로 인해 생긴 특성이다.

위험을 피하는 방법으로 과로와 스트레스로 인한 심장마비, 혹은 스스로 목숨을 끊는 일이 있다. 어찌 보면 더 편한 길을 생각한 걸지도. 괴로운 상황을 극복하기 위해 맞서 싸우는 게 더 힘들 수 있으니까. 그러면 안 되니까 차라리 퇴사하는 게 나을지도 모르겠다. 만일 공무원인데, 직장에서 받는 스트레스로 죽을 것 같다면 다른 일을 하는 게 나을 테니까. 아무리 62세까지 정년 보장이 된다고 해도 중간에 스트레스로 죽으면 안 되니까.

정년 보장이 누군가에게는 안정감일 수 있지만, 반대로 숨 막히게 힘이 든다면 그건 안정이 아니라는 것이다. 모든 건 상대적이니까. 퇴사한 내 친구는 전에 다니던 직장에 있다가는 숨 막혀 죽을 것 같아 퇴사를 선택한 것이다. 위기에서 탈출한 것이라 볼 수 있다. 아니었으면 나는 친한 친구의 부고 소식을 들었을지도 모르니. 오히려 퇴사를 축하해 줘야 하는 게 아닐까?

> 5

　나 또한 살기 위해서 휴직을 선택했다. 하지만 왜 나에게 그런 일이 생겼을까 궁금했다. 정보를 찾다 보니 모든 건 세로토닌에 있었다. 하루 종일 건물에 갇혀서 쉬지 않고 했던 생활이 문제였다. 햇볕을 쐬지 않으면, 세로토닌이 생기지 않는다. 눈으로 빛을 받아야지만 세로토닌이 생기기에.

　그리고 리듬감 있는 동작이 있어야 세로토닌이 생긴다. 약간 빠른 걸음, 껌 씹기, 밥 꼭꼭 씹어 먹기 등의 행동이 도움이 된다. 만일 아침을 거르거나 선식과 같은 마셔 버리는 음식을 선택하면 세로토닌이 잘 분비되지 않는다.

　우리가 잠을 자기 위해서는 멜라토닌이 필요하다. 참고로 멜라토닌은 낮 동안 우리가 만든 세로토닌이 어두워지면 멜라토닌으로 변한다. 그래서 낮에 야외 활동을 충분히 하면 더 잠이 잘 오는 것이다. 하지만 현대인들은 건물에 갇혀서 해를 볼 일이 거의 없다. 그리고 식사도 급하고 빠르게 간단한 음식으로 대체한다. 그러니 세로토닌이 부족할 수밖에.

　멜라토닌이 부족하면 불면증에 걸린다. 불면증에 걸리면 부정적인 생각이 머릿속에서 떠나지 않는다. 그래서 감정이 부정적으로 바뀌고 우울감이 생긴다. 이게 심해지면, 마음의 감기에 걸리게 되는 것이다. 그래서 세로토닌 생성을 위해 꾸준하게 매일 노력해야 한다.

3개월간 등산하면서 건강이 많이 좋아진 걸 느꼈다. 그런데 여름이 되니 너무 더워서 등산을 하지 않게 됐다. 그렇게 한 달 정도 지냈더니 다시 숨이 잘 쉬어지지 않았다. 작은 것에도 금방 화가 나서 폭발했다. 다시 운동을 시작할 수밖에 없다는 걸 느꼈다. 세로토닌 형성에 산책이 좋다고 해 점심 먹고 1시간, 저녁 먹고 1시간 밖으로 나가 빠르게 걸었다. 다시 일주일 꾸준하게 하니까 건강이 좋아졌다. 하지만 또 멈추면, 또 문제가 생겼다. 무한 반복이다.

만일 퇴사한다고 해도 건강 악화로 인한 불명예 퇴사를 바라진 않는다. 그래서 더 열심히 매일 운동한다. 그리고 퇴사 후에 내가 잘할 수 있는 일을 찾기 위해 오늘도 공부한다. 책 읽고, 내용 정리하고, 내 삶에 적용해 본다. 나이가 늘어서도 남은 삶 동안 할 수 있는 일이 무엇일까 고민한다. 지금으로선 작가의 길뿐이다. 배운 게 도둑질이라고, 그동안 해 온 일 외에는 할 수 있는 게 없으니.

...

휴직 후 가장 좋은 점은 3가지가 있다.

첫 번째는 아침, 저녁으로 가족과 함께 식사할 수 있는 점이다. 새벽에 나가서 밤에 들어오는 삶과 반대다. 게다가 자기 전에는 아이들에게 책을 읽어 주거나 이야기를 들려준다. 두 번째는 아내와 종종 평일에 데이트할 수 있다. 놀라운 것은 평일 낮에 직장 안 다니고 우리처럼 노는 사람들이 많다는 점이다. 세 번째는 내가 좋아하는 독서와 글쓰기를 매일 할 수 있는 점이다. 일에 치여서 피곤하고, 시간이 부족해서 글도 못 썼으니까.

만일 지금 생활만으로도 경제적인 문제가 해결된다면 직장에 다시 돌아갈 이유는 없다. 먹고 사는 문제가 해결되는 거니까. 하지만 매달 돈이 들어오지 않으니 쉽지 않다. 마치 프리랜서의 삶을 간접 체험하는 느낌이다. 다만 그나마 희망적인 건, 직장에서 일할 때보다는 즐겁다는 것이다. 어떤 날은 더 오래 일할 때도 있는데도, 내가 일한 만큼 보상이 돌아오니까 동기 부여가 충만하다.

다만 작가로서의 일은 불안정하다. 규칙적으로 일이 들어오는 건 아니니까. 고정 지출이 있으니 매달 부담이다. 예산이 마이너스가 될 수도 있으니까. 그러다 파산할 수도 있으니까. 그런 상황이 있을 때마다 또 가슴을 콕콕 찌른다. 스트레스 지수가 다시 높아진다. 도대체 어떻게 해야 하는 걸까?

하지만 다시 직장으로 돌아갔을 때는 이런 증상이 더 자주 올 것만 같다. 그래서 돌아가기가 두렵다. 고작 돈 몇백만 원으로 인해 삶을 포기하는 순간이 오면 안 되니까 돌아갈 수 없다고 합리화한다. 그래서 오늘도 글을 쓴다. 가장 좋아하는 일을 더 갈고 닦아서 나의 경제 활동 비율 중 1위로 만들기 위해. 언젠가는 나도 좋아하는 일만 하며 충분히 먹고 살아갈 수 있을 것이라 믿으며.

"내년에도 휴직을 연장하고 싶어서 전화드렸습니다."

나의 선택은 지금 당장 퇴사가 아니라 휴직을 1년 더 연장하는 것이다. 1년 후 나는 과연 퇴사할 수 있을까? 매일 퇴사 마려운 걸 어떻게 참아야 할는지. 그건 지금의 내가 아니라 미래의 나만이 알 수 있겠지?

가끔 삶이 힘들 때면 윌 스미스 주연의 《행복을 찾아서》라는 영화를 본다. 영화 속 주인공이 어떻게든 아들을 먹여 살려 보겠다는 의지를 보이는 상황에 몰입하면 내가 생각난다. 끝까지 꿈을 지켜내는 주인공을 본받는다. '꿈이 있으면 지켜야 한다.'는 그의 말이 귓속에 맴돈다.

혹은 덴젤 워싱턴 주연의 《더 이퀄라이저》라는 영화를 본다. 아내가 죽기 전에 읽던 100권의 독서 리스트를 자기가 죽기 전에 다 읽으려고 한다. 나도 나중에 생을 마감하기 전에 과거의 삶과는 다른 무언가를 이루어야겠다고 생각해 본다.

거기에 한 소녀가 '자기 세상에선 불가능하다.'라는 말에 '그럼 세상을 바꿔.'라는 말을 전하는 모습이 눈에 선하다. 마치 소설 《데미안》에서 새가 태어나려면 알을 깨고 나와야 하는 것처럼. 그러니 나만의 세상을 바꾸는 법을 연구해 봐야겠다.

내가 사는 세상을 어떻게 하면 바꿀 수 있을까? 선조들의 말에 의하면 우리 인생이 바뀌려면 사람, 직장, 집, 이렇게 3가지가 바뀌어야 한다고 한다. 모두 다 나에게 큰 영향을 주는 요인들이다. 집을 제외하고 나머지 2개는 직장을 바꾸는 순간 함께 바뀐다. 그런 면에서 퇴사는 우리 인생을 충분히 바꿀 수 있는 선택이 아닐까?

(엔딩곡)

"바꿔 바꿔 바꿔 모든 걸 다 바꿔. 바꿔 바꿔 사랑도 다 바꿔. 바꿔 바꿔 거짓은 다 바꿔. 바꿔 바꿔 세상을 다 바꿔."

*바꿔
- 1999년 10월에 발매된 가수 이정현의 1집 앨범 〈Let's Go To My Star〉, 4번 트랙에 위치한 타이틀 곡

에필로그.
그리고 10년 후

"띠리 띠리- 띠리 띠리- 아침 6시입니다. 일어나세요. 잠을 깨우는 마사지 시작하겠습니다."

스마트 침대 알람 소리에 잠이 깼다. 알람과 동시에 마사지가 시작된다. 머리부터 발끝까지 피로가 풀리는 느낌이다. 삶의 거의 모든 것들이 디지털화됐다. 말 한마디면 모든 게 가능한 세상이다. 하지만 아날로그로도 살아갈 수 있다. 내 삶의 방식은 내가 정하기 나름이니까.

"마사지가 끝났습니다. 기상 보조 모드 작동할까요?"

기상 보조 모드는 침대랑 한 몸이 된 사람을 일으켜 세워 주는 아주 고마운 침대 기능이다. 특히 노인들에게 인기가 많다. 다리도 아프고 허리도 아파서 일어나기가 힘든데 자동으로 설 수 있게 해 주니까. 나도 자주 이용하지만, 오늘은 왠지 아날로그로 살아가고 싶다. 많은 사람과 대면으로 만나는 날이니까.

"엠제이. 오늘 아침은 한식으로 준비해 줘."

최근에 구매한 스마트 AI 셰프 기능으로 건강식을 언제든지 먹을 수 있다. 아이들도 말 한마디로 자기가 원하는 식단으로 밥을 먹을 수 있으니 아침을 거르지 않는다. 심지어 자동 설정을 해 두면 자기가 알아서 부족한 밀키트를 주문한다. 한식, 중식, 일식 등 메뉴가 다양해서 골라 먹는 재미도 있다. 하지만 저녁에는 다 같이 모여서 예전 방식 그대로 함께 요리해서 먹으려고 노력한다. 그렇지 않으면 한집에 사는 가족이 아닌 느낌이 드니까.

그리고 오늘은 광명역까지 가는 길이 멀지 않아 자율 주행 기능을 끄고 직접 운전해서 갈 예정이다. 내가 차 근처에 오니까 자동으로 시동이 걸린다.

"엠제이. 수동 주행 모드로 전환해 줘."
"수동 주행 모드로 전환합니다."

전기차라서 조용하지만, 수동 주행 모드로 바꾸면 인공 배기음 소리를 들려준다. 과거에 운전하던 느낌과 똑같지는 않지만, 나름 아날로그 감성을 자극한다.

"엠제이. 아이유의 '내 손을 잡아' 콘서트 버전 노래 틀어 줘."

운전할 때 꼭 듣는 노래다. 10년 전 아이유 팬클럽 '유애나' 8기에 가입하고 티켓팅에 성공해서 아이유 콘서트를 아내와 함께 갔을 때 마지막으로 들었던 곡이다. 관객들의 함성이 크게 들리기에 콘서트 현장에서 느꼈던 전율을 느낄 수 있어서 자주 듣는다. 하루를 기분 좋게, 그리고 활기차게 시작할 수 있으니까.

노래가 좋아서 반복해서 3~4번 듣다 보니 어느새 역에 도착했다. 오랜만에 주차도 수동으로 해 본다. 역시나 자주 하지 않으면 실력이 줄어든다. 10년 전이었으면 한 방에 성공했을 텐데 몇 번을 왔다 갔다 했는지 모른다. 그래도 즐겁다. 너무 완벽하면 로봇 같으니까. 인간미가 느껴지니 좋다.

7시 45분 부산행을 타기까지 아직 1시간이나 남았다. 나는 강의가 있는 날이면, 이렇게 미리 역에 도착해서 글 쓰는 걸 좋아한다.

그리고 1번 출구 앞에 있는 아날로그 카페를 이용한다. 사장님이 직접 카페를 관리하기 때문이다. 무인 카페에 가도 음료 맛은 같지만, 손맛이 느껴지지 않는다. 그렇다고 더 짠맛이 나는 건 아니지만, 인사도 나누고 대화하며 느끼는 사람 냄새가 좋다.

카페 창밖으로 전광판에 긴급 뉴스가 나온다. 정치인 한 명이 특허권 위배로 긴급 체포가 됐다는 소식이다. 이름을 보는 데 뭔가 모를 익숙함이 있다. 자세히 보니 10년 전 내가 공들여 쓴 책을 말아 먹은 출판사 대표와 이름이 같다. 얼굴을 보니 그 사람이 맞다. 그렇게 사람들 등쳐 먹고 살더니만, 결국 파국을 맞이했구나.

10년간 까맣게 잊고 살았는데, 이렇게 소식을 들으니 감회가 새롭다. 내가 아무것도 한 건 없지만 통쾌한 복수를 한 느낌이 들었다. 역시 사람이 죄를 짓고 살면 벌을 받는구나 싶었다. 뉴스 속보가 끝나니까 광고판에 책 소개가 나온다. 내가 쓴 《83년생 이야기》 종이책이 100만 부 팔렸다는 소식과 함께 리미티드 에디션 한정 판매 광고다.

지난주에 내가 골랐던 표지 디자인이었다. 2030년대인 요즘은 종이책이 100만 부가 팔리면 과거에 1,000만 부 팔린 것과 같다. 디지털 세상이 되니 사람들이 다들 AI를 이용해서 빠르고 쉽게 정보를 받아들이기 때문이다. 그래서 유일하게 소설과 같은 문학 종류만 종이책으로 출간한다.

종이책을 읽는 사람 수보다 100만이라는 숫자가 더 의미가 있다.

책값도 재료비, 인쇄비, 인건비 등 모두 올라 이제는 5만 원 정도 하기에. 쉽게 종이책을 사지 않는 분위기도 한몫한다. 게다가 마지막 검수는 사람이 꼭 해야 해서 비용이 많이 들기 때문이다. 아무리 정교하고 정확한 AI 시대가 왔어도 여전히 사람 손길이 닿는 일이 있다. 비용은 비싸지만.

출발 10분 전 플랫폼으로 이동했다. 2배는 빠른 자기 부상 열차도 있지만, 오늘은 추억이 깃든 KTX를 타기로 했다. 자기 부상 열차가 생기기 전에 KTX를 타고 전국을 누비며 강연을 했던 기억이 가득하니까. 돈이 없던 시절에는 좁은 일반석에서 몸을 구겨 가며 노트북을 켜고 책을 쓴 추억이 있으니까.

그나마 일찍 예약하면 조금 넓은 5호차 맨 앞자리를 선택할 수 있었다. 원래 특실이었다가 개조해 사용하고 있었기에 구조가 비슷했다. 물론 맨 앞자리만 1인석이 있을 뿐이었지만. 강연이 2주 전에도 들어올 수 있으니 항상 5호 차 맨 앞자리를 맡을 수는 없었다.

작가로 살아가며 경제적으로 조금 여유가 생기면서부터 특실을 애용했다. 비행기 비즈니스석을 타는 것도 아닌데, 세상을 다 가진 느낌이었다. 1~2만 원도 아끼며 살아야 하는 배고픈 시절이었으니 특실은 사치였다. 그런데 그 사치를 부리니 얼마나 좋았을까. 확실히 공간이 넓고 여유가 있으니 피로감도 적었다.

특실을 이용할 때도 일부러 콘센트가 있는 자리에 앉았다. 전기세라도 아껴 보자는 심정에서였다. 오랜 생활 습관은 쉽게 버릴 수가 없기에. 오늘은 특별히 앞 공간이 넉넉한 맨 앞자리로 잡았다. 급속 충전기가 있어서 콘센트 자리 따위는 필요 없었기에. 공간이 넓으니 비즈니스석이 따로 없다.

여전히 특실 서비스로 간식과 물이 제공됐다. 간식에는 특별히 현대인을 위한 '세로토닌 껌'이 들어 있었다. 자외선이 강해져서 사람들이 너무 오래 밖에 있으면 피부암이 걸리니 건물 안에 있는 경우가 더 많다. 아니면 양산을 쓰거나 선글라스가 필수라서 눈으로 빛을 다 받을 수 없다. 그래서 많은 사람이 세로토닌 결핍으로 마음의 감기에 자주 걸린다.

세로토닌 껌 레몬 맛이다. 새콤한 맛 덕분에 정신이 번쩍 든다. 최근에는 아이셔 세로토닌 캔디도 나왔다. 사탕을 다 먹고 나면 안에 껌이 있어서 질겅질겅 씹을 때 우리 스스로 세로토닌을 만들 수 있다. 태양 빛 말고도 리듬감 있는 동작은 세로토닌을 만들어 내니까. 껌으로 개발될 수밖에 없었을 것이다.

기차 속도가 적당하니 창밖을 보는 재미도 있다. 자기 부상 열차를 타고 밖을 보면 어지럽다. 특수 안경을 쓰지 않으면 안 된다. 또 그 안경 대여비가 기차 승차권보다 비싸다. 역시 희소성이 있으면, 값이 올라간다. 그래서 내가 요즘 하는 대면 강의도 비싼 가격에 팔린다. 마치 가수들의 콘서트 티켓 값이 비싼 것처럼. 하지만 베스트셀러 작가와 만나고픈 독자들은 기꺼이 카드를 긁는다. 그래서 나는 오늘 부산 사람들을 만나러 갈 수 있다.

강연이 끝나면 나는 광안리에 있는 숙소에서 하루 묵고, 다음 날 아침에 광안리 해변을 산책할 것이다. 이른 아침 돼지국밥 한 그릇 비우고 걷는 광안리 해변은 LA의 롱비치를 연상케 하니까. 마치 외국에 온 느낌이다. 다행히도 숙소비는 들지 않는다. 법인으로 광안리 아파트 한 채를 분양받았기에. 평소에는 관광객들에게 Airbnb로 빌려주었다가 내가 필요할 때는 예약을 막아 둔다. 예전에 부산에 올 때마다 항상 생각했다. 광안리 앞에 별장용 아파트를 꼭 구매할 거라고. 《83년생 이야기》 덕분에 그 계획도 이뤘다.

그러고 보니 계획한 일들을 많이 이룬 것 같다. 세상에 성공하는 사람은 오직 10%라고 하는데, 나머지 90%와의 차이점은 '실천' 여부다. 나는 매일 3시간 이상 글을 쓰고, 다른 목표를 이루기 위해 쉬지 않고 일했다. 비록 직장은 그만두었지만, 직장에 다닐 때보다 더 많이 일했다. 역시나 몇 년간은 노동자 계급으로 살아야만 했지만, 안정권에 들어서니 2단계로 올라갈 수 있었다. 게다가 매출이 오르니 3단계로 발돋움할 수 있었다.

비록 1인 기업이라 대기업 회장님과는 다르지만, 아웃소싱으로 직원을 두고 있기에 분명히 3단계 구조로 살아가고 있다. 그리고 돈이 생기니까 자연스럽게 투자를 할 수 있게 됐다. 부동산에도, 주식에도, 그리고 사람에게도. 내가 돈이 생기면 꼭 하고 싶은 일은 장학 사업이었다. 꿈은 있는데 경제적인 이유로 꿈을 포기하는 이들이 없기를 바랐기에. 많은 사람에게 꿈과 희망의 메시지만 전파

하는 게 아니라 실질적으로 도움을 주고 있다. 나도 힘들 때 나의 멘토들이 물심양면으로 많이 도와주었기에.

어찌 보면 건조하고 삭막한 세상에 사람과 사람이 만나 하는 일이 가장 의미가 있지 않나 생각한다. 지나고 보니 결국 내가 잘될 수 있었던 건 주변 사람들 덕분이었으니까. 오늘도 그 사람들에게 감사한 마음으로, 내 책을 읽어 주는 독자들에게 고마운 마음으로 하루를 살아 본다. 다 함께 손잡고 더불어 사는 세상이 계속 이어지기를 바라는 마음으로.

'내가 세상을 바꾸는 순간, 나는 다시 태어난다. 여전히 힘든 일이 있지만, 또 무너지면 새롭게 시작할 수 있으니 넘어져도 얼마든지 일어날 수 있다. 그러니 나만의 세상을 만들어 가길 바란다. 어차피 한번 살다가 가는 인생, 이왕이면 내가 주도하는 삶이 되기를 바라며….'

(엔딩곡)

"느낌이 오잖아. 떨리고 있잖아. 언제까지 눈치만 볼 거니. 네 맘을 말해 봐 딴청 피우지 말란 말이야. 네 맘 가는 그대로 지금 내 손을 잡아. 어서 내 손을 잡아."

*내 손을 잡아

- 2011년 5월에 발매된 가수 아이유의 곡. 드라마 〈최고의 사랑 OST〉, 4번 트랙에 위치한 타이틀 곡

부록
닭장 속의 유토피아 – 장르: 소설

악몽

심장마비

제주도

에덴의 동쪽

사이먼 가라사대

이브의 비밀

유토피아

에필로그

악몽 1

  악몽을 꿨다. 숨이 쉬어지지 않았다. 꿈인지 현실인지 구분하기 어려웠다. 계속 숨이 쉬어지지 않았다. 겨우 '억-' 소리를 내며 깼다. 주변은 이내 고요했다. 숨을 고르고 눈을 비볐다. 실눈을 떴다. 진득한 눈곱 사이로 희미한 노란빛이 보였다. 가로등 불빛인지 달빛인지 구분이 안 됐다. 검은 그림자가 빠르게 빛을 가렸다. 칠흑 같은 어둠이 내렸다. 그새 빛에 적응된 눈은 아무 기능도 할 수 없었다. 머리맡에 있는 안경을 더듬었다. 안경을 쓰니 조금씩 주변이 보이기 시작했다. 다시 노란빛이 창으로 새어 들어왔다. 시커먼 그림자는 검은 구름이었다. 그리고 분명한 달빛이었다. 검은 구름은 다시 달빛을 가렸다. 긴 시곗바늘이 12를, 짧은 시곗바늘은 숫자 4를 가리키고 있었다.

  꿈에서 나는 운전을 하고 있었다. 주말에 가족과 어딘가 놀러 가는 길이었다. 갑자기 먹구름이 몰려왔다. 비가 억수로 내리기 시작했다. 금세 어두워진 하늘은 검은 세상을 만들었다. 도로 질서를 지키는 하얀 차선이 보이지 않았다. 와이퍼를 아무리 강하게 틀어도 소용이 없었다. 비가 세차게 오는 어두운 날은 항상 그랬다. 빗길에 미끄러져 큰 사고가 날 것만 같았다. 그러면 언제든 저승사자가 잡아가도 모를 일이었다. 평소에 생각하지 않았던 죽음에 대한 공포를 느끼곤 했다.

비가 오고 나면 다시 해가 뜬다. 땅도 마른다. 소낙비는 그리 오래 내리지 않았다. 금방 해님이 밝게 인사했다. 땅은 여전히 빗물로 적셔져 있었다. 다행히도 도로 위 하얀 선이 보였다. 그제야 안심했다. 혹시 몰라 오른쪽 가장자리 차선으로 천천히 달렸다. 빗길은 미끄러우니까. 찰나에 참새 한 마리가 방음벽을 넘어 도로로 날아들었다.

'퍽-'

순식간에 일어난 일이었다. 도로 위에 먹을 게 있었는지 참새는 차가 달려오는 데도 살포시 날아올라 노도에 착시했다. 브레이크를 무척이나 세게 밟았지만 소용없었다. 이미 바퀴가 굴러가는 딱 그 위치에 있었으니까. 서서히 차를 멈추며 거울을 통해 도로 위에 쓰러진 참새를 살폈다. 날개가 반쯤 접힌 채로 퍼덕이고 있었다. 그리고 움직임이 없었다.

나는 갑자기 숨이 쉬어지지 않았고, 곧 정신을 잃을 것 같은 느낌이 들었다. 고개를 핸들에 박은 순간 갑자기 화면이 바뀌었다. 돌과 모래가 가득한 차가운 땅바닥에 나는 누워 있었다. 계속 숨은 쉬어지지 않았고, 눈을 뜰 수도 없었다. 사람들이 나를 둘러싸고 있었다. 몇몇은 내 팔을 주무르고, 다리도 주물렀다. 그때 누군가 확신에 찬 목소리로 말했다.

"입을 막아야 해! 이거 과호흡이야!"

그리고 바로 거칠한 두 손이 내 입을 틀어막았다. 숨이 막혀 죽을 것 같았다. 숨을 천천히 쉬어 보라는 말이 들렸다. 숨이 막힐 것만 같은 공포를 이겨 내야 했다. 진심으로 나를 살리려 하는 느낌이 들었다. 숨을 천천히 쉬었다. 심호흡했다. 점점 호흡이 돌아오는 것만 같았다. 하지만 그때 갑자기 화면이 바뀌었다. 마치 영화《인셉션》처럼…. 꿈에서 다른 꿈으로 이동했다.

악몽 2

나는 어릴 때 심신이 허약했다. 툭하면 코피가 났고, 매일 밤 가위에 눌리기 일쑤였다. 덕분에 예지몽을 자주 꾸곤 했다. 내 주변 사람들이 종종 등장했다. 그런 날은 '모' 아니면 '도'다. 내게 친절하게 말을 걸어오면, 길몽이었다. 다음 날 좋은 일이 많이 생겼다. 반면 사람은 보이는 데 말을 안 하면, 흉몽이었다. 꿈에서 사람이 말을 안 하면 귀신이라고 했다. 아무 말도 하지 않았지만, 내게 불길한 일이 있을 거라는 신호를 보냈다.

가위에 눌린 날에는 꿈에서 깰 때까지 숨을 쉴 수 없었다. 귀신의 장난인지 모르겠지만, 항상 가슴이 '꽉' 눌린 느낌이 들었다. 가

숨은 답답했고, 숨쉬기가 어려웠다. 손가락에 힘을 주고, 발가락에 힘을 줬다. 어떻게든 빨리 깨어나고 싶어서 힘껏 힘을 주며 싸웠다. 가끔은 나를 비웃는 웃음소리나 말소리가 들리기도 했지만, 언제나 나의 승리였다. 내 몸을 누르고 있던 힘이 사라지는 걸 느꼈다. 눈을 뜨고 현실로 돌아올 수 있었다.

오늘은 평소와 달랐다. 아무리 노력해도 꿈에서 깰 수 없었다. 간신히 벗어난 듯하면 또 다른 꿈에서 실랑이를 벌여야 했다. 이상하게 가위눌림도 아니었다. 그냥 꿈의 연속이었다. 계속 숨을 쉴 수 없는 상황의 연속이었다. 마지막 꿈에선 펑펑 울다가 숨을 쉴 수 없었다. 도저히 믿을 수 없는 흉몽이었다.

습하고 더운 날이었나. 친척 형인 노아와 나는 잔디를 깎고 있었다. 가만히 있어도 등에 땀이 줄줄 흘렀다. 뙤약볕에 둘은 점점 지쳐 갔다. 노아 형이 말했다.

"유진아, 나는 더는 못하겠어. 차에 가서 5분만 쉬었다 올게. 내가 오면 너도 좀 쉬고."

죽을 지경이었지만, 교대하자는 말에 힘들어도 참았다. 5분만 기다리면 내 차례가 되니까.

5분이 지났다. 그리고 10분이 지났다. 금방 온다는 사람이 나타나지 않으니 화가 치밀었다. 핸드폰으로 전화를 걸었다. 하지만 친척 형은 전화를 받지 않았다. 신호음만 계속 들릴 뿐이었다. 혼잣말을 중얼거렸다.

"차에서 잠들었나?"

약속 안 지키는 사람이 제일 싫다. 화가 단단히 나 콧구멍을 벌렁거리며 차로 향했다. 앞 좌석에 노아 형이 눈을 감고 기대고 있었다. 차 문을 열어서 몸을 흔들었다. 하지만 깨어나지 않았다. 의식이 없어 보였다. 크게 이름을 불렀다.

"노아 형! 일어나!"

아무리 흔들어 깨워도 반응이 없었다. 코에 손을 대보니 숨을 쉬지 않았다. 갑자기 도롯가에 쓰러진 참새가 생각났다. 무기력하게 축 처진 모습이 교차하는 순간이었다. 눈가에 눈물이 고였다. 콧물도 흘렸다. 펑펑 울다가 갑자기 숨이 쉬어지지 않았다. 세상이 180도가 뒤집혔다.

악몽 3

동양에서 숫자 4는 죽음을 의미한다. 건물에 4라는 숫자를 쓰지 않기 위해서 생략하기도 한다. 엘리베이터에는 숫자 '4' 대신에 영어 four를 의미하는 F가 적힌 곳도 있다. 새벽 4시에 잠을 깨는 건 꺼림칙하다. 디지털 시계에 444라고 찍혀 있으면 최악이다. 시곗바늘이 4시 정각을 가리키고 있었기에 기분이 별로였다. 혼잣말로 투덜거렸다.

"악몽을 실컷 꾼 것도 모자라 새벽 4시에 깨다니…."

사실 너무 오랜만에 꾼 악몽이었다. 결혼한 이후로 특히 아이가 생긴 이후로 가위에 눌리거나 악몽을 꾼 적이 거의 없었다. 귀신보다 아이 기가 세서 근처에 오지 못한다고 했다. 오늘은 달랐다. 평온하게 새근새근 잠든 아이들이 바로 옆에서 있었다. 가위눌림이 아니었으니 귀신은 아니었을까. 생생한 꿈이 계속 눈앞에 아른거렸다. 문득 걱정스러운 마음이 들었다.

'노아 형은 괜찮을까?'

목이 말랐다. 몸을 간신히 일으켰다. 몸이 굳어 있었다. 고개를

360도 돌려 가며 풀었다. 또 어깨를 들썩거리며 근육도 풀었다. '으이차-' 추임새를 내며 자리에서 일어났다. 방을 나와 물 마시러 부엌으로 향했다. 정수기에 가까워지자 브랜드 로고가 보였다. 종달새 모양의 은색 로고가 밝게 빛났다.

미간을 찌푸렸다. 갑자기 꿈속 참새가 떠올랐다. 날개가 꺾인 채로 죽음을 맞이한 불운한 운명. 왜 갑자기 도로 위로 날아들었을까? 참새의 의지였을까? 새는 의지가 있을까? 다른 선택은 없었을까? 거스를 수 없는 운명이었을까? 꼬리에 꼬리를 무는 생각이 나를 괴롭혔다.

'태어나는 순서는 있지만, 죽는 순서는 없다.'

확률상 나이가 들수록 죽음에 가까워진다. 하지만 돌연사가 많은 나이는 40대다. 건강 위험 신호가 발생하는 나이. 젊지도 늙지도 않은 나이. 한창 주가를 올릴 나이. 전성기를 보내는 나이. 경험도 능력도 모두 최고 레벨이 되는 나이. 유혹에 넘어가지 않는 불혹의 나이. 40대는 공교롭게도 숫자 '4'로 시작한다. 문득 불길한 예감이 들었다. 노아 형이 괜찮은지 궁금했다. 새벽이라 전화하기는 어려운 노릇. 메시지를 남기기로 했다.

형 잘 지내?

너무 이른 새벽 연락해서 미안.
그런데 꿈이 뒤숭숭해서 안부 차 연락했어.
메시지 보면 꼭 답장 부탁해!

다시 잠자리에 들려고 방으로 들어왔다. 시계는 4시 40분을 가리키고 있었다. 4시 44분이 가까워지고 있었다. 눈으로 그 숫자를 보기 싫었다. 바로 눈을 감았다. 둘째를 껴안았다. 우리 집에서 가장 기가 센 어린 생명체니까, '나를 지켜 주지 않을까?' 그렇게 믿고 싶었다.

심장마비 1

'띠리리리- 띠리리리-' 알람 소리였다. 악몽으로 잠을 설쳤더니 찌뿌둥했다. 선선한 바람이 부는 초가을 환절기라 그런지도 모르겠다. 이제 아침 해가 점점 늦게 뜨기 시작한다. 여름에는 새벽부터 해가 밝았다. 매일 알람 소리를 듣기 전에 깼다. 신체 시계가 작동하는 듯, 해가 뜨면서 우리 몸도 슬슬 시동을 건다. 해가 지면 슬슬 스위치를 끄려고 한다. 활동과 휴식을 반복하며 그렇게 매일을 산다. 하지만 잠을 자도 멈추지 않는 게 있다. 심장이다. 멈추면 우린 죽는다. 호흡도 맥박도 함께 멈춘다. 그런 이유로 심장은 절대 멈추면 안 된다.

나는 기상과 동시에 심장에 손을 대본다. 다행히 쿵쾅쿵쾅 빠르게 심장이 뛴다. 다행히 '살아 있구나.'라고 생각하며 안도의 한숨을 쉰다. 요새 부쩍 심장이 조여 오기 때문이다. 조금만 신경을 써도, 숨이 잘 안 쉬어질 때도, 심지어 배가 부를 때도 그렇다. 병원을 다섯 군데나 들렀지만, 답을 찾을 수 없었다. 심전도 검사, 피검사, 엑스레이 등 각종 검사를 해 봐도 정상이란다.

다만 혈압이 높다. 140~160을 왔다 갔다 한다. 옷이 작아서 그런 것 같기도 하다. 살 때문에 옷이 맞지 않아서 새로 산 옷인데 또 안 맞는다. 지난 6개월 동안 급격하게 살이 쪄서 자꾸 새 옷을 사게 된다. 살이 찌면 건강뿐만 아니라 경제적으로도 손실이 있다.

요새 숨이 안 쉬어지는 것도, 심장이 조이는 것도 살 때문이라 생각하게 된다. 다른 데는 아무런 문제가 없으니까. 매일 아침 덜컥 겁이 난다. '혹시라도 심장이 안 뛰면 어떡하지?' 이 생각이 계속 머릿속에 맴돈다.

요새 습관이 하나 생겼다. 심장에 손을 대고 뛰는지 확인하는 습관. 가끔 심장이 조이는 느낌이 들 때도, 심지어 안도의 한숨을 쉴 때도…. 깊게 숨을 내쉬며 손을 가슴에 얹고 심장이 뛰는지 확인한다. 40대가 되면 심근경색이 원인이 돼 심장마비로 죽을 수 있다는 말을 계속 들어왔었기 때문이다.

운전할 때도 마찬가지다. 자꾸만 하얀 차선이 흐리게 보인다. 특히 야근하고 늦게 귀가할 때 그렇다. 운전하다가 갑자기 어딘가 들이박아 사고가 나는 끔찍한 상상을 해 본다. 극도로 긴장한 상태로 매일 아침저녁 출퇴근한다. 살이 찌면 둔해진다는 데 나는 아니다. 오히려 더 예민하고, 잘 보이던 눈도 안 보이고, 숨도 안 쉬어지고, 심장도 조이고 계속 건강 악순환의 고리가 생겨난다.

3개월째 매일 야근이다. 집은 그냥 잠만 자는 곳이다. 하루 세끼 모두 직장에서 해결하고, 15시간 가까이 일만 한다. 몸도 피곤한데, 마음도 피폐해진다. 내가 왜 사나 싶다. 사랑하는 가족과 시간도 보내지 못하고, 주말도 계속 출장을 가거나 업무가 있어 집에 붙어 있질 못한다.

오늘도 집에 오니 11시다. 아이들은 방에서 곤히 자고 있고, 아내는 거실에서 핸드폰을 하고 있었다. 나는 샤워하고 바로 아이들에게 가 봤다. 얼굴을 꽤 오래 못 봤다. 갑자기 눈물이 주르륵 흘렀다. 이렇게 사는 건 아니라는 생각이 자꾸만 들었다. 20분 동안 방에서 나올 수 없었다. 우는 모습을 아내에게 들키고 싶지 않았다.

심장마비 2

"울었어?"

방에서 나온 나에게 던진 아내의 첫마디였다. 나는 아니라고 거짓말을 했다.

"요새 많이 힘들지?"

두 번째 질문에 나는 무너져 내렸다.

"흐흑…."

숨소리가 점점 거칠어졌다. 방 안에서 간신히 틀어막은 눈물 수도꼭지가 열린 것처럼 다시 콸콸 쏟아졌다. 나는 더는 부정할 수 없었다. 아내는 살포시 나를 안아 주며 말했다.

"힘내, 오빠. 우리를 위해 고생하는 거 다 알아."

위로하는 아내를 부둥켜안고 펑펑 울었다. 40년 만에 대성통곡하며 우는 건 처음이었다. 아내는 고사리 같은 손으로 내 등을 두드리며 다독였다.

"괜찮아. 모두 다 괜찮아질 거야."

아내는 따뜻한 말로 계속해서 나를 안아 주었다. 참아 왔던 감정이 뜨거운 눈물로, 따뜻한 아내의 말로 모두 녹아내렸다. 시간이 흘러 마침내 진정이 됐다. 울음은 그쳤지만, 한동안 말없이 바닥만 봤다. 나도 아내도 어디서부터 말을 꺼내야 할지 몰랐다. 내가 먼저 용기를 냈다.

"나 직장 그만둘까 봐."

내 말이 끝나기도 전에 아내는 한 치 망설임도 없이 답했다.

"응, 그만둬. 내가 일하면 되지."

7년간 직장 생활을 했던 아내는 아이를 낳은 이후로 7년간 경단녀로 살아왔다. 물론 육아가 더 힘든 일이다. 하지만 공백을 깨고 다시 일을 시작한다는 건 쉽지 않은 도전이다. 오롯이 남편을 우선 살리고 봐야겠다는 생각 때문인지 몰라도 매우 단호했다. 그 모습이 멋졌다. 삼일 운동을 펼치던 독립투사만큼이나 위기 속 강인함이 느껴졌다. 오히려 그 말을 들으니 그만둘 수 없었다. 미안하고, 고마웠다.

순간 민망함이 몰려왔다. 조금 더 참아 볼 것을…. 괜히 그랬나 싶었다. 방금 뱉은 말을 주워 담을 수 있다면, 그러고 싶었다. 이미 쏟아졌으니 담을 수는 없는 노릇. 다만 땅에 떨어진 물은 마른다. 적어도 쏟아진 물을 해결할 수는 있다. 되돌릴 수는 없지만, 해결책을 제시할 수는 있었다. 미봉책이라도 좋으니 말이다.

대기업으로 이직했을 때 환하게 웃으며 기뻐하던 아내 얼굴이 떠올랐다.

'아내가 많이 좋아했는데…. 그만두면 대기업 다니는 남편은 사라지는 것인데….'

찰나에 많은 생각이 들었다.

"퇴사 말고, 잠깐 휴직을 해 볼까?"

내가 유일하게 제시할 수 있는 대안이었다. 아내는 말없이 고개를 끄덕이더니 내 얼굴을 빤히 쳐다보며 말했다.

"그래도 바로 그만두기에는 아깝지? 그럴까? 아니 그러자."

아내는 이번에도 바로 수긍했다. 가장으로서 견디지 못하고 치부를 들켜 버린 자신이 원망스러웠다. 찰랑거리며 쏟아질까 위태로웠던 물이 쏟아지지 않도록 더 버텨 보는 건데…. 후회가 밀려왔다.

심장마비 3

"유진 과장님, 결과 보고서 언제 줄 수 있나요?"

출근과 동시에 이 팀장이 말을 건넸다. 이 팀장은 우리 회사에서 강박증을 대표하는 사람이다. 팀원들에게 1초도 쉴 틈을 주지 않는다. 어젯밤 11시에 출장 일정이 끝났는데, 출근과 동시에 결과 보고서를 제출하라고 닦달한다. 출근 후 오전 중에 차근차근 정리해도 충분할 텐데 잠시도 기다리질 못한다.

이 팀장은 눈빛이 날카롭다. 매의 눈으로 끊임없이 주변을 살핀다. 동공은 항상 불안하게 움직이고, 시선을 고정하시 못한다. 고민의 깊이만큼 이마 주름도 깊게 잡혀 있다. 입술을 꽉 다문 모습이 보인다. 컴퓨터 앞에 앉아 있는 그의 모습은 항상 굳어 있다. 긴장한 탓인지 어깨가 솟아 있고, 손을 가만히 두지 못한다. 마우스에 있던 손을 자꾸만 움직여 머리카락을 쥐어뜯는다. 반면에 옷차림은 항상 단정하다. 365일 내내 하얀 셔츠에 정장 재킷을 입고 온다.

살이 찌는 사람은 점점 옷이 커진다. 마른 사람은 항상 옷이 그대로다. 이 팀장은 깡마른 몸이다. 성격이 사람의 몸을 만든다고 하는데, 생김새만으로 성격이 어떨지 가늠이 된다. 관상은 과학이다. 예상은 언제나 벗어나지 않는다.

20대에는 모든 게 새로워서 일이 힘들었다. 30대에는 일이 어느 정도 적응되니 사람 때문에 일이 힘들어지기 시작했다. 40대가 되니까 모든 건 사람에 의해 결정된다. 일 때문에 힘든 건 그냥 버틴다. 이미 무뎌졌으니까. 하지만 사람 때문에 힘든 건 어쩔 수 없이 참는다. 내가 무너지면 가족이 무너지니까. 이 팀장은 나에게 도저히 견디기 어려운 상사였다. 아니 누구라도 힘들었을 것이다.

안타까운 건 지금 있는 팀의 업무 성격이 나랑 맞지 않는다. 대기업으로 이직하면서 처음엔 영업직 경력으로 들어왔다. 내 커리어의 대부분은 영업직이었다. 하지만 급히 기획팀에서 인력 부족으로 나를 데려가게 됐다. 안타깝게도 한 번 자리를 잡고 나면 팀을 옮기기가 쉽지 않았다. 대기업은 시스템이 크게 움직이기에 중소기업처럼 자리를 쉽게 바꿀 수 없었다. 아이러니하게도 그 자리는 누군가로 언제든지 대체될 수 있었다. 사람은 단순히 쓰이는 부품일 뿐이니까.

휴직하려면 대기업은 절차가 복잡하다. 내가 속한 팀의 팀장과 상무 승인에 이어 인사팀 팀장과 상무까지 여러 단계를 거쳐야 했다. 아무리 육아 휴직이 가능하다고 해도 이유가 분명해야 했다. 거짓말이지만, 나는 아내가 일을 시작해서 육아 휴직이 필요하다고 이 팀장에게 말했다. 인상을 찌푸리며 내게 말했다.

"꼭 지금 이 시점에 휴직해야 합니까?"

안 그래도 깊은 이 팀장의 이마 주름이 더 파였다. 평소에는 날카로운 모습이었는데, 화난 모습은 성난 사마귀 같았다. 금방이라도 날카로운 앞다리로 내 얼굴을 할퀼 것만 같았다. "네."라고 나는 짧게 대답했다. 내 얼굴을 뚫어지도록 한참 동안 쳐다보더니 한숨을 푹 내쉬며 말했다.

"휴직 한 달 전 신청인 건 아시죠? 인사팀에 연락해 보세요. 인수인계는 다 해 주고 가야 합니다."

다행히 거절당하지 않았다. 아무리 그 까다로운 이 팀장도 법은 무서웠나 보다. 육아 휴직은 민감한 사안이니까.

심장마비 4

휴직하기까지 한 달간 이 팀장의 횡포는 더 심해졌다. 휴직만 아니었으면 이 팀장 얼굴에 사직서를 던져 버리고 나왔을 거다. 이제 곧 끝이 보이니까 참고 또 참아 냈다. 하지만 내 심장은 버거워 했다. 자꾸만 심장 근처가 조여 왔다. 숨도 잘 쉬어지지 않았다. 한숨을 몰아쉬며 하루하루 버텼다. 다행히 숨이 멈추지는 않았다. 매일 아침 다행히 심장은 뛰었다. 출퇴근 길은 지옥 길이었지만, 끝이 있는 과정이기에 견딜 수 있었다.

한 달이 지났다. 드디어 끝났다. 출근은 이제 내 사전엔 없다. 착각은 자유다. 일주일 동안 이 팀장의 전화로 불이 났다. 새로 온 사람에게 인수인계를 제대로 하라고 했다. 출근만 안 했을 뿐 상황은 변하지 않았다. 하루도 빠짐없이 오던 이 팀장의 연락은 일주일 뒤부터 오지 않았다. 나 과장의 갑작스러운 죽음 때문이었다. 밤새 야근하던 나 과장이 아침에 심장이 멎은 채로 발견됐다. 병원에 이송됐지만, 이미 숨을 거둔 상태였다고 한다. 사유는 심장마비였다.

나 과장은 나와 매우 가까운 사이였다. 첫 직장에서 만났던 동기였다. 둘 다 다른 곳으로 이직했다가 다시 여기서 만났다. 우리 팀에 내가 온 것도 나 과장이 한몫했다. 나를 자기 팀에 적극적으로 추천했기 때문이다. 영업직을 주로 경험했지만, 나는 기획 아이디어 내는 것을 좋아했다. 나 과장은 종종 새로운 아이디어가 필요할 때 내게 전화를 하곤 했다. 덕분에 사회에서 만난 친구지만 친분을 계속 유지할 수 있었다. 시작은 좋았다. 손발도 잘 맞았다. 업무 강도가 센 대기업이어도 즐겁게 일할 수 있었다. 그땐 팀장이 바뀌기 전이었으니까.

이 팀장이 새로 승진해서 우리 팀을 맡으면서 지옥 같은 불구덩이 삶이 시작됐다. 승진에 눈이 먼 이 팀장은 계속 우리 팀원들을 괴롭혔다. 나는 아이가 둘이라서 가끔은 아이가 아프다는 이유로 야근을 빠져나갈 수 있었지만, 아직 미혼인 팀원들은 매일 야근이었다. 주말도 없었다. 그 와중에 나 과장은 내년 승진까지 걸려 있어서 누구보다 더 열심히 했다. 나는 스트레스를 받으면 살이 찌는 체질인데, 나 과장은 살이 쪽쪽 빠졌다. 안 그래도 마른 체형에 안쓰러워 보이는데 점점 기아가 돼 갔다. 스켈레톤이라는 말은 이럴 때 쓰는 것 같았다.

  우리 서로 체형은 반대편을 향해 달려갔지만, 똑같이 겪는 일이 있었다. 둘 다 스트레스를 받을 때마다 심장이 조여 왔다. 한숨 쉬며 심장 부위를 손으로 쓸어내리곤 했다. 심장이 아픈 건 멈추라는 신호였을지도 모르겠다. 언제 터질지 모르는 시한폭탄을 매일 짊어지고 버텨 내는 삶이었다. 언제인지는 모르지만, 터질 일이었다. 터지지 않는 게 이상했다. 나 과장의 폭탄이 아니라면 내 폭탄이 터졌을지도 모른다. 터지기 직전 불씨를 꺼 버린 나는 살아남을 수 있었다. 하지만 나 과장은 마흔 즈음에 숨을 거뒀다.

  그의 죽음이 믿기지 않았다. 아니 믿고 싶지 않았다. 내가 휴직하던 날, 조만간 사우나나 가자고 약속을 했기에 곧 만나러 가야만 할 것 같았다. 하지만 나 과장의 부고 메시지를 받았다. 더는 부정하고 싶어도 부정할 수 없었다. 자꾸만 그의 얼굴이 떠올랐다. 함께 찍었던 폴라로이드 사진을 꺼내어 보았다. 우리의 모습은 딱 마흔. 이제 사회에서 제대로 놀아 볼 나이다. 꿈을 펼칠 나이다. 정점을 찍을 나이다. 우리 나이는 죽기엔 너무 젊었다. 닭똥 같은 굵은 눈물이 폴라로이드 사진 위로 뚝뚝 떨어졌다. 한 방울은 나 과장의 얼굴을,

다른 한 방울은 내 얼굴을 가렸다. 사진에 떨어진 눈물 때문인지, 내 눈에 가득 찬 눈물 때문인지 우리의 얼굴을 알아볼 수 없었다.

제주도 1

 제주행 비행기를 탔다. 노아 형을 만나기 위해서였다. 노아 형은 어릴 적 내 우상이자 영웅이었다. 2살 많은 형은 뭐든 잘했다. 뭐든 잘해서 선배, 후배, 동기 누구에게나 인기가 많았다. 공부도 잘하고, 운동도 잘하고, 글도 잘 쓰고, 연기도 잘했다. 요새 말로 '인싸' 혹은 '인플루언서'쯤 되겠다. 내 눈엔 연예인보다 노아 형이 더 멋진 영웅이었다. 영웅은 사람들이 따른다. 나도 따르는 사람 중 하나였다. 사촌 동생이라는 특수성만 빼면 말이다.
 실제 내 삶은 '친구 따라 강남 간다.'가 아니라 '노아 형 따라 강남 간다.'였다. 노아 형은 나에게 많은 영향을 주었다. 중학교 때는 형 따라 농구, 축구를 하러 다니고, 고등학교 때는 형 따라 시를 쓰고, 연극부에 들어갔다. 노아 형은 개척자요, 나는 열렬한 추종자였다. 하나부터 열까지 다 따라 하고 싶었으니까. 하지만 이상을 좇은 형과 현실을 좇은 나는 다른 길을 가게 됐다. 형은 작가의 길로, 나는 취업의 길로 나섰다. 형은 미혼의 삶을, 나는 기혼의 삶을 살고 있다.

작가의 길은 경제적인 관점에서 볼 때는 평탄치 않았다. 그렇지만 노아 형은 항상 행복해했다. 적당히 아르바이트하며 생활비를 벌고, 나머지는 책을 읽고 쓰는 일에 몰두했다. 마흔이 되던 해 형은 제주도로 떠났다. 아는 선배가 운영하는 카페에서 바리스타로 일하면 숙박을 제공하기로 한 것이다. 형의 삶에 딱 맞는 조건이었다. 단 하나 고민이 있다면, 결혼이었다. 넉넉하지 않은 경제 활동은 결혼을 보장하지는 않는 시대니까. 모든 건 기회비용이다. 선택 후 후회만 안 하면 된다. 형은 '후회는 사치'라고 했다. 짧은 생을 채우기도 모자란 데 후회할 시간이 어디 있냐고도 했다. 그래서 한 치의 망설임 없이 떠났다.

비행기는 육지를 벗어나 남해를 건너고 있었다. 창가에 앉은 나는 이상한 광경을 목격했다. 바다 색깔이 특이했다. 알록달록한 색깔이 바다에 지도를 그렸다. 작은 섬들 사이마다 다른 바다가 있는 것만 같았다. 그게 무엇인지 도저히 알 수 없었다. 내가 해 낼 수 있는 최고의 상상력은 다른 종의 해양 생물을 기르는 양식장쯤이 아닐까였다. 그렇게 믿고 싶었다. 아니라면 외계 행성이 돼야 하니까. 찰나의 순간이었을 뿐, 그 지점을 벗어나니 저 멀리 탐라국이 보이기 시작했다.

가슴이 두근두근했다. 제주도에 온 것도 형을 만나는 것도 오랜만이었다. 거의 10년 만이었다. 결혼 후 그 어디에도 갈 수 없었기 때문이다. 직장에서는 매일 야근, 집에서는 매일 육아, 그게 바로 내 삶이었다. 10년간 '나'라는 존재는 없었다. 직장인, 남편, 아빠로 살았다. '유진'이라는 이름 두 글자는 단순한 글자일 뿐 그 누구도 아니었다. 내가 선택한 길이라 후회할 수도, 물러설 수도, 도망칠 수도 없었다. 나만 그런 인생을 사는 건 아니겠지만….

비행기 바퀴가 활주로에 닿는 느낌이 들었다. 비행기는 거친 엔진 굉음을 내며 좌우로 심하게 흔들렸다. 심장이 살짝 조였다. 그런데 조이는 느낌이 달랐다. 스트레스가 아닌 설렘과 기대감이었다. 첫사랑 때문에 떨리는 가슴으로 밤새 잠 못 이루던 그 느낌. 오랜만에 느끼는 두근거림이었다. 그동안 잊고 살았던 감정이었다. 언제부터 사라졌던 것일까? 내 가슴은 사하라 사막처럼 메말라 있었다. 과연 사막에 꽃은 필까?

제주도 2

수화물을 기다리며 아내에게 전화를 걸었다.

"여보세요."

"잘 도착했어?"

"응"

"여기는 걱정하지 말고 일주일 동안 푹 쉬다 와."

"같이 왔으면 좋았을 텐데…."

"애들 데려가면 가나 마나지 뭐."

"하긴 그랬겠다."

"나중에 애들 크면 우리끼리 또 가자."

"그래. 그래."

"힐링 많이 하고 와. 매일 연락 안 해도 돼."

"알겠어. 가끔 연락할게."

"아니, 제발 하지 마. 혼자만의 시간 충분히 보내고 와!"

"그럼 분부대로 할게."

"응, 잘 지내. 안녕!"

다행히 수화기 너머로 들리는 아내의 목소리는 밝았다. 진심으로 내가 푹 쉬었다 오길 바라는 눈치였다. 전투력이 회복돼야 다시 육아 전선에 투입될 수 있을 테니까. 꼭 그런 이유는 아니었겠지만, 스스로 찔려서 그렇게 생각했다. 이게 얼마 만에 갖는 혼자만의 시간인가. 볼을 꼬집어 봤다. '아우!' 너무 아팠다. 꿈은 아니었다. 꿈같은 현실이었다. 하지만 꿈은 오래가지 않는다. 언젠가는 깨니까. 꿈같은 시간은 금방 끝난다. 후회 없이 보내야 한다.

　꿈과 현실 사이를 헤매며 출구로 발걸음을 옮겼다. 저 멀리 하와이에서나 볼 법한 꽃무늬 셔츠에 밀짚모자를 쓴 사람이 나를 향해 손을 흔들었다. 한 손에는 피켓이 들려 있었다. 'Welcome! 유진!'

이라 적혀 있었다. 유치했지만, 취향 저격이었다. 까만 선글라스에 하얀 이를 드러내며 웃고 있는 건 노아 형이었다. 두 팔을 벌려 갈비뼈가 부서지도록 부둥켜안았다. 재빨리 오른손으로 서로 팔씨름 하듯 손을 잡고 다시 어깨 부딪히며 말했다.

"Yo! bro!"

어릴 적부터 해 오던 우리만의 인사법이었다. 짐을 들어 주겠다고 제스처를 하는 형의 손을 뿌리쳤다. 앞으로 안내나 하라고 손짓했다. 그렇게 티격태격 싸우며 주차장으로 이동했다. 10년 만에 보는 형은 그대로였다. 새치와 이마에 주름만 조금 더 늘었을 뿐이었다. 형을 만나니 10대가 된 것 같았다. 함께 유년 시절을 보낸 사람과 만나면 그때의 추억이 살아나니까. 몸은 40대지만, 마음만은 10대였다. 제주도의 기운이 벌써 느껴지는 것 같았다. 화산섬도 솟아오른 땅이니까 기운이 좋지 않을까? 해안 도로를 따라 형이 일하는 카페로 향했다. 하늘과 바다가 구분되지 않는 수평선을 바라보며 속이 뻥 뚫리는 기분이 들었다. 이래서 사람들이 바다를 좋아하는가 보다 생각했다. 동해가 최고인 줄 알았는데, 오늘만큼은 제주 바다가 최고다. 가치는 상황이 만들어 내는 법이니까.

제주도 3

'East of Eden'에 도착했다. 1층은 카페다. 통창 유리로 만들어져 바다가 한눈에 시원하게 들어온다. 입구에 다가서자 고소한 빵 굽는 냄새가 풍긴다. 짧은 비행으로 허기진 배에서 꼬르륵 소리가 났다.

'빨리 짐 풀고 내려가 커피와 빵을 간식으로 먹을 테다.'

아무도 모르게 속으로 생각했다. 카페로 들어와 중앙 복도를 가로질러 엘리베이터로 향했다. 내가 인터넷으로 예약한 방은 가장 꼭대기 4층이었다. 부인 시스템이라 따로 입구에서 체크인할 필요가 없었다. 직원인 노아 형 찬스로 20%나 할인받았다. 일주일 장기 투숙 할인으로 10% 추가 할인을 받아 총 30%나 됐다. 이틀은 공짜로 얻은 셈이다.

노아 형은 다시 업무로 돌아가야 한다며 엘리베이터까지만 안내해 주었다. 엘리베이터 문 앞에 투숙객을 위한 안내지가 놓여 있었다. 굳이 방문 앞까지 노아 형의 에스코트가 필요하지는 않았다. 엘리베이터를 타고 올라가는 데도 커피 향과 빵 굽는 냄새가 진동했다. 아쉽게도 엘리베이터 속도는 느렸다. 각박하게 돌아가는 도심의 엘리베이터와는 다른 속도였다. 느긋하게 천천히 3층을 지나 드디어 4층에 도착했다.

문이 열리자 긴 복도가 눈에 들어왔다. 금색으로 만들어진 오른쪽 화살표 아래는 '401~402', 왼쪽 화살표 아래는 '403~404'이라고 적혀 있었다. 내 방은 402호였다. 짝수는 뭔가 안정적인 느낌이다. 엘리베이터를 빠져나와 복도를 따라 오른쪽으로 이동했다. 복도 바닥은 레드 카펫이었다. 고급스러웠다. 바닥만 보면 마치 5성급 호텔과 같았다.

몇 걸음을 옮겼더니 눈 깜짝할 사이에 방문 앞에 도착했다. 인터넷으로 등록한 초기 비밀번호 4자리를 눌렀다. 보통의 숙소와는 달리 카드 없이도 쉽게 이용할 수 있는 시스템이 놀라웠다. 더 놀라운 건 지문을 등록할 수 있었다. 비밀번호를 6자리로 바꾸고, 지문도 등록했다. 일주일 동안은 나만 이 방에 들어올 수 있다. 보안이 아주 철저했다. 내 마음에 쏙 들었다. 혼자만의 시간을 보내러 온 거니까.

사실 2층에 장기 투숙하는 노아 형 방에서 함께 머물 수도 있었다. 하지만 괜히 불편하게 하고 싶지 않았다. 코 고는 소리가 커서 피해를 줄 것이 뻔했다. 40대가 되고 나서는 30대까지만 해도 골지 않던 코를 자주 곤다. 소리도 우렁차다. 곤히 자던 아이들이 깜짝 놀라 깨기도 한다. 아침에 일찍 출근해야 해서 아내와 아이들과 따로 분리해서 잔 지도 꽤 됐다. 주말에라도 함께 자려고 했으나 원성이 높아서 자주 쫓겨났다. 그런 이유를 포함해 어찌 됐든 노아 형에게 신세 지고 싶지는 않았다.

정면에 보이는 회색 암막 커튼이 창문을 가지런히 가리고 있었다. 차에서 봤던 감동 쓰나미를 일으켰던 하늘과 바다가 만나는 그 곳이 그대로 있을까 궁금했다. 커튼을 붙잡고 좌우로 힘껏 당겼다. 강한 햇살에 눈을 찡그렸다. 실눈으로 해를 이겨 내며 창밖을 봤다. 황금빛 물결이 넘실넘실 흘렀다. 다시 한번 가슴이 조여 왔다. 아니 미어졌다. 짐을 내팽개쳤다. 이미 몸은 방을 나와 엘리베이터를 향했다. 마음은 1층에 그대로 머물러 있었기에 아무리 멋진 풍경도 소용없었다. 몸과 마음이 하나가 돼야 하니까. 몸은 충실하게 마음을 따랐다. 아직 먹지도 않았는데 이미 입안엔 침이 고였다. 평소 먹지도 않는 모카번 냄새에 취해, 진한 에스프레소 향에 취해 느릿한 엘리베이터에서 안달이 나 버렸다. 그래도 시간이 지나면 모든 일은 일어난다. 마침내 1층에 도착했다. 방금 전까지 한산했던 카페는 하나둘씩 사람들이 들어와 자리를 채웠다.

  나는 카페 안에 있는 칵테일바 1인석에 앉았다. 노아 형은 열심히 커피를 내리고 있었다. 이 집은 드립 커피와 모카번이 유명한 집이었기에 쉴 새 없이 커피를 내리고, 빵을 구웠다. 노아 형에게 서둘러 주문했다.

"여기 따뜻한 아메리카노 한 잔과 모카번 한 개 주문이요!"

제주도 4

    1층 카페는 층고가 높다. 통창 유리에 높은 층고, 답답함이라곤 찾아볼 수 없다. 테이블 간 간격도 넓다. 카페 이름 'East of Eden'에 걸맞게 지친 심신을 회복하는 곳이다. 테이블 수가 많지 않으니 아무리 사람이 많아도 여유롭다. 한적한 느낌을 지울 수 없다. 오히려 좋다. 내가 제주에 내려온 이유는 '휴식'이니까.

    "주문하신 커피와 빵 나왔습니다."

    노아 형이 아닌 여자 목소리였다. 고개를 들어 인사를 하려고 보니 명찰이 눈에 들어왔다. 영어로 'Eve'라 적혀 있었다. 형 말고 또 다른 아르바이트생이었다. 눈을 마주칠 때 깜짝 놀랐다. 완벽한 한국어에 속았기 때문이다. 파란 눈의 외국인이었다. 금발의 미녀였다. 나이는 20대 초중반 정도 돼 보였다.

    "감사합니다. 그런데 한국말을 정말 잘하시네요!"
    "아니에요. 아직 많이 부족하죠."
    "저는 아까 목소리만 듣고 한국인인 줄 알았어요."
    "엇, 정말요?"
    "네. 전 거짓말 못 한답니다. 한국에 오래 있었어요?"

"이제 3개월째예요."

"3개월밖에 안 됐는데, 이렇게 한국말을 잘한다고요?!"

"아, 저 미국 하와이에서 한국어 전공했어요."

"아하, 이제 조금 이해가 되네요. 그래도 이렇게 발음이 완벽할 순 없는데…."

"한국 드라마 좋아해서 많이 보고, 듣고, 따라 말했어요. 그러니까 늘더라고요."

"오호! 그렇군요. 아무튼 만나서 반가워요. 커피, 빵도 고맙고요."

"네 맛있게 드세요! 그런데 노아 바리스타님과 친척이라면서요?"

"네. 맞아요. 사촌 동생이에요."

"친가? 외가? 어느 쪽인가요?"

"와, 친가, 외가도 알아요? 대단해요. 정말!"

"네. 드라마에 다 나와요. 쟤 별명이 'K-Drama Queen'이거든요. 하하"

"그렇군요! 외가예요. 노아 형은 제 외삼촌의 아들이죠."

"그러면, 노아 바리스타님 입장에선 고모의 아들이겠네요. 아, 그런데 성함이?"

"아, 제 소개가 늦었네요. 저는 '유진'이에요. 일주일간 휴가 보내려고 왔어요."

"네 유진님! 만나서 반가워요. 친절하게 대답해 주셔서 감사하고요."

"별말씀을요. 저도 반갑고 고맙네요. 금방 새로운 친구를 사귄 것 같아서. 일주일 동안 있을 테니 잘 부탁해요."

"네 저도 잘 부탁해요. 아이고. 커피랑 빵이랑 다 식겠어요. 어서 드세요! 우린 또 대화할 시간이 충분히 일주일이나 있으니…."

"그러게요. 음식이 식도록 하는 건, 맛있는 음식에 대한 예의가 아니죠."

커피를 먼저 한 입 홀짝였다. 핸드 드립 커피라 산미가 강한 편이었다. 모카번도 한 입 베어 물었다. 커피와 모카번은 환상의 조합이었다. 분위기 때문은 아니었다. 새로운 만남으로 생긴 설렘 때문도 아니었다. 온전히 맛 자체만으로도 행복을 느낄 수 있었다. 창밖으로 보이는 넘실거리는 파도는 나에게 손짓하는 것 같았다. 도로 앞에 놓인 'Welcome to Jeju!'라는 간판도 눈에 들어왔다. 제주에 있는 모든 것이 나를 환영하고 있었다. 제주도에서 삶은 순조롭게 시작됐다.

에덴의 동쪽 1

'East of Eden'에서 이브와 짧은 대화는 유쾌했다. 카페 매니저로 일하는 노아 형과는 말 한마디 섞기 힘들었다. 비교적 여유 있게 일하는 이브와는 종종 짬이 날 때마다 대화했다. 이브가 한국에 온 이유, 그것도 제주도로 목적지를 정한 이유 등을 들을 수 있었다. 대학교 4학년 마지막 학기를 휴학하고, 한국 문화를 경험하러 왔다고 했다. 처음에는 동경하던 서울에서 1년 동안 지내려고 했는데, 보증금 사기를 당했다고 했다. 일주일 동안 에어비앤비에 머물면서 1년 월셋집을 구하러 다녔다고 했다. 인터넷으로 찾은 부동산 사장님은 매우 친절했다고 한다. 하지만 사기꾼이었다. 여러 고객이 월세 계약을 하게 하고 보증금을 꿀꺽한 후에 잠수를 타는 방식이었다고 한다.

그때 자기와 똑같이 사기당한 한국인 여대생이 있었는데, 그 일로 친분이 생겼다고 했다. 그 여대생은 제주도 출신인데 서울 소재 대학에 합격해서 자취방을 구하려다가 사기를 당한 것이었다. 마침 부동산 앞에서 사기꾼을 기다리던 둘은 대화를 하게 됐고, 사정이 딱하니 급한 대로 이브가 살던 숙소에서 같이 며칠 묶으며 친해졌다고 한다. 대화 도중 여대생의 친인척이 제주도에서 카페와 펜션을 운영한다는 사실을 알았다. 마침 아르바이트생을 구하고 있었는데, 이브를 만난 것이다.

이브는 바리스타, 소믈리에, 바텐더 자격증이 모두 있었고, 고등학생 때부터 계속 관련 일을 해 왔다. 게다가 외모는 외국인이지만 한국어도 잘했다. 결정적으로 외국인을 상대할 일이 많은 곳이라 영어 능통자 우대사항에 적합했다. 원래는 서울에서의 삶을 꿈꾸고 한국에 왔지만, 운명처럼 제주도로 오게 된 것이다. 이렇게 때론 위기가 기회가 되기도 한다. 그리고 기회는 갑자기 찾아오고, 준비된 자만이 잡을 수 있다. 운명도 사실은 알고 보면 준비된 자에게 찾아오는 선물 같은 게 아닐까.

"심심하지?"

노아 형이 좀 여유가 생겼는지 말을 걸었다.

"아니, 혼자 잘 놀고 있어. 멍하니 바다도 볼 수 있고 좋아."
"점심시간이라 바빴어. 이제 좀 숨 좀 돌리네."
"종일 이렇게 서 있으려면 힘들겠다."
"이젠 적응돼서 괜찮아."
"글 쓰는 건 잘 돼 가고?"
"뭐 항상 같지 뭐. 일할 땐 밤에 피곤함에 곯아떨어져 못 쓰고 있어. 쉬는 날에나 이곳저곳 다니며 사색하고 글 쓰지."
"그래도 형이 꿈꾸던 삶이지?"
"그렇지. 조금 몸이 힘들긴 해도."
"결혼 안 한 건 후회 안 해?"
"전혀. 모든 선택에는 포기가 따르는 법이니까."
"근데 아직 기회가 없는 건 아니지 뭐."
"물론 그렇기도 하지."

"넌 오늘 저녁엔 뭐 할래? 가고 싶은 곳, 먹고 싶은 거 있으면 뭐든 말해 봐. 이따가 일 끝나면 데려다줄게."

"글쎄, 천천히 생각해 볼게. 추천할 만한 곳 있으면 알려 주고."

"그래. 잘 고민해 봐. 물론 먹을 건 여기 근처에서도 충분히 해결 가능하니까 피곤하면 멀리 안 가도 되고. 내일은 내가 쉬니까 그때 멀리 같이 가던지."

"응. 그러자. 오늘은 좀 쉬면서 근처 구경해 보지 뭐."

"오케이. 그럼 일단 나도 일 마무리하고 다시 올게. 잘 쉬고 있어. 내가 바빠 보이면 이브한테 필요한 것 말하고."

"응, 이브가 있어서 이제 형 없어도 돼. 한국말도 잘해서 문제없음! 하하하."

"그래. 있는 동안 친하게 지내. 이브도 일 안 할 땐 많이 심심해 하거든. 괜찮다면 같이 놀러 다녀도 되고."

"알겠어. 일단 편하게 일 봐. 나 너무 신경 쓰지 말고! 저기 또 손님 왔네."

노아 형은 오른쪽 눈을 찡긋거리더니 재빨리 발걸음을 옮겼다. 에덴동산의 아담은 혼자라 외로웠겠지만, 나는 오히려 혼자인 게 좋았다. 그동안 온전히 나 혼자만을 위한 시간이 없었기에. 물론 여기 'East of Eden'에는 노아 형도 있고, 이브도 있으니 남은 일주일 외로울 틈이 없을 것만 같았다. 좋은 사람들과의 시간이니 괜찮다.

원하지 않아도 어쩔 수 없이 지내야 하는 그런 인간관계는 아니니까. 생각해 보면 나는 너무 그런 인위적인 관계에 지쳐 있었던 것만 같다.

에덴의 동쪽 2

 이상적인 인간관계는 어떤 걸까? 한 직장에서 상사와 부하 직원이 친구로 지낼 수 있다면 그게 이상이 아닐까? 현실은 반대니까. 특히나 이 땅에서는 위계질서가 강한 직장에서 이상향을 꿈꾸기란 어렵다. 군대에서만 계급이 깡패인 줄 알았다. 사회도 마찬가지다. 변한 게 없다. 오히려 더 심하다. 줄을 잘못 섰다간 진급이 물 건너가기도 하니까. 먹고 먹히는 냉혹한 경쟁 사회다. 정글보다 더 심하면 심했지, 덜 하지는 않다. 그러니 인간관계는 말할 것도 없다.
 마흔 즈음이 되자 더는 막내가 아니다. 선배도 있고 후배도 있다. 하지만 왜 계속 나는 '을'인 것만 같은 느낌인지 모르겠다. 과거엔 선배한테 치이고, 현재는 후배들한테 치인다. 과거엔 선배가 술 마시자고 부르면, 나가는 게 당연했다. 하지만 지금은 그래서는 안 된다. 꼰대가 되기 일쑤다. 요새 친구들은 과거에는 말도 안 되는 이유로 쉽게 직장을 그만두곤 한다. 눈치를 볼 수밖에 없다. 위에 눈치 보느라, 아래 눈치 보느라 하루도 정신이 없다. 위에서도 아래서도 마음대로인데, 나만 마음대로 할 수 없다. 내면의 진심은 숨긴 채 살아간다. 페르소나가 생긴다. 가면 말이다. 진짜 내가 아닌 사회생활용 가면을 쓰고 살아간다.

내 페르소나는 'Yes맨'이었다. 누군가 부르면 언제든 달려가 호의를 베푸는 그런 사람. 곁에 두면 좋은 사람. 잘 도와주는 사람. 그렇게 10년을 살아오니 바꿀 수가 없었다. 갑자기 거절하기 시작하면, 사람들은 바뀌었다고 평가할 테니까. 그게 두려워 변화할 수도 없다. 그러다 문득 알고 보니 호구가 됐다는 걸 깨닫는다. 호의가 호구가 되는 건 쉽다. 사람들도 전부 눈치가 빠르기 때문이다. 부탁했을 때 먹히는 사람이 있고, 아닌 사람이 있으니까.

그런 면에서 요새 MZ 세대 혹은 알파 세대 친구들은 달랐다. 자기 의사를 분명히 밝힌다. 부러웠다. 부러우면 지는 건데…. 항상 졌다. 이러지도 못하고, 저러지도 못하는 지경에 이르렀다. 기회가 온다면 가면을 과감하게 던져 버리고 싶었다. 하지만 나는 소심했다. 그랬다간 사람들에게 욕먹을 게 뻔하니까. 아니면 피하면 되는데, 가정을 지키려면 버텨야 했다. 그래서 남은 20년은 어떻게 버텨야 할지 매일 막막했다.

일상에서 벗어나 낯선 여행지에서는 모든 관계가 평등하다. 파라다이스이자, 유토피아가 펼쳐진다. 남녀노소 할 것 없이 누구나 친구가 될 수 있다. 국적도 인종도 다 상관없다. 인위적인 관계로 얽히고설키지 않았으니까. 자연에서의 만남이다. 아무것도 걸치지 않은 벌거벗은 존재들이다. 가면도 필요 없다. 스치고 헤어지면 그만이니까. 이해관계라는 게 생기기 전까지 가능한 유일한 관계다.

어쩌면 'East of Eden'에서의 만남은 모두 평등한 관계일지도 모른다. 이곳은 낯선 곳이고, 낯선 사람들이 모였으니까. 남녀노소 상관없이 친구가 될 수 있다. 그렇게 믿는다. 언제나 친절했던 노아형과도, 만난 지 몇 시간 되지 않은 유쾌한 이브와도 친구다. 여긴 그동안 내가 속한 현실이 아니니까. 아이러니하게도 지금의 현실은 바로 이곳이다.

'유토피아도 별거 아니네.' 하고 속으로 생각했다. 파랑새도 가까운 곳에 있었던 것처럼, 유토피아도 멀지 않은 곳에 있었다. 왜 진작 혼자 여행할 생각을 못 했을까. 가장의 무게는 언제나 무거웠다.

에덴의 동쪽 3

돌이켜보니 결혼 후 나의 삶은 온전히 나를 위한 삶이 아니었다. 집을 사느라 대출을 받고, 빚이 있으니 일을 쉴 수 없었다. 첫째가 태어났고, 둘째가 2년 뒤 이어서 태어났다. 아이가 태어나니 아내는 일을 관뒀다. 매달 나가는 돈은 더 늘어나는데, 아내가 모아 놓은 돈은 점점 사라져 갔다. 내가 버는 돈만으로는 더는 버티기가 어려울 것 같았다. 아내가 다시 일하기엔 아이들이 너무 어렸다. 이러지도 저러지도 못하는 형국이었다. 돌파구가 필요했지만, 현실은 쳇바퀴처럼 돌고 도는 삶이었다. 매일 야근의 연속이었으니까.

사무실에서 매일 저녁이 되면 노을이 지는 모습을 바라봤다. 사무실 창으로 바라보는 노을은 아름답지 않았다. 마음이 즐거워야 자연도 아름답다. 매일 일에 시달리는 삶은 여유가 없었다. 숨 막히는 삶. 살아남기 위해 발버둥 치지만, 항상 같은 자리로 돌아왔다. 나에게 주어진 원 밖으로 나갈 수 없었다. 집에서는 잠만 자고 회사로 매일 출근해서 거의 종일 쇠사슬에 묶인 채로 일하는 노예로 살았기 때문이다. 말이 좋아 대기업 다니는 직장인일 뿐…. 나는 분명한 노예였다. 누군가로 대체되는 삶, 한낱 부품에 불과하다.

어느새 하늘은 핑크빛으로 물들었다. 하늘인지 바다인지 모를 경계선 위로 핑크뮬리 꽃이 만발했다. 'East of Eden' 카페에도 노란 조명등이 하나둘씩 들어오기 시작했다. 낮에는 브런치 카페 같은 분위기였다면, 해가 사라진 후에는 마치 어느 재즈바와 같았다. 실제 재즈 음악이 흘러나오고 있었으니 재즈바가 맞다. 사람들이 먹는 음식도 바뀌었다. 음료보다는 식사 위주로 주문했다. 와인과 스테이크, 맥주와 프렌치프라이 등 술은 빠지지 않고 테이블 위에 하나씩 올라가 있었다. 저녁 7시 바리스타의 시간은 가고, 바텐더의 시간이 왔다. 바리스타 역할을 맡았던 노아 형과 이브는 옷을 갈아입고 내가 앉은 자리로 왔다.

"유진아, 여기 저녁 메뉴 맛있어. 딱히 가고 싶은 곳 없으면, 오늘은 여기 음식 먹어 봐."

"그래?"

"정말이야."

"그럼 간단히 먹을까?"

"든든하게 먹어! 티본스테이크 맛있어. 이중적인 맛이 있다네. 직원 할인 있으니까 내가 주문해 줄게."

"현지인이 강력히 추천하는데 먹어 봐야지. 알겠어. 그럼 다른 것도 시켜서 같이 나눠 먹자."

"그래 그럼."

그때 바로 옆에 있는 이브가 눈에 들어왔다. 이브도 시간이 되면 같이 저녁 먹으면서 이야기 나누면 좋겠다 싶었다.

"아! 이브도 시간 되면 같이 먹을래요?"

"물론이죠. 일부러 이번 주는 약속 안 잡았어요. 저도 같이 놀고 싶어서요."

"좋네요. 그럼 같이 먹고 놀아요!"

"무슨 술 좋아하세요?"

"저는 술을 잘…. 이브가 좋은 걸로 시켜요. 저는 다 괜찮아요."

"그럼, 와인 한 병 시켜요. 한 잔 정도는 괜찮죠?

나는 조용히 고개만 위아래로 가볍게 흔들며 대답했다. 솔직히 나는 무슨 술을 좋아하느냐는 질문에 쉽게 대답할 수 없었다. 술을 즐겨 마시는 편이 아니기에 그랬다. 이브는 눈치가 빨랐다. 내가 머뭇거리니 더는 자세히 묻지 않고, 와인 한 병을 시켰다. 와인과 먹는 스테이크는 금상첨화였다.

붉은색 빛이 도는 와인을 전용 잔에 따랐다. 와인은 유리잔에 먹어야 제맛이다. 눈으로 한 번, 코로 한 번 먼저 마셔야 한다. 그리고 입에 한 모금 머금고 혀로 천천히 입안에 있는 와인의 맛을 느껴 본다. 와인 잔을 들고 있으면서 만든 적당한 온도의 열이 전달돼 내 몸과 하나가 된다. 살짝 핑크빛 살을 보이는 스테이크를 나이프로 잘라 보기 좋게, 한입에 넣기 좋게 잘랐다. 소고기는 입 안에서 '샤르르' 녹고, 와인은 내 몸을 감싸 안으며 따뜻하게 데워 줬다.

에덴의 동쪽 4

술기운이 올라왔다. 감미로운 재즈 음악 소리가 점점 크게 들렸다. 사람들이 웅성거리며 대화하는 소리도 점점 커졌다. 노아 형과 이브의 말이 잘 안 들리기 시작했다. 술이 약한 내가 항상 겪는 현상이다. 소리가 잘 들리지 않으니 시각 감각이 강해진다. 한국인처럼 한국말을 자연스럽게 구사하는 이브의 모습이 자꾸만 눈에 들어왔다.

이브의 키는 약 170cm 정도로 크고 날씬했다. 길고 가느다란 팔다리는 마치 체조 선수처럼 균형 잡힌 느낌을 주었다. 피부는 새하얗고, 매끄럽고 건강한 윤기가 흐르고 있었다. 길게 뻗은 금발 머리카락은 조명 아래에서 금빛으로 반사됐다. 자연스러운 웨이브가 끝부분에 걸쳐 부드럽게 흩어졌다. 머리카락을 뒤로 넘길 때마다 그녀의 목덜미와 귓가를 스치는 듯, 잔머리 몇 가닥이 부드럽게 떠다녔다.

눈은 깊고 투명한 파란색으로, 마주할 때마다 마치 비밀을 감춘 듯한 묘한 매력을 풍겼다. 그녀의 속눈썹은 길고 짙어서 눈을 깜박일 때마다 섬세한 그림자를 얼굴에 드리웠다. 코는 곧고 오뚝했다. 입술은 자연스럽게 도톰해서 무심코 미소를 지을 때조차 매력적으로 보였다. 웃을 때 드러나는 보조개는 그녀의 전체적인 차분함 속에서 따뜻한 느낌을 더해 주었다. 오늘 만난 사이지만 편안함을 느끼게 했다.

이브는 단정한 흰색 블라우스에 연한 청바지를 입고 있었다. 블라우스 소매를 살짝 걷어 올려 손목이 드러났다. 손목에는 얇고 심플한 실버 팔찌가 반짝였다. 'EVE'라는 3글자가 적혀 있었다. 가끔씩 웃으며 입을 가리는 모습을 통해 보이는 이브의 손가락은 길고 섬세했다. 젊음이 가장 아름답다는 말은 사실이었다. 이브는 젊은 아름다움을 드러냈다. 만일 내가 20대나 혹은 30대 미혼이었다면,

분명히 한눈에 반했을지도 모르겠다. 그렇게 이브의 미모에 정신이 팔려 있을 때였다.

"외국인인데 한국말을 엄청 잘하시네요!"

나와 비슷한 또래로 보이는 남성이 말을 걸어왔다. 아무래도 이브가 눈에 띄었나 보다. 외국인 외모에 한국말을 한국 사람보다 더 유창하게 하는 모습을 보니 호기심이 들만도 했다. 그는 명함을 하나 내보이면서 자신을 소개했다.

"저는 판타지 로맨스 소설을 쓰고 있는 사이먼라고 합니다."

이름을 듣자마자 나는 화들짝 놀랐다. 그는 유명 작가였다. 100만 부나 팔린 《그녀는 예뻤다》라는 소설을 쓴 사람이었다. 'East of Eden' 카페에 유명한 예술가들이 가끔 온다는 말을 들은 적이 있다. 그런데 이렇게 바로 유명 인사를 만날 줄은 몰랐다. 반가운 마음에 내가 먼저 선수 쳤다.

"《그녀는 예뻤다》를 쓰신 사이먼 작가님이시군요! 여기서 이렇게 만나다니 영광입니다!"

사이먼 가라사대 1

　사이먼 작가는 현실에서 상상할 수 없는 일을 이야기로 풀어 내는 재주가 있다. 더 놀라운 사실은 소설을 쓰고 나면 상상을 현실로 만든다. 그래서 유명해졌다. 그의 최고작 《그녀는 예뻤다》가 출간됐을 때는 별로 관심을 받지 못했다. 하지만 소설 속 이야기가 현실이 되면서 세상에 많이 알려졌다. 소설이 영화로 제작되면서 더 유명해졌다. 소설은 100만 부가 팔렸고, 영화는 1,000만이 넘는 관객이 봤다. 관객들의 눈물을 모으면 몇 년 동안 내린 비의 양이라고 한다. 모든 이의 눈물을 쏙 빼낸 슬픈 판타지 로맨스 이야기는 이렇다.

　소설 속에는 갓 마흔이 된 남자가 주인공으로 등장한다. 결혼 후 몇 년 후 얼마 지나지 않아 유전병으로 사랑하는 아내를 떠나보낸다. 슬픔을 못 이기고 세상을 등지기 위한 '죽음 여행'을 홀로 떠난다. 목적지에 도착해서 절벽을 향해 걸어가 거친 파도를 향해 몸을 던지려던 찰나 절벽에 매달린 한 여자를 발견한다. 그런데 아내와 똑같이 생긴 여자의 얼굴을 보고 주인공은 화들짝 놀란다. 본능적으로 팔을 뻗어 여자를 구한다.

　둘은 절벽에 누워 말없이 하늘을 바라보다가 소리 없이 울고 웃기를 반복한다. 그때 그 여자가 한마디 던진다. 바로 그 책의 가장 유명한 대사다. 마치 소설 《데미안》에서 '새는 알을 깨고 나온다.'는 대사와 같이 말이다.

"나는 죽을 용기조차 없는 바보예요."

죽으려고 했던 둘은 본능적으로 끌려 사랑하게 된다. 하지만 그 여자 또한 사별한 아내와 비슷한 유전병으로 생을 곧 마감한다. 소설이 끝날 때까지 진실은 알 수 없었지만, 모든 독자 혹은 관객들은 아내가 어린 시절 잃어버린 쌍둥이가 아닐까 믿는다.

실제 사이먼에게도 똑같은 일이 벌어졌다. 암으로 아내가 죽고, 절망에 빠진 사이먼은 소설 속 이야기처럼 '죽음 여행'을 떠났다. 상상 속의 장소를 찾아 절벽으로 향했다. 다행인지 불행인지 모르겠지만, 절벽에는 아무도 없었다. 마음을 버리고, 몸도 버리려는 찰나에 미끄러져 절벽 끝에 위태롭게 매달리게 됐다. 간신히 붙잡고 있던 손에 힘을 빼고 떨어져 죽어야 하지만, 사이먼 또한 죽을 용기가 나지 않아 안간힘을 써 매달렸다. 그때 마침 길을 지나던 한 여자가 이 광경을 보고 주변 사람들에게 소리쳐 알렸다. 덕분에 사이먼은 살아남게 됐다. 그리고 혼잣말로 조용히 속삭였다.

"나는 죽을 용기조차 없는 머저리야."

운명처럼 사이먼은 자신을 구하기 위해 소리친 여자와 가까워졌다. 하지만 그녀도 소설 속 이야기처럼 금방 죽었다. 병에 걸린 건 아니지만, 교통사고로 생을 마감했다. 이 사실이 세상에 알려지면서 영화로 제작됐고, 소설도 덩달아 팔리기 시작했다. 그리고 사람들에게는 유행어가 생겼다.

"사이먼 가라사대"

(*사이먼 가라사대라고 말하면 실제로 그 행동을 해야 하는 규칙이 있다.)

사이먼 가라사대 2

"만나서 반갑습니다."

사이먼은 조금은 어색한 표정으로 말했다. 그리고 이브에게 계속 말을 이어 갔다.

"제가 찾던 사람을 드디어 여기서 만났습니다. 괜찮으시다면 저도 합석해도 될까요?"

사이먼은 최근에 소설을 완성하고 출간을 기다리는 중이라 했다. 소설 내용은 낯선 장소에서 우연히 만난 낯선 사람과 친분이 생기는 이야기로 시작된다고 했다. 그 낯선 사람은 이방인으로 소개되는데, 파란 눈을 가진 여인이라 했다. 놀라운 점은 그 여인은 한국말을 잘하는 것으로 나온다고 했다. 상상 속 이야기가 현실이 되는 경험을 계속 이어 나가고 있다고 했다. 그리고 다시 이브에게 물었다.

"미국 어디에서 왔나요?"
"하와이에서 왔어요."
"이럴 수가! 역시 그럴 줄 알았어요!"
"왜요? 무슨 일이에요?"

사이먼은 그 여인의 고향인 열대 섬에 따라가서 여러 일을 겪게 된다고 했다. 자세한 내용은 비밀이니 나중에 책으로 확인해 보라고…. 아마도 자신이 소설 속 이야기처럼 그대로 살아가고 있을 게 분명하다며 어깨를 으쓱거리며 자신 있는 말투로 말했다. 그때 이브가 사이먼에게 물었다.

"사이먼 씨는 운명론자인가요?"
"운명론이라는 말도 아는 건가요? 정말 한국어가 유창하군요!"

사이먼은 잠시 뜸을 들이더니 이브의 눈을 뚫어지게 쳐다보며 말했다.

"저는 말이죠…. 제 자신을 믿습니다. 우리 뇌는 상상과 현실을 구분하지 못하거든요. 믿고 싶은 대로 믿게 되지요. 저는 그래서 마음껏 상상하고, 마음껏 즐깁니다."

사이먼의 대답은 의외였다. 운명 같은 삶을 살아온 그가 운명론자가 아니라니 믿기지 않았다. 죽음의 문턱에서 살아 돌아온 그가 운명을 논하지 않고 모든 게 자기 멋대로 생각하면 이뤄진다고 믿고 있다니…. 그동안 내가 가지고 있던 그에 대한 긍정적인 감정이 사라지는 순간이었다. 그는 알고 보니 오만한 사람이 아닌가 큰 의심이 들었다. 대개 성공한 사람들은 자기 잘난 맛에 사는 법이니까. 그를 시험해 보고 싶었다. 좋은 사람인가 아닌가는 그의 언행에서 나오니까 말이다. 나는 기습적으로 빈틈을 찾아 사이먼에게 질문했다.

"그렇다면, 당신은 신이 있다고 믿나요?"

사이먼 가라사대 3

"물론이지요."

사이먼은 마른기침을 콜록이며 말을 이어갔다.

"다만 저는 종교가 따로 있지는 않아요. 유신론자일뿐이죠."
"그럼 유일신을 믿나요? 아니면 신은 여럿이라고 생각하나요?"

"신은 하나이지요. 믿는 방식만 다를 뿐 인간이라면 모두 같은 신을 믿는 겁니다."

나는 좀 더 공격적으로 질문을 퍼부었다.

"그러면 하나님과 알라신이 모두 같은 신이란 말인가요?"
"네. 저는 유일신을 믿기 때문에 그렇게 생각합니다."
"그런데 왜 당신의 운명은 신에게 달려 있다고 생각하지는 않나요?"
"우리에겐 선택할 기회가 있으니까요."
"내 부모의 자식으로 태어난 건 선택할 수 없는 부분인데도요?"
"태어나는 건 선택권이 없어도 살아가면서 내가 살아갈 길은 얼마든지 스스로 정할 수 있다고 믿어요."
"그럼 당신의 소설에 나온 이야기처럼, 일부러 그렇게 살아가려고 모든 선택을 했다는 말인가요?"
"꼭 그런 건 아니었지만, 내가 선택한 길이니 그 방향 속에서 우연처럼 일들이 발생하는 것이지요."
"저는 그걸 운명이라고 생각합니다."
"그렇게 생각할 수도 있죠. 하지만 저는 제 의지로 선택한 결과라 믿기에 생각이 다른 겁니다."

언성이 높아진 건 아니었지만, 나와 사이먼의 얼굴은 상기돼 있었다. 잠시 우리 둘은 침묵했다. 노아 형과 이브도 '마른하늘에 웬 날벼락인가.', '이게 무슨 일인가.' 하는 표정을 짓고 있었다. 침묵이 길어지면서 어색한 분위기가 되자 나는 참을 수 없었다.

사실 생각해 보면, 사람마다 생각이 다를 수 있는 주제였다. 정답은 정해져 있지 않고, 세상에는 해답만 있을 뿐이니까. 정답이 있다면, 그것은 자신이 가장 잘 알 뿐이다. 그 누구도 자신의 상황을 알지 못할 테니까. 나는 서둘러 분위기를 수습하고자 노력했다.

"사이먼 작가님의 책을 읽으며 제가 느끼고 생각한 부분을 확인하고 싶어서 초면이지만 실례했습니다. 솔직한 생각 공유해 주셔서 감사드려요."

사이먼도 머쓱한 표정을 지으며 말했다.

"저도 초면에 너무 제 생각만 옳다고 이야기한 것 같네요. 세상에 정답은 없죠. 해답만 있을 뿐. 우리가 고민한 후에 선택하는 게 해답이 될 것이고요. 하하하."

다행히 사이먼도 나와 생각이 같았다. 그의 호탕한 웃음 덕분에 분위기는 돌아왔다. 노아 형과 이브도 안심하는 눈치였다. 나는 다시 분위기를 좋게 만들고 싶었다. 이렇게 엄청난 유명 인사와 또 가까이 대화할 기회가 언제 있을까 싶었다. 곰곰이 생각해 보니, 그의 말이 맞았다. 내가 여기서 어떻게 선택하고 행동하느냐에 따라서 결과가 달라질 수 있는 법이니까. 그의 기분을 맞춰 주고자 슬쩍 출간 예정인 소설에 대해서 언급했다.

"아! 그런데 갑자기 너무 궁금하네요. 새로 나올 소설 내용이 어떻게 진행될지요. 열대 섬에서 도대체 무슨 일이 벌어지는 걸까요?"

사이먼 가라사대 4

사이먼은 난처한 표정을 지었다. 한편으로는 무례하다고 생각하는 것 같기도 했다. 잠시 어두워졌던 표정을 감추더니 점잖게 대답했다.

"죄송하지만, 출판사 계약상 말씀드릴 수가 없습니다."
"아, 그렇군요. 작가님께 직접 이야기를 듣고 싶었는데 아쉽네요."
"그래도 말씀드릴 수 있는 건, 제가 상상한 걸 그대로 아마 현실로 만들어 가며 살고 있을 거예요. 저는 제 의지대로 제 선택대로 살 생각이거든요. 지켜봐 주세요."

"네. 진심으로 응원하겠습니다."

웃으며 말은 했지만, 입꼬리만 올라갈 뿐 눈 주위에는 별다른 변화가 없었다. 가짜 웃음이었다. 한편으로는 뼛속부터 부러움이 밀려왔기 때문이다. 그 누구도 자기가 상상한 것을 현실로 만들기가 쉽지 않으니까. 사이먼의 삶은 분명히 평범한 우리와는 달랐다. 만일 나도 마음이 시키는 대로만 할 수 있었다면, 이렇게까지 가슴이 답답하지 않았을 텐데. 아마도 여기 제주도에 'East of Eden' 카페에 올 일도 없었을 것이다.

하지만 덕분에 오랜만에 노아 형도 만나고, 새롭게 이브도 만나고, 이런 유명 작가와도 대화를 할 수 있었던 것이다. 그러고 보면, 모든 일이 좋은 것도 혹은 나쁜 것도 아니다. 때로는 위기가 기회가 되기도 한다. 내가 지금 여기에 온 것도 다 이유가 있을 것이다. 나는 신을 믿기에 신이 이끄는 방향으로 나아갈 뿐이다. 어쩌면 내가 이렇게 된 것도 다 이유가 있다고 믿는 이유도 그래서다.

삶이 바뀌려면 세 가지가 바뀌어야 한다고 한다. 내가 만나는 사람, 내가 다니는 직장, 내가 사는 집이다. 제주도에 오면서 이 세 가지가 일시적으로 바뀌었다. 평소에 만나지 않던 사람을 만나고 있고, 직장은 안 다니고 있고, 집이 아닌 다른 곳에 머물고 있으니까. 어쩌면 우리가 여행하는 이유는 잠시나마 삶을 바꾸기 위해서가 아닐까?

  물론 여행 후에 다시 현실로 돌아가면 내 삶은 바뀌지 않고 그대로이다. 그렇지만 여행이 의미 있는 이유는 분명히 있다. 잠시나마 쉼을 통해 충전할 수 있다. 몸과 마음이 충전되면 다시 살아갈 힘을 얻는다. 우리에게 주어진 삶은 신이 우리에게 내린 운명의 길이니까. 하지만 벗어날 기회가 없는 것도 아니다. 사이먼의 말처럼 우린 얼마든지 선택할 수 있으니까.

  조금만 용기를 내면 만나는 사람을 바꿀 수 있고, 다니는 직장을 옮길 수 있고, 집도 이사할 수 있다. 미안하고, 번거롭고, 귀찮고, 힘들어서 그렇지 그걸 견뎌 내면 우린 충분히 바꿀 수 있다. 그러나 어쩌면 그 마음을 먹게 하는 일도 신의 영역이라면 어쩔 수 없다. 태어날 때부터 타고난 기질을 쉽게 바꿀 수는 없으니까.

  하지만 아무것도 하지 않으면, 아무 일도 일어나지 않는다. 변화를 바란다면, 컴포트존에서 벗어나야 한다. 애벌레가 탈피하면 나비가 되는 것처럼. 우리도 애벌레처럼 누에고치 안에서 지금 계속 숙성되고 있을지도 모른다. 그러니 때를 찾아 단단한 누에고치를 뚫고 나가 보자. 우리도 사이먼처럼 충분히 나비가 될 수 있을지도 모른다.

이브의 비밀 1

나와 대화를 끝낸 사이먼은 다시 이브에게 말을 걸었다. 우리 자리에 합석한 이유도 이브가 눈에 띄었고, 호기심을 불러일으켰기 때문일 것이다.

"이브! 하와이 이야기 좀 해 줄 수 있을까요? 아직 한 번도 못 가 봤거든요. 나중에 꼭 갈 거고요."
"하와이도 여러 섬이 있어서 어떻게 말을 해야 할지 모르겠네요."
"화산섬이라 그렇겠네요. 필리핀도 화산섬이라 섬이 2,000개가 넘는다던데…."
"네 맞아요. 그래도 대표적으로 오아후가 가장 유명하죠."
"신혼여행으로 많이 가는 섬 말하는 거죠?"
"네. 오아후섬이랑 마우이섬을 가장 많이 찾죠."
"아! 들어본 것 같아요. 저도 신혼여행지 정할 때 하와이가 후보지였거든요. 물론 50년 후에 사라진다고 해서 몰디브로 결정하긴 했지만요."
"사실 저는 거기서 태어나고 자랐기 때문에 여행지로서의 느낌은 어떻게 설명해야 할지 모르겠어요."
"그렇겠군요. 그나저나 정말 한국말을 잘하네요. 이 정도로 자연스럽게 소통하는 외국인은 처음이라 계속 놀라고 있어요."

"사실… 제 몸속에는 한국인의 피가 흐르고 있어요. 부모님 중 한 분이 혼혈이시거든요."

"역시 그런 이유가 있었군요!"

"그런데 한국말은 전혀 못 하세요. 태어나서 영어만 쓰셨거든요."

"아, 그렇군요."

"그런데 저한테는 외할머니께서 한국말을 종종 써 주셨어요. 제가 동그란 눈으로 할머니를 쳐다보는 게 귀여웠데요. 그래서 저는 할머니 덕분에 한국말을 들으며 자랐죠."

"그럼 외가 쪽이 한국인 피가 흐르는 거군요."

"네, 그렇죠."

"외가라는 말도 알아들은 거예요?"

"네. 친가, 외가 다 알죠."

"정말 감탄을 금치 못하겠네요. 사실 저희 친척 중에 한 분이 하와이로 시집을 가신 분이 있어요. 저한테는 큰 고모인데요. 한국에서 근무했던 미국인 군인과 하와이로 건너가 결혼했거든요."

"와, 신기하네요. 설마 그분이 저희 외할머니는 아니시겠죠? 하하하"

"설마 그럴 리가요. 그때는 미군에게 시집가는 한국 여자들이 많았거든요."

"그랬구나. 저는 몰랐어요."

"큰 고모는 저랑 성이 같아서 '최 씨'에요. 혹시 외할머니 성을 알고 있나요?"

"글쎄요…. 왓슨이라는 것 밖에 생각이 안 나네요. 미국은 남편 성을 따라 바꾸거든요."

"아, 맞네요. 혹시라도 설마 큰 고모는 아닐까 생각해 봤네요."

"진짜 그렇다면, 정말 이건 로또 맞을 정도의 확률이네요!"

"혹시라도 나중에 외할머니 성이 '최'라면 제가 드린 명함으로 연락 주세요. 살아 계시다면 꼭 한번 만나 뵙고 싶네요."

"다행히 할머니 아직 살아 있어요! 아주 건강하시고요. 제가 꼭 물어볼게요! 저도 궁금하네요."

이브의 비밀 2

사이먼과 이브의 농담 반, 진담 반의 대화는 끝이 났다. 덕분에 분위기는 화기애애했다. 둘의 대화를 듣고 있자니 어쩌면 둘은 친척일 가능성이 있을지도 모르겠다. 운명이라면 어떻게든 일어날 일은 일어나는 거니까. 그런데 사이먼이 말을 할 때마다 등에 손을 대는 모습이 보였다. 허리 근육통이 있는지 불편해 보였다. 꽤 잦은 행동이었기 때문이다. 나는 걱정이 돼 물었다.

"그런데 허리가 많이 불편하세요?"

"아, 네. 요새 이상하게 자꾸 요통이 있네요. 너무 책상에 앉아만 있어서 허리디스크가 있나 싶기도 하고요."

"에고. 건강 잘 챙기셔야 합니다. 저도 말할 자격은 없지만, 운동은 꼭 필요한 것 같아요."

"맞습니다. 그런데 그게 말처럼 쉽지 않네요. 마음만은 매일이긴 합니다."

"저도 그렇네요. 그래서 제가 자격이 없다는 거였어요."

노아 형과 이브도 고개를 끄덕이며 동조하는 눈치였다. 그때 계속 우리들의 이야기를 듣던 노아 형이 입을 열었다.

"혹시 다들 한라산은 가 보셨나요? 꼭 한번 가 보기를 추천해 봅니다. 물론 좀 많이 힘들기에 준비하고 가야 할 수도 있지만요."

다들 고개를 저으며 대답을 하지 못했다. 그러자 노아 형이 또 다른 이야기를 꺼냈다.

"아… 그러면 성산 일출봉이라도 꼭 가 보세요. 정상 찍고 내려오기까지 1시간이면 충분하거든요. 정상에서 보는 해돋이가 장관입니다."

"저는 입구까지는 가 봤어요! 사진도 찍었고요."

이브가 신난듯한 목소리로 말했다.

"저는 등산에 별로 취미가 없어서…. 허허허. 그래도 추천해 주시니 나중에 한번 가 봐야겠네요."

사이먼은 그다지 반기는 느낌은 아닌 듯했지만, 예의상 대답이라도 해 주는 것만 같았다.

"저는 요새 너무 운동을 안 해서 그 1시간 등산도 가능할지 모르겠네요."

나만 대답하지 않으면, 이상할 것 같아서 최대한 예의를 지키며 추천에 대한 거절 의사를 보였다.

"강요 아니고, 그냥 추천입니다. 하하하. 다들 너무 제 말에 진지한 반응이라 몸 둘 바를 모르겠네요. 다 같이 '짠'이나 한 번 하시죠."

나는 술에 취한 건지, 점점 어두워지는 깊은 밤 분위기에 취한 건지 모르겠지만, 점점 졸음이 몰려왔다. 하지만 얼마 만의 자유인지 몰라 이 소중한 시간을 잠으로 아깝게 보내고 싶지 않았다. 졸음을 참고 계속 대화를 이어 갔다.

이브의 비밀 3

 하지만 나는 도저히 졸음을 참을 수 없어서 양해를 구하고 잠시 밖으로 나왔다. 짧은 해안 도로를 건너 현무암이 펼쳐진 바다로 향했다. 사실 어두워서 돌인지 어둠인지 분간이 가지 않았다. 잔잔한 파도 소리만 가까운 곳에서 들려올 뿐이었다. 밤하늘에 뜬 초승달이 비추는 길을 따라 천천히 파도 소리를 향해 걸었다. 끝내 닿은 곳은 바닷가 쪽으로 들어가지 못하게 막아 놓은 나무 울타리였다. 비록 바닷가로 내려갈 수는 없었지만, 차도에서는 좀 떨어진 곳이라 온 세상에 오직 나 홀로 서 있는 기분이었다. 시원한 바닷가 바람에 감겼던 눈도 슬슬 떠졌다. 역시나 졸릴 때는 신선한 공기가 필요했다.

 순간 내가 제주도에 이렇게 홀로 여행 왔다는 사실이 믿기지 않았다. 꿈을 꾸는 것만 같았다. 그동안은 상상 못 할 일이었을 뿐. 우리 삶은 정해진 길을 가는 게 아니라 얼마든지 멈추고 다른 길로 갈 수 있다는 걸 생각해 보게 됐다. 휴직이 끝나고 다시 회사로 돌아가면, 과연 나는 어떻게 해야 할지 막막했다.

'Carpe Diem!' 속으로 이 말을 외치며, 이 소중한 시간이 너무나도 아까워 괜한 고민은 하지 않기로 했다. 인간이 하는 걱정과 고민은 80% 이상이 쓸데없는 것이라고 하니까. 현재에 충실하기로 했다. 꿈이 깨면 다시 현실로 돌아갈 수밖에 없으니 지금은 꿈같은 시간을 그대로 즐기기로 했다.

그렇게 제주도의 밤을 즐기고 있을 때, 콧속이 갑자기 간지러웠다. 콧물이 흘러내리는 느낌이 들었다. 잠시라고 생각했는데, 너무 오래 나와 있었다. 바닷바람은 차다더니 금세 추워졌다. 잠도 어느 정도 깬듯했다. 아쉬운 마음에 황금색 부메랑 모양이 보이는 넘실거리는 파도를 향해 가볍게 두세 번 손짓하곤 뒤돌아섰다.

다시 해안 도로를 달리는 자동차 소리가 들렸다. 꿈에서 현실로 돌아오는 느낌이었다. 다행히도 곧 돌아갈 장소는 제주도에 있으니 참으로 다행이었다. 발걸음은 내 마음처럼 가벼웠다. 숙소에 거의 다다르니 건물 입구 쪽에 한 사람이 서 있었다. 거리가 멀어서 시커먼 실루엣만 보일 뿐이었다. 그러다 어둠 속에서 세상에서 가장 작은 태양이 잠시 빨갛게 얼굴을 드러냈다. 그리고 뿌연 구름 속으로 사라졌다. 그 작은 태양은 위아래로 여러 번 왔다 갔다 했다. 구름의 양은 점점 늘었다.

입구에 가까워지자 태양을 움직이고, 구름을 만드는 사람이 누군지 알 수 있었다. 바로 사이먼이었다. 마지막으로 태양을 손으로 털어 내는 사이먼의 표정은 뭔가 미묘했다. 눈썹이 찌푸려지고 입술이 굳게 다물려 있었다. 시선은 저 멀리 밤하늘을 향하고 있었다. 내가 걸어오는 데도 인기척을 느끼지 못하는 듯했다.

"작가님~!"

사이먼은 내가 부르는 소리를 듣지 못한 듯했다. 다만 인상을 찌푸리자 이마 주름이 점점 더 깊게 파이고 있었다.

이브의 비밀 4

나는 잠시 고민했다. 깊은 고민에 빠진 사이먼을 그대로 둘 것인지 말이다. 코앞에서 인사도 안 하고 지나치는 건 예의가 아닌 것 같다는 생각도 들었다. 별일도 아닌 것에 내적 갈등이 일어났다. 다시 한번 불러 보고 알아차리지 않으면 들어가야겠다 생각했다.

"사이먼 작가님~"

구겨진 이마 주름과 찌푸렸던 미간을 풀어내며 사이먼은 나를 향해 고개를 돌렸다.

"한참 전에 나가시더니 이제 오는 거예요?"

"아, 제가 그렇게 자리를 오래 비웠나요?"

"네. 노아 님하고 이브하고 많이 찾았어요."

"그랬군요? 잠깐 잠 깨려고 나왔는데, 어쩌다 보니 바닷가 근처까지 가 버렸네요."

"도로 건너갔다 오셨군요? 제주 밤바다 좋지요?"

"네. 좋더라고요. 세상에 저 혼자인 기분이었어요."

"많이 고요했나 보군요."

"네. 파도가 잔잔했어요."

"제대로 즐기셨나 봐요."

"지금 여기 있는 게 저는 꿈만 같아요."

"그 정도예요?"

"네. 혼자만의 시간이 얼마 만인지…."

"그러시군요. 많이 즐기고 가세요."

"네. 그러려고요. 그런데 작가님은 무슨 고민 있으세요?"

"제가요?"

사이먼은 당황한 기색이 역력했다.

"입구 근처에서 작가님 불렀는데, 못 들으시더라고요."

"아, 그랬군요. 잠시 생각할 게 있어서 잘 못 들었나 봅니다."

"뭔가 고민이 있으신 것처럼 보여서 다시 부를까 말까 고민했어요."

"잘 부르셨어요. 이제 들어가야죠."

"혹시 제가 도와드릴 게 있을까요? 고민은 들어만 줘도 많이 해결된다고 하던데."

"음… 고민이라고 하기보다는 뭔가 집히는 게 있어서요."

"제가 들어드리는 게 실례가 안 된다면 들어봐도 될까요?"

"저도 아직 정확히 확인한 건 아니라서…. 그럼 듣고 못 들은 거로 해 주실 수 있을까요?"

"그런 거라면 제가 전문입니다. 하하하."

사이먼은 그러고도 한참을 뜸을 들이더니 입을 열었다.

"아무래도 이브가 제 혈육인 것 같습니다."

이브의 비밀 5

나는 예상치 못한 사이먼의 말에 놀랐다. 그리고 머릿속이 복잡해졌다. 내가 없는 사이에 어떤 대화가 오갔길래 사이먼이 이렇게 심각한지 궁금하기도 했다.

"정말이요?"

"네. 사실 제가 아까 사실대로 말하지 않은 게 있었거든요."

"아까 이브와 대화할 때 말씀이신 거죠?"

"사실은 이브의 외할머니가 제 어머니인 것 같습니다. 아직 추측이지만, 90%는 확신이 들어요."

"아까는 고모라고 하지 않았나요?"

"네. 확실치 않은데 괜한 논란을 일으키지 않고 싶었습니다."

"아, 그랬군요. 그런데 어떻게 어머니라고 생각하시는 건가요?"

"제가 어릴 때 부모님은 이혼하셨습니다. 아버지는 다른 사람과 재혼했고, 어머니도 미국으로 혼자 떠나셨습니다. 한동안 어머니와 편지하곤 했는데, 어머니께서 이제 연락을 할 수 없을 것 같다고 마지막 편지를 보내오셨습니다. 미국 사람과 결혼을 하게 됐다고 하시더군요."

"그렇군요. 그래도 아직 제가 보기엔 마땅한 단서가 보이지 않아서요. 무엇 때문에 작가님의 어머니라고 생각하시는 건가요?"

사이먼은 살그머니 어둠 속에 불을 붙여 태양을 만들고, 뿌연 구름을 내뿜으며 말을 이어 갔다. 몇 초 안 되는 시간이지만, 사이먼의 다음 말이 너무 궁금해 미칠 지경이었다.

"저희 어머니께서 결혼할 사람의 성씨가 바로 왓슨이었거든요."

"정말요? 그럼 아까 이브의 말을 듣고도 일부러 속이신 건가요?"

"네. 혹시 아닐 수도 있으니까요. 그런데 이브를 보고 있자면, 자꾸 어릴 적 어머니 모습이 떠오르네요. 그게 제가 지금 혼란스러운 이유입니다."

만일 사이먼의 말대로 이브의 외할머니가 사이먼의 어머니라면, 사이먼과 이브는 혈육일 것이다. 사이먼은 외삼촌, 이브는 조카가 되니까. 그렇기에 사이먼은 더 신중하게 고민하는 것 같았다.

"그러면, 이브가 작가님의 조카가 되는 건가요?"
"아직은 모르지만, 제 생각대로라면 그렇게 되겠지요."
"작가님 말씀처럼, 그렇다면 혈육이 맞네요."
"아까 말씀드린 것처럼, 못 들은 것으로 해 주실 수 있을까요?"
"아… 그럼요. 약속인데, 지켜야지요."
"감사합니다. 이제 들어가시죠."

나는 오늘 처음 만난 사람들의 일인데도 신경이 자꾸만 쓰였다. 영화에서나 나올 법한 이야기가 현실에서 일어난다고 생각하니 믿기지 않았다. 하지만 사이먼은 말하는 대로 현실로 일어나니 믿지 않을 수도 없는 노릇이었다.

유토피아 1

노아 형과 이브는 와인에 한껏 취해 있었다. 둘은 하이파이브를 하며 난리였다.

"뭐야 둘이 무슨 좋은 일 있어?"
"내일 아침 일찍 성산 일출봉 가는 거야! 유진이 너도 무조건 가야 해. 우린 가기로 했어. 너 혼자 빠지면 안 된다!"
"나… 나도??"
"어. 무조건이야. 같이 안 가면 죽는다!"

역시 술은 사람을 바꾼다. 무장해제 시킨다. 항상 조용하고 얌전한 노아 형이 이렇게 변했으니까 말이다. 곧 사이먼 작가를 발견한 노아 형은 크게 외쳤다.

"사이먼 작가님도 무조건 같이 가는 거예요. 아시겠죠?!"

노아 형은 손을 들어 사이먼 작가에게 하이파이브하는 자세를 취했다. 사이먼 작가는 왼손으로 허리춤을 잠시 만지더니 오른손을 들어서 노아 형의 오른손에 정확히 가져다 댔다. 사이먼은 여전히 허리가 불편한 것 같았다. 게다가 등산에 취미가 없다고 했던 그가 동의를 한 건 아마도 이브 때문일 것이다. 아마도 오늘 이렇게 헤어지면, 다시는 이브와 가깝게 대화할 기회가 없을 테니까.

"자, 이제 막잔하고 다들 일찍 자러 가요! 내일 아침 5시에 1층 입구에서 만나는 거예요. 안 나오면 제가 다 쳐들어갑니다! 그러니 알람 꼭 맞추고 자요!"

노아 형의 주도하에 마지막 유리잔을 모아 부딪혔다. 여전히 근심이 가득한 표정의 사이먼과는 달리 이브는 순진무구한 표정을 지으며 환하게 웃고 있었다. 이브의 미소는 아름다웠다. 그런 이유로 사이먼의 어머니도 미인일 것 같았다. 아직 사실이 밝혀지지 않았지만, 나는 이미 사이먼의 말이 사실이라 믿고 있었다. 어쩌면 잃어버린 어머니를 다시 찾을 수 있기를 마음속으로 응원하고 있었을지도 모르겠다.

숙소로 옮기는 발걸음은 천근만근 무거웠다. 짧고도 긴 하루가 지나 몸도 지쳤을 것이다. 심적으로는 수수께끼를 다 풀지 못해서였다. 해결되지 않은 문제를 안고 있는 건 찜찜한 법이니까. 그나마 뜨거운 물로 샤워를 했더니 경직된 몸이 사르르 녹아내렸다. 다시 졸음이 몰려왔다. 눈이 감기기 전 'East of Eden' 입구에 서 있던 수심 가득한 표정을 하고 있던 사이먼의 모습이 보였다.

유토피아 2

해가 높이 뜬 낮이었다. 시선이 하늘에서 비닐하우스 쪽으로 이동하더니 수만 마리 닭들이 그 안에 가득했다. 어린 닭들이 울타리 안에서 한가로이 먹이를 쪼아 먹는 모습을 가까이에서 볼 수 있었다. 그리고 갑자기 화면이 바뀌면서 사이먼을 닮은 사람이 의자에 앉아 있었다. 그리고 옆에 또 다른 사람이 한 명 있었다. 화면이 클로즈업되면서 둘은 이야기를 시작했다. 자세히 보니 마치 인터뷰하는 장면 같았다. 마이크를 든 사람이 질문을 시작했다.

"안녕하세요 대표님. 자기소개 간단히 부탁드립니다."
"안녕하세요. 저는 주식회사 유토피아를 운영하는 사이먼입니다."
"반갑습니다. 유토피아는 어떤 곳이죠?"
"최고급 신선한 계육을 생산하는 곳이죠."
"보통 양계장에서 키우는 닭과는 다르다는 말씀이시죠?"
"그렇죠. 유토피아에선 넓고 쾌적한 땅에서 수분, 온도, 먹이 등 완벽하게 AI 기계로 자동화시켜 닭을 키우고 있습니다. 호텔로 치면 5성급이고, 비행기로 치면 비즈니스 아니 퍼스트클래스라고 볼 수 있죠."
"그럼 아무래도 운영 비용이 많이 들겠네요. 생산되는 닭고기 단가도 비쌀 것 같고요."

"네. 물론 그렇지만, 질병 없는 유기농 닭들이라 품질은 보장하죠. 한우로 치면 투 뿔 등급이고요. 여기 있는 닭들 모두 1등급 품종이죠. 쉽게 말해 엘리트라고 볼 수 있습니다."

"그렇군요. 그러면 여기 있는 닭들은 얼마나 있어야 상품으로 나가나요?"

"저희가 병아리를 가져와서 30일 정도 기르면 상품이 됩니다."

"알을 부화해서 키우는 게 아니고요?"

"네. 부화는 따로 다른 곳에서 합니다. 여기서는 병아리를 가져와 키우고요."

"그러는 이유가 특별히 있나요?"

"네, 아무래도 부화 환경은 또 여기와는 다르니까요."

"정말 철저하네요. 그러면 여긴 매달 새롭게 병아리를 가져오나요?"

"아니요. 한 달은 키우고, 다른 한 달은 이곳을 재정비합니다. 땅을 갈아 엎어서 비옥하게 만들죠. 우수한 품질을 위해선 최고의 환경을 만들어 줘야 하니까요."

"정말 최고급이네요. 마지막으로 하실 말씀 있을까요?"

"네. 저희 유토피아 최고급 계육 믿고 많이 애용해 주세요!"

"오늘 인터뷰 감사합니다."

"감사합니다."

화면이 갑자기 바뀌더니 땅 가까이 서 있는 닭들이 눈앞에 있었다. 그리고 닭 한 마리가 나를 강하게 밀치며 말했다.

"저리 비켜. 이건 내가 먹을 거야."

'이런!' 닭이 말하는 소리가 들리다니, 닭은 꼬꼬댁하며 소리를 내는 게 아니었던가? 급히 나는 물을 찾았다.

"물 어딨어? 물!"

유토피아 3

아무래도 내 모습은 닭이라는 생각이 들었다. 직접 눈으로 확인하고 싶었다. 물을 찾았다. 물에 비친 내 모습을 확인하면 되니까. 일단 '물'을 외치면서 전력으로 질주했다. 어딘가에 있지 않을까 싶었다. 그러다 누군가와 '쿵'하고 부딪혔다. 하지만 상대방은 끄떡없었다. 나만 뒤로 튕겨 넘어졌다.

"아야…."

아파서 소리를 내며 몸을 일으켜 앞을 보니 덩치가 커다란 닭 한 마리가 위풍당당하게 서 있었다 닭은 나를 째려보며 위협적인 목소리로 말했다.

"물은 왜 찾는 거지?"

무서운 기세에 눌려 나는 말을 똑바로 할 수가 없었다.

"물… 아니, 내… 모습을 확인해 보고 싶어서…."

내 말을 듣고 주변에 있는 닭들이 모두 날개를 퍼덕이며 꼬꼬댁거리며 비웃었다.

"자, 여기 물이 있으니 확인해 봐!"

의외로 덩치 큰 닭은 순순히 물이 있는 곳으로 안내했다. 나는 조심스럽게 물이 있는 곳으로 걸어갔다. 햇빛에 비친 물이 반짝거렸다. 분명한 물이었다. 나는 침을 꼴깍 삼키며 물 위에 비친 내 모습을 확인하려고 했다. 그때 뒤에서 닭이 뾰족한 부리로 내 머리를 힘껏 쪼았다.

"악!!!"

너무 아파서 그만 소리치며 쓰러졌다. 심한 고통에 몸이 움츠러들었고, 눈이 떠지지 않았다.

"미친 거 아니야? 어디서 거짓말이야? 감히 너 따위가 물을 차지하겠다고? 나처럼 최고급 닭만 유토피아에 갈 수 있거든? 그러니 꿈이나 깨시지!"

나는 간신히 몸을 가누고, 심호흡했다. 그리고 비록 고통에 힘겨웠지만, 작은 목소리로 덩치 닭을 향해 말했다.

"유토피아? 너는 여기가 어딘지 모르는구나?"
"여기가 어딘데?"
"양계장이지. 닭을 키우는 곳 말이야. 여기에 올 땐 작고 어린 닭이지만, 먹음직스럽게 커지면 도살장으로 데려가서 모든 털을 뽑고, 목을 베지. 그리고 인간들이 먹는 닭고기가 되는 거지."

유토피아 4

덩치 큰 닭은 하늘 높이 날아올라 두 발로 나를 힘껏 뭉갰다. 닭이 날 수 없다는 말은 거짓말이었다. 머리를 쪼았던 것보다 더 심한 고통이었지만, 이미 고통 속에 있어서 뭐가 더 고통스러운지 가늠할 수 없었다. 이미 눈물범벅에 만신창이가 됐으니까.

"이런 미친 닭을 봤나! 누가 그런 소리를 해? 이놈이 물을 차지하고 싶어서 안달이 났구나. 안 되겠다. 너는 야생으로 보내야겠어. 족제비나 여우에게 잡혀서 먹히도록 말이야. 제군들! 이 닭을 어서 울타리 밖으로 몰아내도록 하자!"

나를 닭이라고 부르는 걸 보니 확실하게 나는 닭이 돼 있는 게 분명했다. 다른 덩치가 좋은 닭들이 나를 밀치며 울타리 밖으로 데려갔다. 울타리를 지나 벽 끝쪽으로 가니 커다란 돌 하나가 구멍을 막고 있었다. 덩치 큰 닭들은 나를 힘껏 밀어서 한쪽에 쓰러트리고는 그 돌을 치웠다.

그리고 나를 몰아세워 그 구멍으로 들어가게 했다. 마치 어두운 터널 입구 같았다. 떠밀려 발걸음이 구멍으로 향했다. 그러자 뒤에서 돌이 구르는 소리가 들렸다. 나는 성급히 몸을 움직여 구멍으로 들어갔다. 그러자 큰 돌이 '쿵' 하고 구멍을 다시 메웠다. 내가 갈 수 있는 곳은 오직 그들이 말하는 야생이었다.

덩치 큰 닭들에게 당해 쫓겨났지만, 기분은 오히려 좋았다. 아니었다면, 도축장에 가서 닭고기가 되는 신세가 됐을 테니 말이다. 비록 그들이 말하는 유토피아에는 못 가지만, 나에게는 그곳이 진짜 유토피아는 아니니까 다행이었다. 오히려 그곳을 벗어나 자유의 몸이 된 게 유토피아로 갈 기회가 생긴 건 아닐까 생각했다.

어두운 긴 터널을 지나 자그마한 태양이 빛나는 곳으로 향했다. 밤에 봤던 노란 달빛과는 다른 더 힘이 느껴지는 태양 빛이었다. 점점 밝아지는 빛에 눈이 부셔 뜰 수 없었다. 어떻게든 눈을 떠보려고 노력하자 드디어 눈이 떠졌다.

나는 산 정상에 우뚝 서 있었고, 저 멀리에는 황금빛 태양이 넘실거리는 파도를 힘차게 누르며 떠오르고 있었다. 그때 갑자기 생각이 났다.

'아 맞다! 성산 일출봉!'

그때 잠이 깨면서 정신이 들었다. 손을 더듬거려 머리맡에 있던 핸드폰을 찾았다. 핸드폰 화면에는 '4:50'이라는 숫자가 보였다. '휴~ 아직 안 늦었네' 속으로 생각하곤 바로 몸을 일으켜 세웠다. 급한 대로 옷을 주워 입고, 모자를 눌러썼다. 세수할까 말까 고민하다 1층까지 느림보 엘리베이터를 타고 가려니 늦을 것만 같아 포기했다.

대신 걸어가면서 눈곱이라도 떼어 내려고 했다. 하지만 꿈속에서 흘린 눈물이 실제로 굳어서 잘 떼어지지 않았다. 주머니 속에 있던 물티슈를 꺼내 응급 처치를 했다. 물티슈는 역시나 만능이었다. 엘리베이터 안에 있는 거울을 보며 모든 눈곱을 제거하는 데 성공했다. 4층에서 1층까지 가는 시간만으로도 충분했다.

유토피아 5

눈곱을 떼어 낸 게 뭐라고 기분이 좋았다. 1층에 도착하니 내가 꼴등이었다. 전부 성산 일출봉에서의 일출을 기대하고 있는 듯했다. 코리안 타임 없이 이렇게 시간을 지키기란 어려운 법이니까. 오늘 일출 시간이 6시 53분이기에 5시에 출발해야만 일출을 볼 수 있었다. 기회는 노력하는 자, 그리고 실천하는 자만이 얻을 수 있는 법이니까. 우린 차를 타고 성산으로 이동했다. 제주도의 새벽 봄바람은 아직 매서웠다. 쌀쌀해서 창문을 열고 달릴 수 없었다. 다들 창밖을 바라보며 생각에 잠겼다. 나는 어젯밤 꿈이 생각났다.

'사람들은 유토피아를 꿈꾼다. 하지만 죽음이 부르는 곳을 유토피아로 착각하고 있는 건 아닐까? 아니면 내가 가고 싶은 길이 아닌 시스템의 노예가 돼 부품으로 쓰이고 버려지는 건 아닐까?'

여러 생각이 꼬리에 꼬리를 물어 이어졌다. 그러다 보니 어느새 주차장에 도착했다. 우리는 뒤로 보이는 어두워 실루엣만 겨우 드러낸 봉우리를 배경으로 기념사진을 찍었다. 아직 시간은 충분히 있었다. 서두르지 않고 천천히 계단을 올랐다. 성산 일출봉을 오르는 길은 마치 강화도에 있는 '마니산'을 연상케 했다. 계단의 연속이었기 때문이다. 그래도 시간이 많으니 중간에 쉬어 가며 정상에 오를 수 있었다.

"유레카!"

나는 소리쳤다. 꿈에서 봤던 바로 그 장면이 펼쳐졌기 때문이다. 움푹 팬 커다란 분화구와 그 너머 망망대해의 바다까지 자연의 아름다움을 온몸으로 느낄 수 있었다. 가슴이 웅장해졌다. 시간이 지나자 점점 세상은 붉은빛으로 물들기 시작했다. 해는 아주 천천히 떠올랐다. 하지만 에너지는 넘쳐 파도와 같이 넘실거렸다. 무엇이든 해 낼 수 있을 것 같은 감정이 북받쳐 올랐다. 그때 사이먼이 내게 속삭였다.

"저, 이따가 내려가면서 이브한테 말할 거예요."

나는 입술에 힘을 주고 미소 지으며, 엄지손가락을 치켜세웠다. 사이먼도 하얀 이를 드러내며 같은 동작을 취했다.
어느덧 태양은 수평선을 다 올라와 붉은빛에서 황금빛으로 바뀌어 있었다. 초록색으로 가득한 봉우리는 신호등처럼 색을 이어받아 출발 신호를 가리키고 있는 듯했다. 마치 우리가 기다리고 있는 앞으로의 삶에 초록 불이 들어올 것만 같았다. 새로운 출발 신호이자 계속 달릴 수 있는 신호이니까.

에필로그

사이먼이 세상을 떠났다. 제주도에서의 운명적인 만남 후 3개월 만이었다. 스티브 잡스도 끝내 이겨 낼 수 없었던 바로 그 암 때문이었다. 그가 허리춤을 계속 잡았던 이유를 나중에서야 알 수 있었다. 그 암에 걸리면 허리디스크인가 싶어서 병원에 가는데, 전혀 이상이 없다고 한다. 그렇게 계속 헤매다가 나중에 말기가 돼야 제대로 진단을 받고 시한부로 살아가게 된다. 적게는 3개월, 길게는 6개월. 숫자와 상관없다. 얼마 남지 않은 시간이니까.

아마도 사이먼이 제주도에서 우리를 만났을 때는 심한 고통으로 힘들었을 것이다. 하지만 그는 치료를 거부하고 소설 속 이야기처럼 제주도로 여행을 떠났고, 이브를 만난 후에는 하와이로 떠났다. 잃어버린 엄마를 되찾기 위해서. 언제나처럼 그렇게 그의 소설 속 이야기는 현실이 됐다. 그가 정한 운명인지, 아니면 정해진 운명인지는 모를 일이었다.

그의 마지막 소설 《Lost Mother》는 유작이 됐다. 그가 출판사에 남긴 마지막 부탁이었다. 이미 원고는 아프기 전에 완성했지만, 자기가 세상을 떠난 후에 출간해 달라는 부탁이었다. 원래 책 제목은 《엄마》였다고 한다. 하지만 사이먼의 사정을 들은 편집자는 마지막에 제목을 바꿨다고 한다.

    나도 나중에 소설을 읽어 보았다. 섬에서 만난 파란 눈의 소녀는 이브를 말하는 것 같았다. 혈육이라는 이야기도 들어 있었다. 사이먼이 혈육을 만나게 될지는 그도 몰랐을 것이다. 하지만 어릴 때 미국으로 떠나 연락할 수 없었던 어머니를 보고 싶은 마음만은 간절하지 않았을까? 그렇기에 어디에서든 어머니의 혈육을 만나 다시 어머니를 만나고 싶었을 것이다. 그 간절함이 만들어 낸 운명이라 생각한다.

    사이먼의 소식에 나도 바로 사표를 내고 회사를 나왔다. 사실은 주변 사람들의 만류로 그만두는 건 선택지에 없었다. 하지만 사이먼은 분명히 내게 메시지를 전했다. 용기를 내라고 말이다. 성산 일출봉에서의 기운을 기억하라고 말이다. 뭐라도 다시 시작할 힘을 느껴 보라고 말이다. 비록 병으로 세상을 떠났지만, 그의 죽음은 헛되지 않았다. 내게 빨간 불을 켜고 멈춘 후에 다시 초록 불을 밝히고 새롭게 출발할 용기를 주었으니까.

    내가 속한 세상이 전부라 믿고, 울타리 안에서 안전하게 살아가는 걸 꿈꿨다. 그것이 무척이나 잘 살아가는 길이라 믿어 왔다. 하지만 울타리는 안전을 보장하지만, 영원하지 않다. 그리고 어쩌면 그 울타리는 누군가 우리를 통제하기 위해 만든 것일지도 모른다.

우리 자신의 삶이 아닌 누군가를 위해 살아가는 삶일지도 모른다.

사이먼은 끝까지 자신의 세상을 직접 만들며 살았다. 다른 사람이 만든 세상에 갇히고 싶지 않았을 것이다. 우리라고 그러지 말라는 법은 없다. 물론 두려울 것이다. 힘들 것이다. 어려울 것이다. 그렇지만 어둠의 터널을 지나면, 분명히 밝은 태양이 떠오르고 있을 것이다. 중간에 멈추지 않는다면 진정한 유토피아는 우리를 기다리고 있을 것이다.

83년생 이야기

초판 발행	2025년 10월 2일 초판 1쇄

지은이	신영환
펴낸곳	피앤피북
펴낸이	최영민
인쇄제작	미래피앤피

주소	경기도 파주시 신촌로 16
전화	031-8071-0088
팩스	031-942-8688
전자우편	hermonh@naver.com
등록일자	2015년 03월 27일
등록번호	제406-2015-31호

ISBN	979-11-94085-74-4 (03130)

· 정가는 뒤표지에 있습니다.
· 헤르몬하우스는 피앤피북의 임프린트입니다.
· 이 책의 어느 부분도 저작권자나 발행인의 승인 없이 무단 복제하여 이용할 수 없습니다.